Otro maldito homenaje ...

Anne-Sophie Donnarieix, Susanne Greilich, Ralf Junkerjürgen,
Hubert Pöppel, Dagmar Schmelzer (Hgg.)

Otro maldito homenaje ...

Festgabe für Jochen Mecke

AVM.**edition**

Bibliografische Information der Deutschen Nationalbibliothek

Die Deutsche Nationalbibliothek verzeichnet diese Publikation in der Deutschen Nationalbibliografie; detaillierte bibliografische Daten sind im Internet über http://dnb.dnb.de abrufbar.

AVM – Akademische Verlagsgemeinschaft München 2023
© Thomas Martin Verlagsgesellschaft, München

Umschlagabbildung: © Julia Wildenauer

Alle Informationen in diesem Buch wurden mit größter Sorgfalt erarbeitet und geprüft. Weder Herausgeber*innen, Autor*innen noch Verlag können jedoch für Schäden haftbar gemacht werden, die in Zusammenhang mit der Verwendung dieses Buches stehen.

Printed in Germany

Gedruckt auf chlorfrei gebleichtem, säurefreiem und alterungsbeständigem Papier (ISO 9706)

ISBN (Print) 978-3-95477-164-6
e-ISBN (ePDF) 978-3-96091-616-1

AVM – Akademische Verlagsgemeinschaft München
in der Thomas Martin Verlagsgesellschaft mbH & Co. KG
Schwanthalerstr. 81
D-80336 München
www.avm-verlag.de

Inhaltsverzeichnis

Mediales raum-zeitlich gesehen

Zeit und Raum für Literatur

Otro maldito homenaje…:
eine Festgabe für einen Festschriftengegner

Da nun auch Jochen Mecke an der Reihe war, in den Ruhestand zu gehen, und er ankündigte, im Sommersemester 2023 seinen offiziellen Ausstand zu feiern, stellte sich notwendigerweise die Frage, wie wir einen verdienten Kollegen und Lehrer ehren sollen, der sich Zeit seines Lebens als erklärter Festschriftenskeptiker zu erkennen gegeben hatte. Die Antwort konnte nur lauten: mit einer Festschrift, die keine normale Festschrift sein will und darf, sondern die sich als andere, kreative, vielleicht sogar als subversive verstehen muss.

Zeit seines Forscherlebens und Professorendaseins hat Jochen Mecke über Zeit, Raum und Medien nachgedacht, diverse Bücher darüber verfasst, Sammelbände herausgegeben und multiskalare Projekte dazu angestoßen. Da lag es nahe, den Arbeitstitel „Zeit, Raum und Medien" zu wählen. Warum auch nicht? Das thematische Spektrum war dadurch einigermaßen abgesteckt und zugleich flexibel genug, damit die Beiträgerinnen und Beiträger darin eine hübsche Nische für sich finden konnten. Gleichzeitig war dieser Rahmen jedoch ein klein wenig beschränkter als die bei Festschriften oft übliche Unbeschränkung auf „Gott und die Welt". Vor allem aber ließ er viel Raum für Kreatives.

Um diese Kreativität noch weiter anzustacheln und um sich von normalen Festschriften abzusetzen, vertraute diese Gabe zum Ruhestand von Jochen Mecke auf zwei Strategien: Verknappung des Umfangs und Freiheit der Form. Um es griffiger zu formulieren: Den Autorinnen und

Autoren war es aufgegeben, unter keinen Umständen zu langweilen und dafür den Weg der würzigen Kürze zu wählen. In Bezug auf den Umfang gilt daher für diesen Band das Motto Graciáns: *Lo bueno, si breve, dos veces bueno.* In Bezug auf die erlaubten Gattungen, ganz im Sinne der nicht-langweilen-Klausel, die vollständige Aufhebung der Beschränkungen: *Anything goes!* Mit, wie schon ein kurzer Blick in das Buch beweist, nicht zu verleugnendem Erfolg. Denn was findet sich dort nicht alles an Formen und Gattungen: Essay, Glosse und Kommentar; Brief, Monolog, Dialog; spannende Kurzabhandlungen und verknappte, anregende Aufsätze; Philosophisches, Literarisches oder irgendwie sonst Gefasstes; auf Jochen Mecke Bezogenes oder frei Schwebendes; ganz, mittel oder fast Ernstes; hintergründig Unernstes…

Dank sei den Autorinnen und Autoren nicht nur gesagt, weil sie sich auf diese Art der Festgabe eingelassen haben, sondern auch, weil sie dies, wie könnte es anders sein, unter gehörigem Zeitdruck getan haben. Um Verzeihung möchten wir daher die Freundinnen und Freunde, Kolleginnen und Kollegen, Schülerinnen und Schüler von Jochen Mecke bitten, die nicht an dieser Festgabe beteiligt sind, weil wir die Zeit für das Verfassen der Beiträge so ungehörig verknappt haben.

Übrigens: Es versteht sich von selbst, dass eine Festschrift, die keine Festschrift sein will, auf einige Bestandteile einer normalen Festschrift verzichten muss, als da wären: das Foto des Geehrten, die Tabula gratulatoria, die chronologisch durchstrukturierte Liste seiner Verdienste um den Regensburger Lehrstuhl, das Institut, die internationalen Studiengänge, die Fakultät, die Universität, die Romanistik an und für sich…, oder auch das vollständige Verzeichnis seiner Publikationen. Das bisschen Subversivität muss sein. Zumal einige der Beiträge dafür sorgen, dass das diesbezüglich eventuell vorhandene Informationsdefizit der Leserinnen und Leser im Laufe der Lektüre verringert wird.

Anne-Sophie Donnarieix
Susanne Greilich
Ralf Junkerjürgen
Hubert Pöppel
Dagmar Schmelzer

Auf der Suche nach Jochen Mecke

Wat is de Romanistik?
Da stelle mer uns janz dumm

Überlegungen zu Leben und Werk von Jochen Mecke unter unfreiwilliger Mitarbeit von Spoerls *Feuerzangenbowle*

Manfred Tietz

Ja, es ist schon richtig, der (Gymnasial-)Professor Bömmel aus Spoerls *Feuerzangenbowle* spricht in seiner denkwürdigen Physikstunde von „de Dampfmaschin" und nicht von der Philologie, aber trifft seine Definition nicht auch auf die Romanistik – und speziell die Romanistik unseres Jubilars – zu, selbst wenn Bömmels einzig beherrschtes Niederrheinisch mit Meckes Polyglossie nicht konkurrieren kann? Also, wat is de Romanistik? So ließe sich Spoerls Text neu lesen: ‚Da stelle mer uns janz dumm. Und da sage mer so': die Romanistik, das ist ‚ne jroße' sprachliche ‚Raum, der hat hinten un vorn e Loch', nee, wollte sagen 'nen Ostteil und 'nen Westteil. ‚Dat eine Loch, dat is de Feuerung': das Portugiesische, das Spanische, das Katalanische und das Französische. ‚Dat andere Loch', nein Teil, so geht es bei Bömmel didaktisch klug – man will ja niemanden überfordern – weiter: ‚dat kriee mer später.'

In Bömmels Vorliebe für einfache, nicht professoral verstiegene Formulierungen ließe sich dann fortfahren: Und wenn in diesem Raum ‚wat' gelesen und geschrieben wird, dann ist das Literaturwissenschaft, und wenn da gut gegessen und getrunken wird, dann ist es Landeskunde oder noch besser Kulturwissenschaft. Und wenn dann noch was übrig ist, ‚da stelle mer uns wieder janz dumm'. Wenn's da wie bei dem Ventil von ‚de Dampfmaschin' etwas gibt, ‚wo wat erein jeht, aber sein Lebjottstag nix erauskömmt', dann ist das …; aber das lassen wir jetzt vielleicht lieber, es wäre ohnehin wohl eher der mitreißenden Bömmelschen Rhetorik als der Sache geschuldet.

Ach, lieber Herr Mecke, ganz so einfach – und das wissen Sie am besten – ist es dann aber vielleicht doch nicht gewesen. Wir haben uns ja beide – bisweilen sogar zusammen – um Definition und Praxis der

Romanistik bemüht und dabei auch erfahren, was es da mit dem ‚erauskömmt' so auf sich hat. Was unsere gemeinsame Erfahrung angeht, so
sage ich nur: Bremen 2005, ach ja Bremen … Und doch, so völlig umsonst
war das alles damals vielleicht doch nicht. Denn was die Romanistik einmal war, als ich 1961 in Mainz Romanistik (das hieß damals administra-
tiv noch „Französisch") zu studieren angefangen habe, und selbst als Sie
1975, eine Generation später, das Romanistikstudium in Mannheim aufgenommen haben, das ist schon lange nicht mehr die gegenwärtige
Romanistik – und dieser vielfach gebremste und dann doch irgendwie
durchgesetzte Wandel geschah in der Hauptsache ganz gewiss zum Vor-
teil des Fachs und sicher auch zugunsten seiner Überlebensfähigkeit als
universitärer Disziplin.

Was Romanistik heutzutage konkret sein kann und auch ist, das zeigt
allerdings ein Blick auf das Institut für Romanistik Ihrer Universität, das
sich, wie man so sagt, sehen lassen kann. Gewiss, nicht alles, was es dort
zu loben, ja zu bestaunen gibt, ist Ihnen allein geschuldet – das schafft
‚man' oder ‚frau' nur im Team. Aber allein schon ein solches Team
zusammenzustellen, es ideell und finanziell arbeitsfähig zu machen und
es über viele Jahre, ja Jahrzehnte ständig weiter auszubauen und doch
zusammenzuhalten und es ausstrahlen zu lassen, das ist schon eine
außerordentliche Leistung. Nun muss ich Ihnen jetzt ganz gewiss nicht
Ihre weiteren Verdienste aufzählen und Ihnen Ihre Romanistik erklären.
Lassen Sie mich aber dennoch ein paar Worte sagen.

Sie haben Ihre Romanistik bei allen romanistischen *allround*-Illusio-
nen (im spanischen Sinn des Wortes!) auf einen Flügel, einen gewiss
immer noch sehr großen Flügel konzentriert; Sie haben die altehrwür-
dige Philologie in Theorie und Praxis weiterentwickelt und das Fach um
eine professionelle Kultur- und Medienwissenschaft ergänzt und damit
zu neuem Leben erweckt; Sie haben Ihr Institut, Ihre Forschung und
Lehre sowie Ihre Studierenden unermüdlich vernetzt, was vielleicht nur
diejenigen zu schätzen wissen, die sich selbst einmal damit versucht
haben. Schließlich haben Sie – und verzeihen Sie, wenn ich hier noch
einmal auf den im Grund aber doch sehr lebensklugen und liebenswür-
digen Professor Bömmel rekurriere – Sie haben wie dieser nie aus den
Augen verloren, dass das ganze Forschungs-, Lehr- und Lerngetriebe
letztlich auf eine wirkliche Lebenstüchtigkeit der *alumni/ae* zielen muss,
ein Sachverhalt, der sich weit hinaus über die bloße *employability* in den

von Ihnen mitverantworteten und klug differenzierten Studiengängen erkennen lässt. Und dann, ach ja, fast hätte ich es bei dieser Fülle vergessen, ist da auch noch ein bewundernswert umfangreiches wissenschaftliches Werk, das im romanistischen Umfeld seinesgleichen sucht und dessen kompetente Würdigung in dieser Festschrift sicher an anderer Stelle auch noch erfolgt.

Und nun, lieber Herr Mecke, stehen Sie vor dem Ende Ihrer so beneidenswerten und so gelungenen Laufbahn. So ganz im Geheimen aber mag einen selbst da auch ein ganz anderer Gedanke beschleichen, der Gedanke, dass das alles gar nicht wahr ist, dass man sich vor etwas Unvollendetem, ja vor einem Scherbenhaufen befindet. Aber nein! Auf keinen Fall! Um es hispanistisch zu formulieren: Sie stehen mit Ihrem Leben und Werk vor einer vollkommenen Burg, einer *Alhambra* mit dem idyllischen *Generalife*, dem stillen *Patio de los Leones*, der prächtigen *Sala de los Embajadores* … Und dennoch, so mag man sich fragen, was kommt jetzt?

Leider hat uns der Autor nicht verraten, was Professor Bömmel wohl nach seinem Eintritt in den Ruhestand machen würde. Als erstes aber, so meine ich, würde er, wenn er denn des Spanischen mächtig wäre, Ihnen und uns allen sagen: Schauen Sie, „Ruhestand", „Pensionierung" und – *horribile dictu* – „Ausscheiden aus dem aktiven Dienst", das alles sind grässliche Bilder und Wörter (auch wenn die „Pension" nicht zu verachten ist); im Spanischen dagegen heißt dieser Vorgang „jubilación"; das meint unendliche Freude, Heiterkeit, Selbstbestimmung, dem kleinen Laster des Forschens und Lehrens nun ohne Zwang und Zeitdruck noch ein Weilchen frönen oder aber auch all das einfach folgenlos dahinfahren lassen, in andere, ganz bestimmt empfangsbereite Hände geben. Oder ganz kurz gesagt: nach all den ehrenvoll vollbrachten Taten und den damit verbundenen Ehrungen einfach die Wonnen der Gewohnheiten genießen, denn anders als Hans Pfeiffer – der mit den drei „f" –, der seine geliebte Eva nur in der Fiktion erringen konnte, haben Sie, lieber Jochen Mecke, Ihre Corinne ja wirklich bekommen. Ich glaube, Ihnen versichern zu können, auch ein Frühstück mit Ehefrau, mit Kindern und Enkeln ist herrlich, aber nur dem Entpflichteten und nicht mehr Gehetzten wird im Leben dieses unerfindliche und nicht enden wollende Glück zuteil! Möge es Ihnen schon von heute an und für viele weitere Tage, Wochen, Monate und Jahre beschieden sein. Verdient haben Sie es allemal, nur vielleicht noch nicht mutig genug in Anspruch genommen.

Mais qui est donc Jochen Mecke ?

Chloé Chaudet & Jean-Marc Moura

Toute ressemblance avec des personnes ou
des situations existantes ou ayant existé …

Ceci est un dialogue écrit par deux individus qui ne croient pas qu'on puisse écrire un bon dialogue. Bien sûr, *a priori*, tout le monde peut écrire un dialogue. D'un autre côté, tout le monde peut aussi faire du strip-tease ; mais sauf physique adapté et motivation extrême, on devrait plutôt s'abstenir. Alors, écrire un dialogue sur Jochen ! …

Cela dit, la pire chose qu'on écrit est encore meilleure que la plus belle chose qu'on n'écrit pas. Autant se lancer. Il faut de l'audace, encore de l'audace, toujours de l'audace. Même si, en d'autres temps, Danton a très mal fini. Allons-y, donc !

Nous avons pris un bon verre de vin allemand – celui qu'on distingue du vinaigre grâce à l'étiquette – et nous avons commencé.

– Ton petit texte est sympathique, Jean-Marc, mais je ne vois pas trop le rapport avec la consigne d'écrire un texte sur l'espace, le temps et/ou les médias.

– Tu fais trop ta bonne élève, Chloé ! Je te signale que nous sommes à l'heure actuelle séparés *spatialement* par les 424 km de train qui isolent Clermont-Ferrand de Paris, que nos années de naissance assez éloignées font que je suis d'un autre *temps* que toi ; mais que le dialogue, toujours difficile à transcrire dans un roman ou ailleurs, est un *medium* qui nous a permis de nous rencontrer.

– Si tu me prends par les sentiments … Je ne suis pas sûre que cette définition très personnelle du *medium* convainque Jochen mais tant qu'elle l'amuse un peu … De toute façon, tu te doutes bien qu'il ne nous donnera jamais un avis sincère sur la chose.

– Évidemment : il se garde bien de le dire à tout le monde, mais c'est un spécialiste du mensonge. Quand je suis entré dans son bureau, alors que je venais d'arriver à Ratisbonne, la première chose que j'ai vue était une rangée de gros dossiers intitulés *Lüge*. Je n'ai pas tout de suite compris. De retour chez moi, j'ai consulté le dictionnaire que j'avais glissé dans ma valise : *Lüge* signifie 'mensonge'. Je me suis dit : « Quel homme terrible ! »

– Je comprends que tu trouves compliqué d'écrire un dialogue : tu as décidément une petite tendance à l'exagération !

– C'est pour rendre hommage à Corinne, l'épouse de Jochen, qui est originaire de Marseille : il paraît que les Marseillais en font toujours trop !

– Tu t'égares, Jean-Marc : tout cela n'est pas digne d'un spécialiste d'imagologie aimant à épingler les stéréotypes. Pour en revenir à Jochen : un spécialiste du mensonge n'est pas toujours un menteur.

– On peut le supposer. Mais d'où Jochen tient-il sa connaissance du mensonge ?

– Il a beaucoup lu là-dessus : il n'en parle pas, mais je suis sûre que sa collection de livres sur le mensonge pourrait rivaliser avec la bibliothèque de Babel de notre très cher Borges.

– Là, c'est toi qui es excessive !

– Oui, ces mots ont dépassé ma pensée …

– Oh, alors, ils n'ont pas dû aller bien loin ! … Bon, sérieusement : d'où peut bien lui venir cet intérêt pour ce qui est l'un des pires travers de l'humanité ?

– Souviens-toi d'Albert Camus : la fiction est le mensonge par lequel nous disons la vérité …

– Pas une très bonne lecture ! Pour avoir longtemps vécu en couple, je sais que dans ce domaine, il y a pire que le mensonge : la franchise.

– Nous nous éloignons des études littéraires ! J'allais ajouter que la fiction n'est justement *pas* un mensonge, comme Jochen a toujours eu soin de le préciser.

– Mais peut-on le croire sur parole, étant donné sa spécialité ?

– Il nous raconterait des histoires ? Pas étonnant : c'est le propre de la littérature, cette chose obtuse qu'il étudie. Mais on peut au moins le croire quand il rappelle le nombre impressionnant de menteurs qui peuplent la littérature, dans un article qu'il a écrit en 2015 : « Depuis ses débuts jusqu'à "l'extrême contemporain", la littérature a toujours représenté des menteurs et des mensonges. Il suffit d'évoquer les plus mémorables : la Bible avec Adam et Ève, le Serpent, Jacob, saint Pierre, l'*Odyssée* avec Ulysse, le Iago dans *Othello* de Shakespeare, le *pícaro* de *Lazarillo de Tormes*, le Don García de *La verdad sospechosa* d'Alarcón, le Dorante du *Menteur* de Corneille, le *Tartuffe* ou le *Dom Juan* de Molière, Claggart dans *Billy Budd* de Melville, *Pinocchio* de Collodi, dont le nom est devenu le symbole du mensonge, Stavrogin dans *Les Démons* de Dostoïevski, le *Felix Krull* de Thomas Mann, Tom Buchanan dans *The Great Gatsby* de Scott Fitzgerald, Albertine dans *À la recherche du temps perdu* de Marcel Proust, le Thomas de Fontenoy de *Thomas l'imposteur* de Jean Cocteau ou bien le tricheur des *Mémoires d'un tricheur* de Sacha Guitry. »

– N'en jetez plus ! Avec Jochen, on n'est pas confronté à un *Zeitplan* mais à un véritable *Zeitlabyrinth*, pour reprendre son expression à propos de *L'Emploi du temps* de Michel Butor : une forme de temporalité inhumaine, où aucune harmonie des mouvements hétérogènes ne peut être trouvée et où tout regard unifiant sur le passé est impossible. Tout de même, je crois que j'ai percé à jour son petit jeu : il dissimule sa réelle identité.

– On dirait que tu parles d'un espion.

– C'est exactement ça : la liste de personnages auxquels il se réfère dans l'article que tu as cité m'a mis la puce à l'oreille.

– Un indice plus clair, s'il-te-plaît ? Je te rappelle que nous tentons d'écrire un dialogue, pas un thriller.

– *Thriller* est vraiment optimiste ! Mais tu ne trouves pas bizarre que sa liste se réfère à tant de langues, tant de cultures et même tant de conceptions différentes de la littérarité ?... Jochen est un espion comparatiste !!!

– Diantre ! Saperlipopette !

– Et après tu diras que c'est moi qui suis d'un autre temps …

– C'était juste pour que tu puisses à nouveau caser le terme de 'temps' dans le texte. Sinon je crains que ta 'révélation' ne soit considérée comme hors-sujet.

– Tu ne trouves pas qu'elle fait sens ? Qu'elle explique pas mal de choses ? Sa polyglossie, son goût pour les longs séjours à l'étranger, le fait qu'il cite sans cesse nos auteurs préférés et, en plus, se soit lié d'amitié avec nous ? Il est même allé jusqu'à accepter de siéger, pour toi, Chloé, dans un jury français d'habilitation à diriger des recherches, et à débattre pendant plus de quatre heures de fictions du complot et de complotisme. Bel effort, certes, mais c'est un autre signe, là encore !

– Il y a quelque chose qui cloche. Si Jochen est un espion au service d'un complot comparatiste, pourquoi nous manipulerait-il, nous qui sommes aussi comparatistes ?

– À mon avis, Jochen n'est pas un vulgaire espion. Trop simple, trop banal pour l'esprit, vraisemblablement tortueux, d'un spécialiste du mensonge … C'est plutôt un agent double qui travaille à la fois pour les comparatistes et les romanistes.

– Quel intérêt ?!

– Chez les romanistes, il fait du comparatisme entre espagnol et français …

– Et chez les comparatistes ?

– La littérature comparée étant la discipline qui se définit par la recherche de son objet, il continue de chercher.

– Et il va réussir à trouver quelque chose, tu crois ?

– Au moins, à la retraite, il aura du temps pour cela.

L'homme aux sept vies

Anne-Sophie Donnarieix

Il paraît que les chats ont sept vies. Neuf parfois, selon les variantes d'un adage populaire que l'on rattache volontiers aux mythologies égyptienne ou hindouiste, voire aux chiffres consacrés dans les Saintes Écritures. Nous voilà en tout cas face à l'une de ces vérités suffisamment antiques pour se passer d'argumentation scientifique, et dont la mise à l'épreuve exposerait sans doute à des périls trop graves pour ne pas être dissuasifs. Du reste, l'autrice de ces quelques lignes n'étant ni vétérinaire, ni experte en métempsycose, l'expérimentation promet d'être des plus ardues. Aussi nous limiterons-nous à énoncer prudemment cette hypothèse séculière en laissant à la culture populaire (une fois n'est pas coutume) le privilège du doute : les chats, donc, ont sept vies. Il semblerait bien que certains grands hommes aussi.

Mais avant d'aller plus loin, il convient de rappeler que le constat, pour simple qu'il paraisse, recouvre d'épineuses difficultés. La question du temps notamment pose problème. Comment envisager ces sept vies : simultanées, cycliques, parallèles, successives ? Faut-il supposer un sep-tuple « chronotopos » spécifiquement félin,[1] et convoquer dans la foulée les cadres de pensée issus des *animal studies* et de la *zoopoétique* pour mieux en identifier les structures ? Est-il préférable de suivre Hegel, compagnon félin s'il en est, et d'envisager ces sept vies comme autant de « négativités temporelles », qui laissent identiquement apparaître le non-être du temps ? Faut-il au contraire penser la multiplicité ontologique depuis un noyau temporel précis autour duquel graviteraient les sept existences – cet « instant » cher à Gaston Bachelard, ou ces « moments of vision » si poétiquement décrits par Virginia Woolf ? Ou vaut-il mieux diviser ces vies en autant de classifications borgésiennes « arbitraires et conjecturales » : chats fabuleux, chats agités, chats de l'Empereur, chats

---

[1] On regrette évidemment que Bakhtine n'ait consacré aucun chapitre de son *Es-thétique et théorie du roman* à l'espace-temps des chats.

peints avec un pinceau en peau de chameau, chats qui de loin ressemblent aux mouches, etc. ? Et quels ressorts tirer de la narratologie pour mettre en récit ces vies parallèles ? Quelle « configuration narrative », pour le dire avec Paul Ricœur, se prête le mieux à l'expérience fictive des ontologies démultipliées ?

À ces premières difficultés épistémiques et esthétiques s'ajoutent des ambiguïtés d'ordre plus prosaïque, car il n'est pas dit que tous les chats se valent. L'humble chat de gouttière, par exemple, peut-il prétendre au même titre que le noble siamois à la multiplicité existentielle ? Et les individus réels l'emportent-il sur les chats imaginaires dont la renommée a traversé les siècles, à l'instar du souriant chat de Cheshire inventé par Lewis Caroll, du chat de Charles Perrault juché sur ses larges bottes, et jusqu'à l'éléphantesque « Chat » belge dessiné par Philippe Geluck ? Faut-il établir des hiérarchies liées au degré de textualité d'un chat, voire à sa fictionalité ? *Quid* alors de ces figures félines théoriques : le chat de Derrida, figuration de l'Autre et miroir de la nudité humaine, ou celui, plus hypothétique encore, de Schrödinger, enfermé mort et vif dans sa boîte quantique… ?

Mais au risque de nous perdre sinon dans des terminologies douteuses (des potentialités esthétiques du non-chat à la zoochronie polyscalaire), il semble prudent de quitter le champ de la méthodologie féline pour en venir, directement, à l'exemple qui nous intéresse. Celui, fort humain, d'un grand érudit allemand et qui, faute d'appartenir à la noble race des chats, n'en est pas moins un célèbre théoricien du temps. Par déférence, nous le nommerons Monsieur. Or Monsieur semble bien avoir développé – par mimétisme ? par effet de magie sympathique ? – certaines caractéristiques de ces bêtes à sept vies, objet d'étude temporelle privilégié, à tel point qu'au fil de longues années d'intenses observations « sur le terrain », l'hypothèse pourtant improbable (irrationnelle, oseraient écrire certain-es) d'une démultiplication ontologique semble s'être vérifiée. En témoignent quelques-unes des plus probantes observations que nous nous bornerons à retranscrire ici, à défaut d'argumentaire véritablement scientifique :

1) L'une des vies de Monsieur aura été consacrée à la recherche universitaire : professeur des universités, chercheur, directeur de thèses, missionnaire infatigable de la coopération franco-allemande, directeur d'un

centre de recherche sur l'Espagne, lecteur passionné et auteur d'innombrables articles et livres sur la littérature, le temps, les médias, le mensonge…

2) Monsieur, dans une autre vie (la même d'ailleurs, et l'on admire ici les talents d'ubiquité des professeurs de lettres), est aussi voyageur. Plusieurs de ses déplacements constituent des étapes professionnelles – de Heidelberg à Regensburg, de Clermont-Ferrand à Nice, Madrid ou Paris, voire encore vers le Liban et la Jordanie – d'autres, plus personnels, lui font faire régulièrement halte vers Marseille. Et l'on ne s'étonne guère de sa connivence avec des auteurs invétérés du voyage : Christian Garcin, ami de longue date qui parcourt les steppes sibériennes et les déserts patagons ; Patrick Deville, invité à Regensburg pour revenir sur son cycle voyageur, *Abracadabra* ; ou encore Jean-Philippe Toussaint, parti sur les routes de la Chine et du Japon. La « délocalisation » de Monsieur, pour reprendre le titre d'un colloque organisé à Regensburg (premier d'une longue et belle liste d'échanges franco-allemands sur la littérature contemporaine), n'a pourtant rien d'exotique : on y chercherait en vain une passion pour des lointains aux saveurs éclatantes et aux senteurs tropicales. Ce sont plutôt les rives d'un « néo-exotisme » désenchanté qui intéressent Monsieur : lorsque la littérature contemporaine « décentre l'exotisme, le pousse dans ses retranchements, l'expose pour mieux l'empêcher et travaille à sa mise à distance ».[2]

3) Il faut dire que l'érudition de Monsieur dépasse le simple cadre académique. Et Monsieur, déjà professeur et vétéran du voyage, s'avère en outre être un guide touristique de grand talent. Il n'est pas rare que l'on aperçoive Monsieur énumérer les bâtards de Charles Quint, commenter avec force détails le passé sulfureux de Barbara Blomberg ou revenir sur les détails architecturaux des maisons patriciennes de la vieille ville de Regensburg.

---

[2] Anne-Sophie Donnarieix & Jochen Mecke, « Néo-exotisme ? Contre-exotisme ? Post-exotisme ? Les délocalisations du roman contemporain », in : *La délocalisation du roman. Esthétiques néo-exotiques et redéfinition des espaces contemporains*, Berlin : Peter Lang, 2020, 14.

4) Car Monsieur cache bien son jeu : et l'on pourrait même voir en lui un expert de la dissimulation, de la falsification, du faux et du mensonge. En témoignent de nombreuses publications à ce sujet, voire même – comble du faussaire – l'organisation d'un « faux colloque » performatif, dont la digitalisation fut savamment orchestrée par les déploiements d'un virus mondial et l'invitation d'éminents spécialistes du complot et d'écrivains faussaires. C'est que pour la littérature contemporaine, selon Monsieur, il s'agit précisément de « dire adieu une fois pour toutes à la catégorie d'authenticité elle-même ».[3]

5) Frêle ligne de démarcation entre le vrai et le faux, le personnage et ses doubles : pour un peu, on imaginerait presque Monsieur en personnage de roman… Est-ce un hasard si Jean-Philippe Toussaint, d'ailleurs, lui consacra un texte ? Son protagoniste absent, botaniste par inaction et pathologiquement isolé offre certes un portrait peu fidèle des sept vies au contraire si denses et si riches de Monsieur. Mais sans doute faut-il voir dans ce camouflage une technique falsificatrice particulièrement travaillée…

6) Monsieur, du haut de ses six vies, ne serait-il pas finalement… chamane ? Hypothèse romanesque et fantasque, sans aucun doute. Mais après tout, pourquoi pas ? Médiateurs du temps, passeurs entre les mondes, savants aux nombreuses vies, les chamanes partagent avec Monsieur certaines caractéristiques notables. On sait d'ailleurs de source sûre que Monsieur invite ses doctorant(e)s à travailler sur des questions douteuses de surnaturel et de magie. Quant aux tambours et aux transes : rien n'est moins sûr, mais l'imagination, assurément, fera le reste.

7) Qu'en est-il de la septième vie de Monsieur ? Dans certaines contrées sibériennes (comme dans certains romans d'Antoine Volodine), le chiffre 7 représente avant tout la racine carrée des 49 étapes du Bardo : on voit là poindre comme un début d'éternité… La septième vie de Monsieur constitue donc, peut-être, un commencement. Et s'il paraît certes

---

[3] Jochen Mecke & Maxime Decout, « La littérature contemporaine aux prises avec le mensonge et la mauvaise foi », in : *Fixxion* 22, 2021. En ligne : http://www.revue-critique-de-fixxion-francaise-contemporaine.org/rcffc/article/view/fx22.1/1513.

peu probable de rencontrer un jour Monsieur effectuant de kantiennes promenades loin du monde et de ses vacarmes, déguisé en bédouin dans des déserts post-exotiques, parti suivre les traces de Melville sur un baleinier du Nord, ou soignant encore avec une rigueur voltairienne les fleurs de son jardin, nous savons bien, en littérature comme dans la vie, que tout peut arriver...

Portrait de Jochen Mecke
en personnage de la comédie viennoise

Fanny Platelle

> HEUGEIGN. Ein Kleid machen is keine
> so mechanische Arbeit, als wie ein
> litterarischer Aufsatz, den man nur so
> hinschmirt, ohne viel z'denken dabey.[1]

Si Jochen Mecke a traité dans ses nombreux ouvrages et articles d'espaces, de temps, de cultures et de médias variés, un domaine semble être resté inexploré : le théâtre 'populaire' viennois des XVIIIᵉ et XIXᵉ siècles. Pourtant, les liens avec les domaines de spécialité de Jochen Mecke ne manquent guère : la comédie viennoise est influencée par les cultures romanes, en particulier française, espagnole et italienne. Et plusieurs questions rapprochent les recherches de Jochen Mecke des thématiques et des pratiques de ce théâtre : le rôle des médiateurs entre les cultures évoquées, l'importance de la *Schaulust* dans la dramaturgie, l'emploi du 'bouffon', caractérisé depuis le Hanswurst de Josef Anton Stranitzky (vers 1676–1726) entre autres par sa bêtise, la dialectique du mensonge et de la vérité (par exemple au cœur de la féerie de Ferdinand Raimund (1790–1836), *Der Diamant des Geisterkönigs* en 1824) ou encore l'utilisation de citations, dans les parodies et les farces avec chants de Johann Nestroy (1801–1862) notamment. Nous proposons donc de combler cette lacune et de nous transporter, par un saut imaginaire dans l'espace et le temps, dans l'un des principaux théâtres des faubourgs viennois, le Leopoldstädter Theater, remplacé en 1847 par le Carltheater, afin de lever le rideau sur les personnages de la comédie viennoise qu'aurait pu incarner Jochen Mecke.

---

[1] Pour les pièces de Nestroy, nous nous référons à l'édition critique : Johann Nepomuk Nestroy, *Sämtliche Werke. Historisch-kritische Ausgabe*, éd. par Jürgen Hein et al., Wien, München : Jugend und Volk, puis Deuticke, 1977–2012 : HKA *Stücke 26/II. Lady und Schneider. Judith und Holofernes*, Wien : Deuticke, 1998 ; *Lady und Schneider*, II, 13, 59.

Ill. 1 : Das alte Leopoldstädter Theater[2]

En sa qualité de professeur des universités, disposant d'un savoir spécialisé très poussé, Jochen Mecke aurait d'abord pu jouer l'un de ces (prétendus) savants hérités du Docteur de la *commedia dell'arte*. Symbolisant le pouvoir intellectuel, le personnage type est médecin, avocat ou notaire. Le comique vient de ce qu'il n'a pas les compétences requises par sa fonction, mais le fait croire. Ses longues phrases, souvent en latin 'de cuisine', servent à embrouiller son interlocuteur et à dissimuler son ignorance. Il est une satire des doctes pédants. Dans la farce parodique *Der Barometermacher auf der Zauberinsel* (1823) de Raimund, le personnage comique central, Bartholomäus Quecksilber,[3] se déguise en médecin pour duper les souverains de l'île merveilleuse et leur reprendre le talisman qu'ils lui ont dérobé :

---

[2] Moritz Bermann, *Alt- und Neu-Wien. Geschichte der Kaiserstadt und ihrer Umgebungen*, 1880, 1121. « Das alte Leopoldstädter Theater ». Original conservé et digitalisé par British Library (HMNTS 10210.eee.12). Copié par Flickr., https:// commons.wikimedia.org/wiki/File:BERMANN(1880)_p1121_Das_alte_Leopoldst%C3%A4dter_Theater.jpg (consulté le 07.02.2023).

[3] Voir l'aquarelle de Franz Krammer, conservée au Wien Museum, représentant Raimund dans le rôle de Quecksilber : https://www.ferdinandraimund.at/biographisches/bilder_03.shtml (consulté le 07.02.2023).

QUECKSILBER. Servus Hummilisimus[.] Sie sehen in mir den berühmten Arzt [Baro]metrianus der sich in allen Theilen der Welt berühmt gemacht hat …. Hippokrates war ein berühmter Apotheker zu Straubing, und Galenus ein großer Regimen[tsarzt] bey den chinesischen Truppen.[4]

La différence est bien sûr que Jochen Mecke dispose, lui, de savoirs réels, dont il fait un usage fondé, loin de toute caricature.

En tant que titulaire de chaire, à laquelle sont attachés des collaborateurs et collaboratrices ayant différents statuts et fonctions, selon une organisation hiérarchique définie, Jochen Mecke peut ensuite évoquer ces personnages idéaux de bons souverains (autrichiens), tel Astragalus dans la féerie *Der Alpenkönig und der Menschenfeind* (1828) de Raimund. Le roi des Alpes fait régner l'ordre dans son royaume et il est respecté de ses sujets parce que ses décisions sont sages et qu'il est soucieux du bien de tous. Il veille paternellement sur les êtres humains, restaure l'harmonie dans la famille de Rappelkopf, un temps bouleversé par la misanthropie du protagoniste.

ASTRAGALUS. Hab' auf Höhen glänzend weiß,
Auf des Gletschers kühnstem Eis
Mein kristall'nes Schloß erbaut …
Doch wenn ich am Pilgerstab
Manch Verirrten wandern sehe,
Steig' von meiner wolk'gen Höhe
Nieder ich zum Erdenrunde,
Reich' ihm schnell die Hand zum Bunde,
Und leit' ihn mit Freudessinn
Zum Erkenntnistempel hin.[5]

Jochen Mecke semble toutefois dépourvu du caractère autoritaire voire tyrannique dont font preuve, à certains moments, ces personnages (comme le roi des esprits Longimanus à l'égard d'Eduard dans *Der Diamant des Geisterkönigs* du même auteur). Et il insiste peu sur la diffé-

---

[4] Ferdinand Raimund, *Sämtliche Werke. Historisch-kritische Ausgabe*, t. I *Der Barometermacher auf der Zauberinsel. Der Diamant des Geisterkönigs*, éd. par Jürgen Hein & Walter Obermaier, Wien : Deuticke, 2013, II, 27, 66.

[5] Ferdinand Raimund, *Der Alpenkönig und der Menschenfeind.* éd. par Gottfried Riedl, Wien : Lehner, 2006, I, 3, 8.

rence hiérarchique dans les relations qu'il entretient avec ses collaborateurs et collaboratrices.

Passionné de littérature française et francophone, Jochen Mecke rappelle en outre ces lectrices avides des romans-feuilletons à succès d'Eugène Sue, de Paul de Kock ou d'Alexandre Dumas, dont Nestroy se moque dans ses pièces. Dans la farce avec chants *Mein Freund* (1851), l'une d'elle réclame au magasinier de bibliothèque Schippl: «Geben Sie mir, egal was es is, aber nur was Pauldekokenes oder was Eugen-Sueenes, die andern heißen alle nix.»[6] Toutefois, il ne s'agit nullement chez Jochen Mecke d'un engouement passager, mais d'un intérêt profond et durable.

Les compétences linguistiques de Jochen Mecke auraient également pu lui permettre d'interpréter des personnages étrangers, que leur accent et leur comportement stéréotypé rendent souvent ridicules, ainsi le mondain chevalier français Chemise dans le singspiel *Die Schwestern von Prag* (1794) de Joachim Perinet et Wenzel Müller (d'après la comédie *Der von dreyen Schwiegersöhnen geplagte Odoardo, oder Hannswurst und Crispin, die lächerlichen Schwestern von Prag* (1760) de Philipp Hafner) ou Dumont[7] dans *Der Verschwender* (1836), la dernière féerie de Raimund:

> DUMONT. Ah bon jour, mes amis! Wie aben Sie geschlafen?… Ja, Messieurs, der Natur sein groß. Ick aben wieder geschwelgt in ihren Reizen. Der ganzen Nacht bin ick am Fenster gelegen, um der Gegend zu betrachten. O charmant![8]

On pense aussi au rôle de Krapfl, dans la farce avec chants «*Sie sollen ihn nicht haben!*» oder *Der holländische Bauer* (1850) de Nestroy. Costumé en Espagnol, le personnage déclare:

---

[6] Nestroy, HKA *Stücke 30. Mein Freund. Der gemüthliche Teufel*, Wien: Deuticke, 2001, I, 10, 37.

[7] Voir la lithographie de Johann Christian Schmoeller «Hr. Walter und Mad. Schmidt. Chevalier Dumont. Ein altes Weib. Der Verschwender» (1834) sur le site du Wien Museum, Online Sammlung: https://sammlung.wienmuseum. at/en/object/443780-hr-walter-und-mad-schmidt-chevalier-dumont-ein-altes-weib-der-verschwender/ (consulté le 06.02.2023).

[8] Ferdinand Raimund, *Der Verschwender*, éd. par Gottfried Riedl, Wien: Lehner, 2005, I, 9, 20.

KRAPFL *(mit verstellter Stimme)*. Mein spanisches Wort darauf: Caballeros Borcelanos trasos montos Ross Gottos. O, in die ausländischen Sprachen lass' ich mich nicht spotten.[9]

Le don d'imitation de Jochen Mecke aurait pu l'inciter à jouer des scènes comme celle où Zwirn, ancien compagnon tailleur qui se fait passer pour un homme du monde dans la farce féerique *Der böse Geist Lumpazivagabundus oder Das liederliche Kleeblatt* (1833) de Nestroy, tente de rédiger en italien une annonce pour retrouver le carlin disparu de ses invitées, de fausses Italiennes :

ZWIRN. … cane perduto – Non avete veduto – cane perduto. … Questo Mopperl – un Signore. … carattere – calfacteristico. … tre cento anni vecchio. … Portate un nero cravattel. … Gestutzte orecchi. … Zani kani. … Piccolo Viech mit quattro Haxen. – Recompenza zwanzig Zechini in buona moneta.[10]

Des scènes similaires se trouvent dans la farce avec chants *Umsonst* (1857), du même auteur, où les mauvais acteurs Arthur et Pitzl se font passer pour des voyageurs étrangers, italiens puis français, afin d'obtenir un déjeuner à l'auberge de Braunau.[11] Ce don d'imitation aurait aussi pu conduire Jochen Mecke à endosser des déguisements tels que celui d'Eberhard Ultra, qui caricature les puissances contre-révolutionnaires dans la farce avec chants *Freiheit in Krähwinkel* (1848) du même auteur :

(ULTRA *ist karrikirt in altrussischem Nationalkostüm als Fürst…*)
ULTRA. … Schöngrussi, Bulldoggi, Burgomastrow. … Nixi sitzi. … Fürst KnutikofSibiritschevski, TyrannskiAbsolutski. … *(auf* WILLIBALD *zeigend)*. Den da Dollmetschki, *(auf* DEN NACHTWACHTER *zeigend)* den da Leibeigenski. … Ah, Passionski regierski Volkski despotski. … Verbrennski Proclamazki Constitutzki.[12]

---

[9] Nestroy, HKA *Stücke 28/I. Der holländische Bauer. Sie sollen ihn nicht haben!*, Wien : Deuticke, 1997, III, 22, 80 ; II, 22, 146.

[10] Nestroy, HKA *Stücke 5. Der Feenball oder Tischler, Schneider und Schlosser. Der böse Geist Lumpacivagabundus oder Das liederliche Kleeblatt*, Wien : Jugend und Volk, 1993, II, 16, 167.

[11] Nestroy, HKA *Stücke 35. Umsonst*, Wien : Deuticke, 1998, II, 11-13, 60–63.

[12] Nestroy, HKA *Stücke 26/I. Freiheit in Krähwinkel*, Wien : Jugend und Volk, 1995, II, 4, 42–44.

Ill. 2 : Scène de *Freiheit in Krähwinkel*[13]

Aimant les voyages, Jochen Mecke aurait par ailleurs pu interpréter un personnage des féeries viennoises transporté, par bateau ou grâce à un talisman, dans un autre pays européen ou sur un autre continent (Proche-Orient, Inde). Dans *Wien, Paris, London und Constantinopel* (1823), féerie avec chants d'Adolf Bäuerle (1786–1859), trois artisans viennois – le fourreur Muff, le fabricant de chapeaux de paille Wimpel et le vitrier Kitt – rêvent de quitter Vienne pour bénéficier d'une vie meilleure dans l'une des trois autres capitales éponymes. Mais ils sont victimes à Paris d'escrocs, à Londres de maris jaloux et à Constantinople de la cruauté des dignitaires. Ils concluent : «Paris, London und Constantinopel, es ist

---

[13] Johann Christian Schoeller, aquarelle, 1848. Scène de *Freiheit in Krähwinkel* (Acte II : Die Revolution) avec Johann Nestroy dans le rôle d'Eberhard Ultra (déguisé en prince russe), Heinrich Moritz dans celui de Rummelpuff, Johann Baptist Lang en gardien de nuit, Wenzel Scholz, etc. Source : Wilhelm Deutschmann, Historisches Museum der Stadt Wien : «Theatralische Bilder-Gallerie», 1980. Wikimedia Commons : https://commons.wikimedia.org/wiki/File:Freiheit_in_ Kr%C3%A4hwinkel-Revolution.jpeg (consulté le 06.02.2023).

überall recht gut; aber z'Haus ist's am besten!»[14] Cette nostalgie vaut-elle aussi pour Jochen Mecke? Il nous semble que son parcours professionnel et de vie, profondément marqué par l'interculturalité, entraîne chez lui un jugement plus nuancé.

Finalement, le rôle le plus approprié à Jochen Mecke aurait peut-être été celui du personnage comique central, non pas du type à la Hanswurst ou Käsperle, mais plutôt du 'raisonneur' dans les pièces de Nestroy. Intégré à l'action, il la domine en même temps et possède un double niveau de jeu : il l'utilise pour porter, dans ses commentaires et ses couplets qui rompent l'illusion dramatique en s'adressant au public, un regard critique sur la société et le monde en général. Ce personnage se caractérise notamment par sa virtuosité langagière et ses traits d'esprit. Dans la farce avec chants *Lady und Schneider* (1849), où Nestroy dresse un bilan assez désabusé de la Révolution de 1848, Hyginus Heugeign, tailleur et politicien amateur et opportuniste, renvoie dos-à-dos gauche et droite :

> HEUGEIGN. … Um aber wieder auf die Taille zu kommen – die Taille, die die Menschen horizontal in Oben und Unten scheidet, die gielt in der Politik nicht viel, natürlich, weil da alle Augenblick das Obere unten und das Untere oben is. Die Politik kümmert sich nur um die verticale Theilung, die zwei Seiten bildet, die Linke und die Rechte. *(Zu* LINERL*)* Ich bitte einen Arm ein wenig zu erheben; *(zu* FUCHS*)* welchen befehlen Sie?
>
> FUCHS. Gleich den, wo du stehst, unerträglicher Schwätzer.
>
> HEUGEIGN. Aha! *(Ihn schlau fixirend.)* Sie wünschen die Linke –? hm, der Linken Maß nehmen ist sehr eine gefährliche Maßregel, indem der Linken meistens mehr Maß zu wünschen wäre. … Ja, das ist der Hauptfehler von der Linken und von der Rechten, daß nix vorwärts geht. Das geschieht aber nur, um das christliche Wohlthätigkeits-Princip in doppeltem Umfang zu erfüllen. Die Linke soll nicht wissen, was die Rechte thut, es weiß aber auch die Rechte nicht, was die Linke thut, und das wird nehmlich dadurch am sichersten erzweckt, wenn beide Theile gar nichts thun.[15]

Les couplets des personnages comiques centraux de Nestroy expriment souvent un certain scepticisme, un sentiment de désillusion face à l'impossibilité de changer le monde et les hommes. Le mot devenu célèbre de Schnoferl dans la farce avec chants *Das Mädl aus der Vorstadt* (1841) le

---

[14] Adolf Bäuerle, *Wien, Paris, London und Constantinopel. Zauberspiel mit Gesang in drey Akten* (1826), https://books.google.fr/books?id=89_nAc9DiloC&printsec=frontcover&hl=fr&source=gbs_ge_summary_r&cad=0#v=onepage&q&f=false, III, 21, 313 (consulté le 07.02.2023).

[15] Nestroy, *Lady und Schneider*, op. cit., II, 13, 60.

montre : « die edelste Nation unter aller Nationen is die Resignation. »[16]
Ce sentiment ne semble toutefois pas être celui de Jochen Mecke face à
l'existence. Et nous lui souhaitons de garder longtemps son enthou-
siasme, sa motivation et sa capacité à impulser de nouveaux projets
(franco-allemands, européens, interculturels). Comme le formule Bartholomäus Quecksilber dans son chant final : « Man muß stets lustig
seyn, / Und sich des Lebens freun. »[17]

---

[16] Nestroy, HKA *Stücke 27/II. Das Mädl aus der Vorstadt*, Wien : Deuticke, 1998, II,
12, 29.

[17] Raimund, *Barometermacher*, op. cit., II, 27, 71.

Die Sache mit der Zeit

Vom Suchen und Finden der Zeit

Susanne Greilich

In Zeiten der erklärten Zeitenwende einen Text über die Zeit zu schreiben, ist ein herausforderndes Unterfangen. „Zeitenwende" ist von der *Gesellschaft für deutsche Sprache* immerhin zum Wort des Jahres 2022 gekürt worden – und das noch vor „Gaspreisbremse" (Platz 3) und „Klimakleber" (Platz 5)! Von „Doppelwumms" (Platz 6) ganz zu schweigen. Ein solcher muss der anvisierte Text nun zwar auch nicht werden, aber man wünscht sich doch ein bisschen mehr und anderes, als aufs Alltagsgeschäft zurückzugreifen, aus literatur- und kulturwissenschaftlicher Perspektive auf die Zeit zu blicken; möchte mehr und anderes tun, als den Umgang mit der Zeit kulturvergleichend oder ihre literarische Modellierung narratologisch zu erschließen.

Dabei hat die französische Literatur zweifelsohne herausragende Beispiele und Verfahren hervorgebracht, die die merkwürdige Diskrepanz abbilden, welche sich regelmäßig auch im eigenen, persönlichen Erleben zwischen der Zeit als physikalisch-biologischem Parameter und ihrer Wahrnehmung auftut. Eine Diskrepanz, die sich in so schönen deutschen Begriffen wie „kurzweilig" und „langweilig" verdichtet, in Redewendungen und bildhaften Ausdrücken wie „im Flug vergehen" oder „tuer le temps": Leicht und rauschhaft wie der Flug eines Vogels kann uns die Zeit erscheinen oder sich, umgekehrt, so schwer und lästig anfühlen, dass wir uns ihrer durch Vertreiben, gar Totschlag entledigen möchten.

Wie unter dem Eindruck eines einzelnen Ereignisses die eigene Vergangenheit in eine solch gefühlte Ferne rückt, dass sie als sonderbar unwirklich, als nicht mehr zu integrierender Teil der eigenen Biographie wahrgenommen wird, das hat, zum Beispiel, Gustave Flaubert im ersten Teil, Kapitel acht von *Madame Bovary* erzählt. Und ebenso dem Befremden eine literarische Form verliehen, das sich einstellt, wenn selbst das unmittelbar Gegenwärtige plötzlich nicht mehr als gegenwärtig, sondern nur mehr als Teil einer biographischen Vergangenheit begriffen werden kann: „Elle se promena dans son jardinet", heißt es da über die noch unter dem Eindruck des rauschenden Balls im Château de la Vaubyessard stehende Emma Bovary, „considérant avec ébahissement toutes ces choses d'autrefois qu'elle connaissait si bien. Comme le bal déjà lui semblait loin! Qui donc écartait, à tant de distance, le matin d'avant-hier et le soir d'aujourd'hui?"

Nicht weniger erstaunlich gestaltet sich, natürlich, in *Du côté de chez Swann* die Erfahrung, wie durch die Wiederentdeckung eines Geruchs oder Geschmacks Jahrzehnte der Vergangenheit zusammenschmelzen und unwillkürlich die weit zurückliegende Jugend wieder unmittelbar gegenwärtig wird. So sehr hat sich Prousts Roman der Erinnerungen, hat sich ‚seine Madeleine' nicht nur in das eigene, sondern auch in das kollektive Gedächtnis Frankreichs eingeschrieben, dass sie auch in jüngeren Produktionen problemlos noch einmal aufgebacken werden kann: zuletzt in Slony Sows *Umami* (F/Japan 2022), mit Proust-Porträt und dem Titel seines siebenbändigen Werks als Triebmittel. Der Film schickt den herzkranken Sterne-Koch Gabriel (Gérard Depardieu) auf eine mentale und physische Reise ins ferne Japan, um dort durch eine vor beinahe einem halben Jahrhundert erstmals verkostete Ramen-Suppe den Sinn des Lebens zu finden. Die verlorene Zeit Gabriels ist, ganz wie bei Prousts Ich-Erzähler-Figur, tatsächlich vergeudete Zeit, verschwendet an das Streben nach immer noch größerer beruflicher Anerkennung, dem zwei Ehen und die eigene Gesundheit zum Opfer gefallen sind, ohne dass die kulinarische Perfektion der Ramen-Suppe je von ihm erreicht worden wäre. Und auch, ebenfalls ganz wie bei Proust, eine Zeit, die wiedergefunden und konserviert werden kann in einem Kunstwerk. Was bei Proust die Kunst der Literatur, das ist bei Sow die Kochkunst, vererbt an die jüngere Generation.

Ja, gewiss, das ist massentauglich adaptierter Stoff, philosophische Reflexion im Gewand einer konventionellen Wohlfühlkomödie. Aber kurzweilig ist es. Und das Thema von ungebrochener Aktualität – die Work-Life-Balance lässt grüßen –, mehr noch: von im Grunde zeitloser Relevanz. Was bleibt, wenn die eigene Zeit endet? Auch die Forschung ist schließlich immer ein Suchen. Aber genug, es soll ein alternativer Festschriftbeitrag werden, kein Memento Mori.

Überhaupt, die Zeit und der Film … Fühlten sich nicht die vergangenen Jahre, die Corona-Jahre, an wie eine endlose Abfolge von Jump-Cuts aus Godards *À bout de souffle*? Wie eine merkwürdige, synthetische Sequenz mit dem kontinuierlichen Grundrauschen von Verordnungen,

AHA-Regeln, Online-Meetings im Hintergrund und diskontinuierlichem Handeln im Vordergrund: eben noch im Flieger über Zeitzonen hinweg um die Welt, jetzt mit Netflix-Dauerabo auf der Couch? Eine sonderbar lang-weilige und zugleich sprunghaft vergangene Zeit?

Um all die atemberaubenden literarischen und filmischen Inszenierungen von Zeit weiß der Hauptadressat dieses Texts allerdings bereits bestens Bescheid, hat zu ihnen intensiver geforscht, sie profunder, klüger analysiert als man selbst. Noch dazu ist ja – siehe oben – Zeitenwende. Muss man da nicht auch irgendetwas neu wenden, neu denken, neu ausrichten? Also weiter, weiter; im Hintergrund drängt der Abgabeschluss.

Nun doch der Rückgriff aufs ‚Alltagsgeschäft'. Das ist, zumindest zurzeit, der Enzyklopädismus des 18. Jahrhunderts. Ist in Hinblick auf die abendländische Kulturgeschichte denn überhaupt irgendetwas so sehr Zeitenwende gewesen wie das achtzehnte Jahrhundert? Eine nicht geringe, aber für die *Dix-huitiémiste* natürlich rein rhetorische Frage: Ende der Frühen Neuzeit und Beginn der Moderne! Revolutionszeit! Epoche der Aufklärung! Epistemischer Bruch und Neuordnung des Wissens! Wo sonst also sollte man schauen als im bedeutendsten Werk des Aufklärungszeitalter, der *Encyclopédie ou Dictionnaire raisonné des sciences, des arts et des métiers* von Diderot und D'Alembert?

Tatsächlich, da ist sie, die Zeit in ihrer ganzen enzyklopädischen Fülle ausgebreitet: physikalisch, philosophisch, mythologisch, biblisch, grammatikalisch, astronomisch, kalendarisch, medizinisch, pathologisch, juristisch, musikalisch, rhythmisch. In acht Einträgen zum Lemma „Tems" (Bd. 16, 1765) und in einer Fülle weiterer, über das gesamte Wörterbuch verstreuter Artikel („Durée", „Équation du tems", „Donner du tems", „Moment, instant", „Chronologie" usw. usf.) wird die Zeit aus unterschiedlichen disziplinären Perspektiven und in verschiedenen Stilen ausbuchstabiert. Die alphabetische Ordnung will, dass sich zwischen die Einträge zur Zeit auch solche zum Wetter drängen, aber das tut der Lektüre keinen Abbruch. Immerhin weisen die Homonyme den gleichen etymologischen Ursprung auf. Und haben wir nicht selbst immer noch für die Jahreszeiten eine bestimme Vorstellung von den dann herrschenden Wetterverhältnissen im Kopf? Sommer: Sonne; Winter: Schnee. Klimawandel hin oder her?

Zurück zum Werk. Der zentrale Aufsatz „Tems" des Mathematikers D'Alembert und des Hugenotten Formey referiert – dem Hintergrund ihrer Autoren entsprechend – sachlich-nüchtern das gesammelte, antike und moderne Wissen zum Thema aus der Perspektive der Metaphysik. Es wird die Frage nach der Realität der Zeit aufgeworfen, die These vom Fließen der Zeit dargelegt und die Vorstellung von der ‚absoluten Zeit‘: „Die absolute, wahre und mathematische Zeit verfließt an sich und vermöge ihrer Natur gleichförmig und ohne Beziehung auf irgendeinen äußeren Gegenstand", hatte entsprechend Newton in seinen *Principiae* formuliert. An dieser Idee rüttelt auch die *Encyclopédie* nicht; Relativitätstheorie und Zeitdilation sind zwar nicht Lichtjahre, aber doch immerhin noch 140 Jahre weit entfernt. Im Eintrag „Tems. (*Philos. & Mor.*)" dann, als Textsorte doch ein wenig überraschend, eine Ode, genauer: Antoine Léonard Thomas' *Ode sur le Temps* – der Lyriker und spätere Académicien aus Clermont-Ferrand hatte sie 1762 verfasst:

> Le compas d'Uranie a mesuré l'espace.
> O tems, être inconnu que l'ame seule embrasse,
> Invincible torrent des siecles & des jours,
> Tandis que ton pouvoir m'entraîne dans la tombe,
> J'ose, avant que j'y tombe,
> M'arrêter un moment pour contempler ton cours.

Stop. Schon wieder Memento Mori, es reicht! Auch enzyklopädisch kommen wir also nicht voran. Vielleicht aber streng alphabetisch-lexikographisch? Die Zeit von A bis Z? Also etwa so:

> Akademisch: Viertelstunde.
> Deutsch: pünktlich.
> Gelehrt: Fugit irreparabile tempus.
> Interkulturell: unpünktlich (je nach Standpunkt).
> Kapitalistisch: … is money.
> Kulinarisch: To go.
> Musikalisch: Goes by.
> Nostalgisch: gut und alt.
> Prophetisch: wird kommen.
> Spielerisch: 90 Minuten (+ Verlängerung).
> Weihnachtlich: Alle Jahre wieder.

Ach nein, im Kopf nur Versatzstücke. Schon meint man, den wütend-resignierten Stoßseufzer zu vernehmen, den seinerzeit Flaubert über beinahe drei Jahrzehnte in die Form eines Wörterbuchs gegossen hat. Im *Dictionnaire des idées reçues*, konzipiert als zweiter Teil von *Bouvard et*

Pécuchet und erst postum publiziert, hat er all die Allgemeinplätze zusammengetragen, die die bürgerliche Wissens- und Konversationskultur im Frankreich des 19. Jahrhunderts dominierten. Mit der für ihn charakteristischen Akribie hat der Autor – davon zeugen drei Manuskripte – mehr als 700 Einträge redigiert, überarbeitet, ergänzt und wieder gestrichen und so eine Enzyklopädie des zur Phrase geronnenen Wissens seiner Zeit erstellt: Von A wie „ABELARD" („Inutile d'avoir la moindre idée de sa philosophie") bis Y wie „YVETOT" („Voir Yvetot et mourir"). Im Stil der zunehmend populärer werdenden Konversationslexika verfasst, die den Zeitungsleserinnen und -lesern Hilfe sowohl zum Verständnis als auch Stütze zur Konversation ‚in Gesellschaft' sein wollten, ist das *Dictionnaire des idées reçus* nicht weniger als eine beißende Satire auf die Dummheit. Auch dem „TEMPS" ist in diesem „Catalogue des idées chics" (so der Untertitel) ein Eintrag gewidmet:

> TEMPS. Eternel sujet de conversation.
> Toujours s'en plaindre.

So heißt es dort in vielsagender Kürze. Ist hier überhaupt noch von der Zeit die Rede oder doch vom Wetter? Aus Sicht Flauberts mindestens egal. Über die Hitze („Toujours insupportable") wird im Wörterbuch genauso geklagt wie über die Verhältnisse der Gegenwart: „Tonner contre elle", empfiehlt der Text unter dem Lemma „ÉPOQUE (LA NOTRE)": „Se plaindre de ce qu'elle n'est pas poétique. L'appeler époque de transition, de décadence." Da schau her, „Umbruchszeit", „Zeitenwende" ist auch in Zweitem Kaiserreich und Dritter Republik in aller Munde.

Der Redaktionsschluss ist verstrichen, es ist nach Mitternacht, „limite du labeur et des plaisirs honnêtes", mahnt der *Dictionnaire*. Kommen wir also zum Ende und werfen einen Blick zurück: Hin und her gewendet wurde die Zeit, ästhetisch, wissenschaftlich, allgemeinsprachlich. Gewummst hat es nicht. Ein bisschen schade vielleicht. Andererseits landete „Doppelwumms" 2022 nicht nur unter den Top Ten der Wörter, sondern auch unter den Top Five der Floskeln des Jahres. Im Sinne von Flaubert vielleicht also besser so.

Oder, nein: Vielleicht also besser *so*:

> TEMPS. Eternel sujet de recherche.
> Ne jamais en finir.

A la recherche du temps gagné

Johannes Klein

„Ich denke, also billig." Als ich diesen Satz einst in einem Vorlesungs-
Handout von Jochen Mecke korrekturlas, stand ich zunächst vor einem
Rätsel. War der Autor im Moment des Verfassens übernächtigt gewesen?
Immerhin schrieb er mitunter auch sehr spät oder sehr früh seine
E-Mails. Handelte es sich um Absicht und wollte er testen, ob die Studierenden in der Sitzung aufpassten? Schließlich waren auch die Folien
manchmal so zweideutig, dass man nur durch Zuhören schlau daraus
wurde. Oder sollte ich die *Meditationes* zur Hand nehmen, um zu prüfen, ob nicht womöglich auch Axiome wie „Geiz ist geil" oder „Wer güns-
tig will, muss Penny" ursprünglich auf Descartes zurückgehen und nicht
erst der Denkschule der sogenannten Kreativen im 21. Jahrhundert entsprungen sind, in welchem die Existenz des rationalen Subjekts vor allem
in vermeintlich vorteilhaften Konsumentscheidungen begründet liegt?

Des Rätsels (auf Nachfrage enthüllte) Lösung war letzlich, dass der
Text (was ich zuvor nicht gewusst hatte) diktiert worden war und die
Spracherkennungssoftware etwas gründlich falsch verstanden hatte.
Über die Banalität dieses Grunds konnte mich allerdings hinwegtrösten,
dass die künstliche Intelligenz hinsichtlich des Studiums der abendlän-
dischen Philosophie nicht weiter war als ich und meine Hiwi-Dienste
noch nicht vollständig ersetzen konnte.

Im Nachhinein erfüllt mich diese Erkenntnis umso mehr mit Freude,
als dass, wenn ich nun darüber nachdenke, einiges zusammenkommen
musste (insbesondere Jochen Mecke mit dem Rest), damit ich nach Jahr-
millionen der menschlichen Evolution im postmodernen Regensburg
über den Satz eines alten Franzosen stolpern konnte. Ein – wie ich meine
schöner – Gedanke des britischen Biologen Richard Dawkins wendet die
Idee von der Lotterie der Geburt, die sich beispielsweise bei Rousseau
darauf bezieht, dass der einzelne Mensch ohne sein Zutun in unterschiedlich günstige und nicht immer billige Umstände hineingeboren
wird, in etwa folgendermaßen: Angesichts der nahezu unendlichen

Kombinationsmöglichkeiten genetischen Materials – zumal bei mittlerweile acht Milliarden Menschen auf unserem kleinen Planeten, von denen die meisten zur Fortpflanzung in der Lage sind – und der im Verhältnis dazu verschwindend geringen Zahl tatsächlich geborener Individuen, können wir Lebenden uns glücklich schätzen, überhaupt zu existieren. In diesem Sinne haben alle, die leben und sterben können, die Lotterie der Geburt – und damit die Zeit und den Raum, in dem wir diese verbringen dürfen – gewonnen. Von der Abfolge unwahrscheinlichster Begebenheiten, die dazu geführt haben, dass es diesen Planeten und Leben darauf gibt, möchte ich gar nicht erst anfangen. Jedenfalls aber gibt es mich in meiner Gewöhnlichkeit, während unzählige potenzielle Genies, vielleicht größer als Descartes oder Newton, nie das Licht der Welt erblickt haben, noch es jemals erblicken werden.

Eines Tages wurde ich also aus der Virtualität in die konkreten Dimensionen der Raumzeit hineingeworfen. Fragen wir uns nicht, was genau das heißen soll, wenn angeblich ohnehin nur eine Handvoll Menschen die Relativitätstheorie wirklich verstehen kann. Sagen wir, ich durfte fortan mitschwimmen in diesem dunklen Ozean aus Zeit und Materie. Erst nach einigen Jahren, mir meiner Verurteilung zur Freiheit allmählich bewusst werdend, fragte ich mich, wohin denn; oder besser, ich stellte mir die bekannte Frage des Genossen Lenin: Was tun? Zu jener Zeit begab es sich, dass jemand sich einen Studiengang namens „Deutsch-Französische Studien" ausgedacht hatte – vermutlich, ohne sich über die Konsequenzen für mein Leben und das vieler anderer annähernd im Klaren zu sein. Wenn ich mich recht entsinne, war bei der Bewerbung zu diskutieren, ob man dabei alles ein bisschen und nichts richtig studiere. Tatsächlich habe ich dann alles Mögliche studiert, das meiste davon hoffentlich zumindest nicht falsch; die wichtigste direkte Folge dieser Entscheidung war jedoch die Entdeckung der Liebe – einerseits zu einer Kommilitonin, andererseits zur Romanistik, wobei zweiterer längere Dauer beschieden war.

Recht unmittelbar führte dies – nachdem ich nun wenigstens eine weitere romanische Sprache mehr richtig denn falsch sprechen wollte – zu einer weiteren Entdeckung, nämlich der Amerikas (gemeint ist *América*, also nicht das *America* der Selbstbezeichnung der *rogue states* nördlich von Mexiko). Die Liebe zu Lateinamerika erwies sich sogar als äußerst dauerhaft und mündete nach vielen Reisen und Studienaufenthalten in eine Dissertation bei Jochen Mecke und eine neue Liebe zu einer Kommilitonin. Es kann nahezu ausgeschlossen werden, dass dies geschehen wäre, wenn nicht jemand den besagten Studiengang ersonnen hätte (und das war ja lediglich der erste Schritt, zu dem weitere hinzukommen mussten), in dem man nichts richtig macht, während immerhin ich damit alles richtig gemacht habe.

Das vielleicht Beeindruckendste für einen Europäer, der zum ersten Mal nach Südamerika kommt, ist die immense Weite des Raumes. Man kann in Patagonien ohne Weiteres zwei volle Tage im Bus sitzen, ohne dass sich die Landschaft wesentlich verändert. Man durchquert einen Raum, der sich gefühlt allen Grenzen verweigert. Dazu handelt es sich oft um eine leere Weite, in der man lange Zeit kaum jemandem begegnet, allenfalls einer Handvoll Lastwagenfahrer und Schafzüchter, dazu ein paar Guanakos – wobei diese meist mehr wie Skulpturen denn wie Lebewesen in der baumlosen Steppe stehen, so regungslos wie die Anden in der Ferne. Die Welt wirkt unermesslich groß an solchen Orten, und doch kreuzen sich darin die Wege der Menschen manchmal auf derart sonderbare Weise, dass sie so klein scheint, wie der Gemeinplatz sagt. Nur als Beispiel: Einmal habe ich mitten im Großstadtdschungel von Bangkok einen Inder wiedergetroffen, den ich im Jahr davor in einem winzigen Ort im Dschungel von Guatemala kennengelernt hatte. Wenige Wochen später ist mir an einem Strand in Südthailand ein Australier über den Weg gelaufen, dem ich damals kurz nach dem Inder ebenfalls in jenem guatemaltekischen Dorf begegnet war. Beides, versteht sich, ohne jeglichen Kontakt, geschweige denn Absprachen seither. So faszinierend es uns erscheint, wenn zwei bekannte Menschen zur gleichen Zeit am gleichen Ort im Raum zufällig aufeinanderprallen: Schwindelerregender finde ich den Gedanken, wie viele Begegnungen um Haaresbreite nicht zustande kommen (könnten). Dafür reicht es, dass man beispielsweise in der gleichen Richtung um einen See in Nairobi herumspaziert, und nicht in entgegengesetzter. Oder dass das Taxi, auf das der eine vor einem Tempel auf Bali wartet, eine Minute früher auftaucht als der andere, der dort vorbeischlendert. Im Urlaub mag der Unterschied nur im (Nicht-)Zustandekommen einer vielleicht kuriosen Anekdote bestehen, aber was ist mit essenzielleren Bereichen unseres Lebens?

Anders, als wahllos im oder gegen den Uhrzeigersinn um einen See herumzugehen, können wir uns zwar einbilden, dass wir bestimmte Entscheidungen wie die Wahl eines Studiums nicht dem Zufall überlassen. Aber durch einen ungünstigen Zufall – eine halbe Sekunde oder ein halber Meter können jederzeit den Unterschied ausmachen zwischen einem Unfall und einer Situation, an die wir uns wenig später kaum noch erinnern –, der wiederum eine schlechte Tagesform beim Auswahlgespräch zur Folge hat, können wir womöglich nicht das studieren, was wir uns vorgenommen hatten, und machen etwas anderes mit unserer Zeit. Unweigerlich bedeutet das lineare, geschwindigkeitsbetonte Alltagsverständnis von Zeit, das jedenfalls in der sogenannten westlichen Welt nach wie vor dominiert – allen verzweifelten Rufen nach Entschleunigung und Orientierung an den langsamen Zyklen der Natur zum Trotz –, dass wir oft das Gefühl haben, eine Unzahl von Möglichkeiten zu verpassen; und zwar egal, welche Entscheidung – diese schwere Bürde der Gegenwart! – wir treffen. Weder können wir an mehreren Orten zugleich sein, noch wie Hermine aus *Harry Potter* mit ihrem *time-turner* in der Zeit zurückspringen, um gleichzeitig ablaufende Dinge allesamt zu erleben. Je mehr Möglichkeiten wir wahrnehmen, desto größer wird die *fear of missing out*, selbst oder gerade dann, wenn der Terminkalender schlichtweg voll ist. Was könnte man nicht alles, was hätte man nicht alles (anders) machen können?

In Deutschland kommt schlimmstenfalls auch noch die *German Angst* dazu, wenn wir uns – mit hohem Zeitaufwand – über alle möglichen Gefahren und Unwägbarkeiten der Zukunft den Kopf zerbrechen, alle Risiken voraussehen und unser Leben entsprechend planen wollen. In Kolumbien habe ich einmal den ulkigen und vielleicht auch weisen Satz gehört: „No pasa nada, y si pasa algo, pues ya pasó." *Ya pasó* – zumindest an der Vergangenheit können wir nichts mehr ändern. Umso besser, wenn man, wie hoffentlich auch Jochen Mecke, zu einem gegebenen Zeitpunkt über Zufälle wie Entscheidungen sagen kann: Es ist gut so, wie es gekommen ist. Voraussetzung dafür ist natürlich, dass man sich daran erinnert. Noch ist das Pensionsalter zum Glück nicht so hoch, als dass die meisten daran scheitern müssten.

Von allen meckeschen Vorlesungen, die ich gehört habe, dürfte eine zu Erinnerungskulturen die prägendste gewesen sein. Besonders bemerkenswert finde ich am Phänomen der Erinnerung nach wie vor, dass sie, so fehlerhaft und trügerisch und manipulierbar sie sein mag, so gut wie alles ist, was wir von unserem Leben haben – dem vergangenen Leben jedenfalls, doch über mehr verfügen wir ja zu einem Zeitpunkt X nicht, sofern wir keine hellseherischen Fähigkeiten besitzen. Wenn wir das Gedächtnis verlieren, was hält uns noch zusammen als Individuen? Wir können die im Laufe unseres Lebens angesammelten Gegenstände oder kennengelernten Personen betrachten – aber was sollten sie uns sagen, wenn wir keine Erzählung mehr haben, die sie irgendwie miteinander verbindet zu einem zwangsläufig schwankenden, doch wenigstens halbwegs sinnvollen Konstrukt, einem skelettartigen Gerüst, über das wir unsere Person stülpen können? Ob wir wollen oder nicht, sind wir narrative Wesen, die über Reihenfolgen und Kausalitäten nachdenken: Wir sind verurteilt zur Zeitlichkeit. Alle Bilder von Orten, an denen wir gewesen sind und die wir im Kopf haben, selbst der Raum, in dem wir uns in diesem Augenblick befinden, würden bedeutungslos ohne diesen Kontext, der erklärt, warum wir dort waren oder hier sind.

Es ist eine sehr interessante Frage, inwieweit Tiere in der Lage sind, ihre Vergangenheit zu reflektieren, respektive inwieweit sie nur in der Gegenwart leben, wie viele Menschen sich das scheinbar wünschen. Zu den zahlreichen Industrien, welche die Industrieländer ihrem Zweck gemäß hervorgebracht haben, zählt seit einiger Zeit eine Achtsamkeits-Industrie, die die Kunden in eine Art Goldfisch-Zustand versetzen soll: Nur Jetzt, kein gedankliches Vorher oder Nachher, keine Belästigung durch das Vergangene oder Kommende. In der Psychotherapie versuchen entsprechende Methoden ziemlich genau das Gegenteil dessen, was die Psychoanalyse tut, wenn sie möglichst tief in den Erinnerungen bohrt – trotz des auch von Jochen Mecke bisweilen problematisierten Umstands, dass diese ein denkbar unsicherer Grund für Bohrungen sind, mit noch ungewisseren Ergebnissen derselben.

Wie kaum ein anderer Bereich unseres Denkens entzieht sich die Erinnerung praktisch vollständig unserer Willkür, wahrscheinlich deshalb hatte der Prophet des Unbewussten einen Narren daran gefressen. Kant war zu seiner Zeit offenbar noch nicht zu dieser Erkenntnis gelangt, wenn die Anekdote stimmt, derzufolge er – um nicht mehr an seinen langjährigen Diener Lampe zu denken, den er zuvor wegen einer Verfehlung entlassen hatte – auf einem Zettel notierte: „Der Name Lampe muss nun völlig vergessen werden." In dieser Logik sollten wir womöglich auf das Schreiben von Einkaufszetteln und anderen Gedächtnisstützen verzichten, um ja nichts zu vergessen.

Leider ist es nicht so einfach. Sooft der berühmte Lapsus zuschlägt, wenn wir uns krampfhaft an etwas erinnern wollen, sooft erinnern wir uns an Dinge, an die wir lieber nie wieder denken würden. In den Romanen, die mich mit am meisten begeistert haben, sitzt ein mehr oder weniger traumatisierter Protagonist an einem alltäglichen Ort – etwa in einer Lissaboner Bar in *Os Cus de Judas* von Lobo Antunes oder in einem Zug von Mailand nach Rom in Énards *Zone* – und versucht von diesem beliebigen Moment aus, die Scherben seines Lebens zusammenzukehren oder auch in alle Winde zu zerstreuen. Der Akt des Erinnerns ist dabei sicher kein Vergnügen, nur ist er unausweichlich, und durch ihn entsteht bei literarisch überzeugender Umsetzung im Lesen ein ähnlich atemloser Sog, wie er den Protagonisten selbst fortreißt. Er kann in den Zug steigen, er kann Räumen entkommen, weil er einen Körper hat, doch sein Geist bleibt immer gefangen in der Zeit: Er kann Angola oder Jugoslawien verlassen, doch er bleibt im Krieg.

Was bietet sich an als Fluchtwagen für den Geist, dessen Gegenwart immer von der Vergangenheit eingeholt wird? Gerne greifen die Figuren zu Alkohol und anderen Drogen, die gewissermaßen das Antidot sind zu bewusstseinserweiternden Substanzen mit gegenteiliger Wirkung, wie etwa Madeleines. Für den Leser hingegen kann die Literatur selbst den Fluchtweg bedeuten.

Es ist die herausragende Eigenschaft von Fiktion schlechthin, dass sie uns alternative Raumzeiten anbietet, die möglicherweise befriedigender sind als unsere reale. Wobei die Grenzen keineswegs bloß bei Don Quijote verschwimmen, und auch nicht nur in den verwirrenden Fällen von *docuficción* wie bei Cercas' *Soldados de Salamina*. Die Fiktion verlässt just in als krisenhaft erlebten Zeiten, wie wir sie derzeit erleben, die Domäne der Medien, in welchen sie klassischerweise zuhause ist. Sie ist nach wie vor in Romanen oder Spielfilmen daheim – hätte es im Lockdown ohne Netflix höhere Selbstmordraten gegeben? –, doch in ihrer – für die meisten Menschen, jenseits von Emma Bovary – weit gefährlicheren Form zunehmend auch in der Presse, in den sozialen Medien, in der Politik. Dies ist die Form der Lüge, der Platon in grauer Vorzeit bekanntlich sogar die Dichtung bezichtigt hat; nur dass der Dichter im Gegensatz zum Politiker ja in der Regel nicht den Anspruch formuliert, „die Wahrheit" zu sagen. Die Bereitschaft breiter Massen, recht offenkundige Lügen entweder tatsächlich zu glauben, oder zumindest, und beinahe schlimmer noch, als legitimes Mittel zum politischen Zweck zu akzeptieren, ermöglicht die Wahl von Personen wie Trump oder Bolsonaro in höchste Staatsämter.

Natürlich wurde in den Massenmedien und in der Politik zu allen Zeiten gelogen – wer sollte das besser wissen als die Deutschen. Gerade aufgrund der Lektionen der Vergangenheit, aus denen die Menschheit angeblich etwas lernen möchte – womöglich ist das nostalgisch-unverbesserliche „Früher war alles besser!" doch stärker als das „Nie wieder!"–, und der heute vergleichsweise guten Aufklärungs- und Informationsmöglichkeiten ist diese Bereitschaft allerdings umso bedenklicher. Letztlich werden die entsprechenden Fiktionen, mitunter mehr ganze *fake worlds* als einzelne *fake news*, hingenommen, wie ein Leser die in sich schlüssige Diegese eines Romans hinnimmt. Mit dem gravierenden Unterschied, dass an die Stelle des Fiktionspakts die Realitätsverweigerung tritt. Es handelt sich nicht lediglich um eine harmlose Flucht ins Mittelalter via LARP, sondern eine aus der besten – da einzigen – aller Welten in ein Paralleluniversum, in dem insbesondere wissenschaftliche Erkenntnisse keinerlei Bedeutung haben.

Unlängst sprach der Münchner Soziologe Armin Nassehi bei der Verleihung des Nachhaltigkeitspreises der Universität Tübingen über den Umgang mit den diversen aktuellen Krisen. Auf die Frage, warum sich die Politik – besonders in Hinblick auf den Klimawandel – so schwer tue mit der Umsetzung von Maßnahmen für eine bessere Zukunft, die von der Wissenschaft weitgehend einhellig als notwendig erachtet werden, war die etwas ernüchternde Antwort: Politiker müssen stets in der Gegenwart Mehrheiten organisieren, und daran wird sich in einer Demokratie nichts ändern. Das heißt freilich nicht, dass wir zur Diktatur zurückkehren oder dass die Wissenschaft die Arbeit einstellen sollte, selbst wenn der Kampf manchmal einer gegen Windräder zu sein scheint. Idealerweise ist die Universität der Ort *par excellence*, an dem *fake worlds* dekonstruiert werden und an dem diese kleine Welt, die doch alles ist, was wir haben, verteidigt wird gegen die Ungeheuer, die der Schlaf – oder der Traum – der Vernunft gebiert. Jemand, der den Großteil seines Lebens der Forschung und Lehre gewidmet hat, hofft sicherlich, dass die eine oder andere Erkenntnis, die er dabei gewonnen, das eine oder andere Wort, das er dabei verloren hat, bei seinen Schülern hängengeblieben ist. Manchmal ist dies tatsächlich der Fall.

Wenn man am späten Nachmittag in Leticia am Hauptarm des Amazonas, oder in Ciudad Bolívar an dem des Orinoco sitzt, hat man zugleich die Empfindung von etwas Gewaltigem und unendlich Ruhigem. Der Strom nimmt die beruhigende Farbe von Milchkaffee an, aber ist nahezu uferlos in seiner Masse und Ausdehnung. Im Vergleich etwa zur gezähmten, schönen blauen Donau liegt immer etwas Wildes darin. Doch wenn die sinkende Sonne das Wasser mit schmelzendem Gold überzieht, liegt vor allem ein großer Frieden darauf, alles ist ganz, und alles macht Sinn in diesem Augenblick. So kann man in einem gegenwärtigen Moment auf seinen Lebensstrom schauen, der vor – oder auch hinter – einem liegt wie eine unwiderlegbare Tatsache. Aber wie solch ein Fluss eigentlich mehr die Tochter, denn die Mutter aller Wasser – so wird der Mekong oft genannt – ist, sieht auch der breite Lebensstrom nur so aus, weil in der Vergangenheit eine Unzahl von Zuflüssen in ihm zusammengekommen sind. Was, wenn dieser fehlte, jener eine andere Farbe hätte?

Eine indigene Sage von der Entstehung des Amazonas erzählt, dass es im Anfang einen Ceiba-Baum gab, der so hoch war, dass er die Sonne verdunkelte. Deshalb mussten die Menschen ihn fällen, und als er fiel, schlug er das Bett des Amazonas in die Erde: Die Zuströme entstanden dort, wo das Wurzelwerk sie aufriss, und das Delta, wo die Krone hinstürzte. Die Klarheit und Ganzheit, die unser Leben eben noch hat, sieht sich in der nächsten Sekunde schon wieder der Legion der Möglichkeiten gegenüber. Es kann zerfasern und sich verzweigen im unübersichtlichen, sumpfigen Labyrinth des Delta-Dschungels der Zukunft, die unsere Gedanken ebenso beständig beharkt wie die Vergangenheit. In einem solchen Labyrinth, am winzigen Nebenzweig eines Nebenzweigs des Orinoco, bin ich einmal einem fränkischen Schreiner begegnet, der sein Handwerker- für ein Abenteurerdasein aufgegeben hatte.

Warum können wir Europäer so selten bleiben – verweile doch! –, wo wir sind? Warum wollen wir immer ruhelos weg- und voranstreben – und irren? Ein Bekannter aus dem patagonischen Volk der Mapuche meinte, dass seine Leute ihr Handeln im Gegensatz zu den Europäern nicht an der Zukunft oder irgendeiner Art von vermeintlichem Fortschritt ausrichten, sondern an Überlieferungen und Traditionen. Kann die Erinnerung so nicht auch ein Quell des Friedens sein? Das steht zu hoffen – solange bei allem Rückblick und berechtigtem Stolz auf das Geleistete Jochen kein *Mecke el memorioso* wird.

Nicht alle Zuflüsse, nicht alle Begegnungen – diese wundervollen Überschneidungen im Koordinatensystem von Raum und Zeit, seien es zufällige oder planvollere, absurde oder sinnvollere – sind gleich wichtig für uns; und die mit Jochen Mecke an der Donau war für mich zweifelsohne weitaus wichtiger als jenes zufällige Wiedersehen mit dem Australier am thailändischen Meeresstrand – für Fans brutalistischer Architektur mag das Regensburger PT-Gebäude übrigens gar schöner anmuten als die südostasiatischen Tropen. In diesem Sinne vielen Dank für alles, was schon gekommen ist. Aber auch alles Gute für das, was kommt; vor allem Gelassenheit, vielleicht sogar Zeitvergessenheit, nach vielen, sicher stressigen, durchdachten und -geplanten Jahren in der romanistischen Raumzeit – egal, wohin die Reise geht, ob in einer Winternacht in einem Nachtzug nach Lissabon oder auf der Straße in Flandern bis ans Ende der Nacht.

> S'il faict laid à droicte, je prens à gauche; si je me trouve mal propre à monter à cheval, je m'arreste. ... Ay-je laissé quelque chose à voir derriere moy? J'y retourne; c'est tousjours mon chemin. Je ne trace aucune ligne certaine, ny droicte ny courbe (Montaigne, *Essais*, III, 9).

Auf dass die Zeit immer eine gewonnene und nie eine verlorene sein möge!

Ennui – oder die Abenteuer der Lektüre

Dagmar Schmelzer

> Je me vois remonter la rue ensoleillée de mon enfance en tenant la main de ma grand-mère. Un dimanche en province. Un homme tranquillement assis sur sa galerie devant une large table couverte de livres, tous ouverts. Il était penché vers eux, comme devant un buffet riche et varié. Ce gourmand passait d'un livre à un autre avec la même excitation. Rien ne semblait exister autour de lui, à part ces mets appétissants. Il semblait si loin de nous, si hors de notre portée – nous pouvions le voir mais il était visiblement ailleurs. Ma grand-mère m'a alors glissé à l'oreille: «C'est un lecteur!» Et j'ai tout de suite pensé: c'est ce que je ferai plus tard. Je serai un lecteur. Sur mes rares photos d'adolescence, j'ai toujours un livre en main.[1]

Im Rahmen der folgenden Reflexionen wäre es passend sagen zu können, dass meine Erstbegegnung mit der literarischen Zeit Jochen Meckes Dissertation *Roman-Zeit* war. Leider trifft dies nicht ganz zu, denn schon als Kind war mir klar – wenn auch sicher unausgesprochen –, wie sehr Lesen ein Zeitzauber ist. Auch ich war das Kind mit dem Buch in der Hand.

Wollten meine Eltern mit uns vier Kindern auf große Fahrt, stand am Anfang der Reise ein Schwellenritual der besonderen Art: Bevor wir uns in befreiende Bewegung setzen und die freudig gespannte Ruhe der Erwartung einsetzen konnte, mussten wir durch einen Tunnel der Anderszeit, der emotionale Zerreißproben bot und dem am besten mit der Flucht in ein Buch beizukommen war. Der frühe Morgen des Abreisetags stand unter dem Diktat des Aufbruchs, der sich unverrückbar und doch noch nicht zu greifen am Zeithorizont abzeichnete. Noch zwei

---

[1] Dany Laferrière, „Un dimanche en province", in: *Je suis un écrivain japonais*, Paris: Grasset & Fasquelle, 2008, 68.

Stunden! Kaum war die Erkenntnis ins erwachende Bewusstsein gesi-
ckert, erstickte ein kurzer Anflug frischer Vorfreude unter der Glocke
aus beklemmendem Handlungsdruck, sich entladender Hektik und läh-
mendem Warten, die das Haus ergriffen hatten. Und sofort war er da:
der Impuls, der geballten Wucht der Reisevorbereitungen und der potenziellen Konfliktivität angespannter Nerven zu entfliehen und in ein Buch
abzutauchen.

Aber nein, es galt, sich dem Getrappel der Füße auf der Treppe und
den Stimmen der Geschwister zu stellen. Die erste Phase des Morgens
war einfach: In Mutters Schrift auf Karopapier festgehalten und in der
Familienzentrale am Esstisch jederzeit nachlesbar, hatte jeder von uns
einen klar umrissenen Arbeitsauftrag, eine Liste von Dingen, die zusam-
menzutragen waren. Die Konzentration auf die Aufgabe erlaubte es, sich
im ruhigen Rhythmus der systematischen Handgriffe für eine kurze
Frist der Ansteckung der wellenschlagenden Hektik zu entziehen, die
wie eine wilde Panik alles zu erfassen drohte – leider aber war die Aufgabe gar zu schnell getan! Die eigene Tasche gepackt und Hände und
Geist unbeschäftigt, begann man im Weg zu stehen.

Helfen? Schwierig. Der Masterplan dessen, was sonst, und… und…
und… zu erledigen war, spulte sich, sichtbar getaktet, aber unergründ-
lich, hinter der Stirn meiner Mutter ab, die wie vervielfältigt schier überall zu finden war. Wo immer man sich hindrückte, man geriet doch zwischen ihre stolpernden Beine, die ja schon über das sich im Gang
türmende Gepäck in Rage gerieten. Sichtbar zu sein oder gar das Wort
zu erheben, war gefährlich, wollte man nicht zum Blitzableiter der
gestauten Energie werden. Sich in eine Ecke und ein Buch flüchten?
Böser Fehler: Das hieß, sich der Verfügbarkeit entziehen und untätig
sein, wo doch so vieles zu tun war. Mütterlicher Zorn war vorprogram-
miert. Es galt, sich bereit zu halten, auch wenn kein Auftrag zu erwarten
war, ohne darin aufdringlich zu sein. Ein kaum zu lösendes Dilemma, in
dem man vergaß zu atmen.

Es war durchaus eine Erleichterung, wenn meine Mutter irgendwann
zum Befreiungsschlag griff: Gepäck und Kinderschar wurden auf den
Wendeplatz vor dem Haus verbannt, wo wir „gefälligst zu warten" hatten. Mich als die Älteste ereilte nun doch ein Arbeitsauftrag: „Pass auf
die Kleinen auf!" Während meine Geschwister in die Intensität ihres
Spiels abtauchten und die Zeit vergaßen, war mein Auftrag das Aushar-

ren in einer leeren Aufmerksamkeit. Nicht meine beste Übung. Da war ich also gefangen im lähmenden Double-bind und Niemandsland zwischen dem Stress der geschäftig einsamen Hektik meiner Mutter, die mit Blick auf die Uhr den Zeitplan einzuhalten versuchte, ein Stress in meinem Rücken, der es mir verbot, den Nacken zu entspannen, und dem zeitvergessenen Abtauchen der Kleinen, das ich „beaufsichtigen", aber nicht teilen konnte. Gelehnt an unsere Familienkutsche, war jetzt die Zeit für das Buch gekommen! Stille Eigenzeit der Lektüre, Drittzeit in einem Zeitkonzert, um mich auf dem schmalen Grat zwischen Langeweile und Hektik im Gleichgewicht zu halten und die Spannung der verstreichenden Warteminuten zu einer bewusst austarierten Zeitübung der geteilten Aufmerksamkeiten zu machen. Eine Pose, in der ich mich durchaus beobachten und dennoch ganz wo anders sein konnte.

Oft hat mich ein Buch gerettet. Vor den jährlich wiederkehrenden Schmerzen der Mittelohrentzündung, denen ich, eine Armlänge vom Antibiotikum entfernt, tapfer trotzte, weil „man mit Medikamenten verantwortungsvoll umgeht". Als Studentin an einem Winterabend mitten im Nichts des ländlichen Bayern hängengeblieben, weil ich (noch vor Einrichtung von Internet und Apps) nicht mitbekommen hatte, dass der Lokalbahnhof seinen Betrieb eingestellt hatte und nachts kein Schienenersatzverkehr fuhr. Auf dem Boden einer erleuchteten Telefonzelle habe ich Rousseau gelesen, bis mich meine Mutter nach dem Abfüttern der Geschwister mit dem Auto einsammeln konnte.

Aus verschiedenen Gründen habe ich gezögert, als Jochen Mecke mir anbot, ihm an die Universität Regensburg zu folgen und in Romanischer Literaturwissenschaft zu promovieren. Die Aussicht, Lesen in meinen beruflichen Alltag integrieren zu können, sprach jedoch dafür. Seitdem konnte ich viele und sehr widersprüchliche Zeitlichkeiten beobachten und erleben. Auch gelesen habe ich, aber bei Weitem nicht so viel wie ich dachte.

Noch vor Aufnahme des Promotionsstudiums nahm ich an meinem ersten Romanistentag in Jena teil. Jochen Meckes Buch *Roman-Zeit* fand ich dort, in einer großen Kiste zum Abverkauf freigegebener, preisreduzierter Bücher. Ich hielt es für einen Wink des Schicksals und sicherte mir ein Exemplar. Für mich als Kulturwirtin, Hispanistin und (bis dato) Freizeitliteraturwissenschaftlerin war das Buch eine echte Herausforderung und für die Lektüre im Zug nach Hause zunächst ein recht schwer

verdauliches Futter. Dauerhaft beeindruckt hat mich aber sofort die persönliche Widmung: „Pour Corinne, Vanessa et Aline qui m'ont fait
connaître une autre dimension du temps."[2]

Wenig später bereits hatte ich Gelegenheit, über diesen Satz näher zu
reflektieren. Kaum hatte ich mit meiner Dissertation begonnen, war
meine erste Tochter unterwegs. Bei Mensabesuchen erzählte mir Jochen
Mecke mit strahlenden Augen vom Glück, das es ihm bedeutete, wenn
nach einem Tag im Büro sein kleiner einjähriger Sohn ihm beim Heim-
kommen in die Arme lief. Er schwärmte von *Quality Time* und malte mir
das bevorstehende Familienleben in den rosigsten Farben. Mein Kind
war noch nicht geboren und mangels einschlägiger eigener Erfahrungen
schwieg ich, lächelte, grübelte, und in mir nagte ein Zweifel.

Ein berechtigter Zweifel, wie sich herausstellen sollte: Meine Familien-
erfahrung würde eine andere werden. Wenn ich von der Arbeit nach
Hause kam, hatte ich mein Kind in der Regel im Arm … und der Reiz
des Abends lag in seiner Herausforderung für meine Managementkom-
petenz! Es begann für mich die Zeit des einfallsreichen Jonglierens mit
synchronen Routinen und die Praxis Zeit schindender Lehrlauftätigkei-
ten. Ich musste nämlich erfahren, dass meine Tochter vormittags glücklich selbstversunken auf dem Teppich spielte, solange ich Staubmäuse
fing, Geschirr klappern lies, Dokumente einordnete oder Fotos klebte.
Sobald ich jedoch den Deckel eines Buchs aufschlug, spürte sie, dass
meine Aufmerksamkeit etwas anderem galt als ihr und ihre wachen
Augen holten mich sofort in die Alltagswirklichkeit zurück. Ich habe mir
andere Tricks ausgedacht, um die Langeweile auszuspielen. In die
Duplo-Lego-Burgen habe ich farbige Muster eingeflochten. Ich habe
meinem Gedächtnis ohne Hilfe der Liederbücher in ewigen Wiederho-
lungen Texte entwunden, von denen ich nie dachte, dass sie dort, ver-
schüttet unter so viel anderem Sediment, noch verborgen liegen.
Contraintes gegen den *ennui*.

Die Lektürepfade in der Nachfolge meines Doktorvaters habe ich
nachts beschritten: Unamuno und Foucault habe ich im Mondlicht auf

---

[2] Jochen Mecke, *Roman-Zeit. Zeitformung und Dekonstruktion des französischen
Romans der Gegenwart*, Tübingen: Narr, 1990; die weiteren Zitate daraus werden
mit einfachen Seitenangaben im Text belegt.

dem Wohnzimmersofa gelesen, mit dem Ticken der Wohnzimmeruhr im Ohr, das schlafende Baby im Körbchen neben mir.

Als ich mein zweites Kind erwartete, konnte ich wieder zur Lektüre greifen, wenn auch nicht zu der, die ich mir vorstellte. Mein schwangerer Biorhythmus wollte zwischen drei und vier Uhr nachmittags eine Pause erzwingen, mit der meine ältere Tochter nicht einverstanden war. Also haben wir uns gemeinsam auf das Sofa begeben und ich habe aus Bernhard Klaffkes *Märchenreise aus Deutschland* vorgelesen. Immer wenn ich über den Worten eingeschlafen bin, hat sie mich gestupst, manchmal im Verbund mit ihrem ungeborenen Geschwisterkind, das – wer weiß? – Wärme und Druck des Schwesterrückens gegen meinen Bauch vielleicht als kuschlig empfand und teilhaben wollte.

Im Buch gab es Sätze wie diesen: „Wir, die wir gespannt von der Burgruine aus den waghalsigen Ritt unseres Thüringer Freundes und Reiseführers mit angesehen und seine Verwünschungen mit angehört haben, stehen beim Umdrehen nun tatsächlich jenem scheußlichen Holzbild gegenüber und sind, obgleich an Überraschungen auf dieser Reise gewöhnt, doch zunächst etwas verwirrt, als wir statt des bunten Prinzessinnengefolges neben der verwandelten Kunigunde lächelnd einen alten Schloßkastellan mit großem Schlüsselbund stehen sehen." Was meine Zweieinhalbjährige wohl davon verstanden hat? Sicher nicht mehr als ich, der in der Mitte eines jeden Satzes die Augen zufielen. Ich hätte den Inhalt der (komplizierten und aus der Zeit gefallenen) Märchen am Ende eines Kapitels nicht wiedergeben können. Der Unterschied zwischen Mutterraunen und weißem Rauschen – Kittler war eine der nächtlichen Lektüren der damaligen Zeit – verschwamm mir ein ums andere Mal.

Es waren bleierne Nachmittage im quälenden Kampf gegen die Körperschwere, gegen die Langeweile sich verselbständigender Sätze, unterbrochen von kurzen Filmrissen des Einnickens, auch hier begleitet vom hartnäckigen Ticken der Wohnzimmeruhr. Nachmittage aber auch, die mir im Nachhinein wertvoll sind: Momente der Dreisamkeit mit meinen beiden Töchtern.

Eines der Bücher, bei dem Jochen Mecke und ich eine grundsätzlich unterschiedliche Leseerfahrung gemacht haben, ist *Madame Bovary*. Für Jochen erlaube es – so führt er in seiner Dissertation aus – die „Dichte der mikrostrukturellen Textgestaltung" Flauberts dem Leser, ein vom Helden (respektive der Anti-Heldin) abweichendes Zeiterlebnis zu

haben. Sie erlaube es, auf der Metaebene der Lektüre „in die komplexen
Bedingungen Einsicht" zu nehmen, die „für Emmas Zeitgefühl verantwortlich sind", über die Intensität dieser Lektüre „erfüllte Zeit" zu erfahren und am *livre sur rien* Gefallen zu finden (45). Eine Identifikation mit
Emma dagegen, wie sie prinzipiell durch die formale Äquivalenz der
gedehnten Erzählzeit und des ereignisarmen *ennui* der Figur nahegelegt
werde (ibid.), mache die Inauthentizität der Figur – dies betonte Jochen
in Gesprächen zum Thema vehement – komplett unmöglich. „[D]ie
Lektüre des Abenteuers [hat] sich", darin war er sich sicher, „in das
Abenteuer der Lektüre verwandelt" (30).

Madame Bovary habe ich mit 19 (den terminologischen Vorlieben des
Autors zum Trotz) „realistisch" gelesen und mich darin wiedererkannt.
Trotz meines noch wackligen Französisch sind mir die Erzählironie und
die Doppelbödigkeit der erlebten Rede natürlich nicht entgangen. Dennoch habe ich kaum jemals beim Lesen eine so schmerzlich gespaltene
Identifikation erlebt, wie bei dieser Lektüre. Ja: ein Abenteuer der Lektüre, jedoch auch eine Lektüre des Abenteuers, das darin besteht, (ver-
geblich) der Langeweile zu trotzen und sie (gegebenenfalls) zu einem
Erlebnis zu machen, an den Sonntagen in der Provinz und *en famille*.

Zeit und Raum im Übergang von Augustinus zu *Max und Moritz*

Hubert Pöppel

Eine Reflexion über Zeit und Raum, die etwas auf sich hält, zumal, wenn sie im Kontext der Frage nach Medien angesiedelt ist, müsste notwendigerweise mit einer genauen Exegese der allseits bekannten Sätze „Im Anfang erschuf Gott Himmel und Erde. Die Erde war wüst und leer" (Gen 1,1–2) einsetzen. Nicht nur ist hier nämlich mit dem „Anfang" der absolute Beginn der Zeit – die überdies indirekt als Geschaffene charakterisiert wird – zu verorten, auch der Raum scheint von diesem Schöpfungshandeln Gottes ursächlich tangiert, wird er, der Raum, doch durch dieses, das Schöpfungshandeln, im Spannungsbogen von innerweltlicher (die zunächst wüste Erde) und transzendenter (der mutmaßlich erstrebenswerte Himmel) Bedingtheit zuallererst benannt und damit wie die Zeit gesetzt. Des Weiteren schlagen diese Verse selbstredend die erste Seite des Buches schlechthin auf, begründen mithin zusätzlich noch jegliches Reden über Medien.

Allerdings sind uns an dieser Stelle die Hände zu einem diesbezüglichen Weiterforschen gebunden, untersagt doch die den Autorinnen und Autoren der vorliegenden Festgabe übersandte Ausschreibung ausdrücklich, und ich erlaube mir, dies wörtlich zu zitieren, „über Gott und die Welt" zu sprechen. Wenn demzufolge die ersten Sätze des ersten biblischen Schöpfungsberichts als zu analysierender Primärtext ausscheiden, verbleibt eigentlich nur der Umstieg auf Augustinus als Startpunkt für die nachfolgenden Reflexionen. Und von dort aus ist der Weg zu *Max und Moritz* bekanntermaßen nicht mehr weit.

Augustinus

Im elften Buch seiner *Confessiones*[1] hebt Augustinus mit diversen Rück-
fragen an eben jenen bereits zitierten Schöpfungsbericht an, was wir
großzügig übergehen müssen, da er in diesem Zusammenhang seinerseits ausführlich und explizit über Gott und die Welt spricht. Er schlägt
dabei geschickt einen Bogen zum Johannesprolog, den wir aus nämli-
chen Gründen ebenfalls weglassen, und kehrt schließlich im zwölften
Kapitel des besagten elften Buches zur Genesis zurück, indem er einen
kleinen Scherz einbaut. Wiewohl dies nur bedingt richtig ist, denn der
nordafrikanische Kirchenvater pflegte ja eher selten zu scherzen; vielmehr gibt er lediglich einen solchen wieder, um sich dann umso dezi-
dierter davon abzusetzen; was aber hinwiederum bedeutet, dass er diesen Scherz, den vielleicht vorher kaum jemand gekannt hatte und der
vermutlich außeraugustinisch nicht überliefert worden wäre, letztlich
dank des Erfolgs seiner Schriften für alle Zeiten und für alle sichtbar in
die Welt setzte.[2]

Wie auch immer: Nach dieser kleinen Auflockerung in seinem Gedan-
kengang und nach einigen Vorüberlegungen zum Thema Zeit und Ewigkeit kommt er endlich in Kapitel vierzehn zur Frage fast aller seiner Fragen: *Quid est enim tempus?* – „Was ist also die Zeit?" Da seine Antwort
darauf weithin geläufig sein dürfte, genügt es, sie hier kurz und damit
notwendigerweise verfälschend zusammenzufassen: Die Vergangenheit
ist nicht mehr, denn sie ist ja schon vergangen. Die Zukunft ist noch
nicht, denn wenn sie schon wäre, wäre sie nicht Zukunft. Es ist daher nur
die Gegenwart, doch diese geht ihrerseits stets in die Vergangenheit über,
denn wenn sie dies nicht täte, wäre sie Ewigkeit. Dieser Übergang in die
Vergangenheit ist daher so gestaltet, dass der Gegenwart nicht einmal
Dauer und Ausdehnung zugeschrieben werden kann, sie demzufolge ein
nicht mehr teilbarer Zeitraum ist, sozusagen ein Zeitatom, ein Augenblick, ein Nu.

---

[1] Zitiert in der Übersetzung von Otto F. Lachmann im Projekt Gutenberg.

[2] Es geht dabei um die Frage, was Gott vor der Schöpfung der Welt gemacht habe.
Der Witz besagt, er habe denen, „die sich vermessen, jene hohen Geheimnisse zu
ergründen, Höllen" bereitet. Augustinus hingegen beantwortet die Frage recht
trocken: „Bevor Gott Himmel und Erde schuf, tat er nichts."

Damit enden die Reflexionen jedoch nicht. Vielmehr gesteht Augustinus vierzehn Kapitel später der Zukunft, die nicht ist, zu, dass sie „bereits in der Seele die Erwartung des Zukünftigen" ist. Und der Vergangenheit, dass „in der Seele die Erinnerung an Vergangenes" lebt. Und der Gegenwart, die keine Dauer hat, weil sie ein unteilbarer Punkt ist, dass in ihr die *attentio*, die Wahrnehmung oder Aufmerksamkeit, von Dauer ist: Denn die Zukunft ist die Erwartung der Zukunft und die Vergangenheit ist die Erinnerung des Vergangenen; „gegenwärtig ist dagegen meine Aufmerksamkeit, durch die das, was zukünftig war, hindurchgeht, um Vergangenes zu werden." Die Metapher des Hindurchgehens oder Hinübersetzens (*traicitur*) öffnet die Meditation des Bischofs von Hippo Regius über die Zeit nun zweifelsohne schon an dieser Stelle in Richtung auf eine räumliche Dimension, noch bevor er kurz darauf explizit nach vorne schaut, sich damit dem Zukünftigen zuwendet und zwischen dem (irdisch) Vorübergehenden und dem (himmlisch) Ewigen unterscheidet.

Wo bleibt nun, mögen ungeduldige Kritiker einwerfen, der Anknüpfungspunkt zu *Max und Moritz*? Nur gemach!, sei diesen erwidert, denn zwischen die beiden Stufen seiner Reflexion über Vergangenheit, Gegenwart und Zukunft schiebt Augustinus nämlich eine längere Überlegung darüber ein, wie die Dauer der Zeit gemessen werden könne.

Sehr bald schon scheidet er in seinem Argumentationsgang die Gestirne als Hilfsmittel für die Bemessung der Zeit aus; andere, zum Beispiel mechanische Zeitmesser wie Pendel und Sanduhr oder auch 24-Stunden-Teelichter, kommen ihm gar nicht erst in den Sinn. Nein, der ehrwürdige Bischof und frühere Sünder nimmt selbstredend Anleihen bei dem, was er aus seinem einstmals erlernten Beruf des Rhetorikers kennt: bei der dichterischen Sprache mit ihren Silben, Versfüßen, Versen und Strophen. Insbesondere auf die zentrale Unterscheidung zwischen langen und kurzen Silben hat er es abgesehen. Wie könnte es auch anders sein? Doch nach gehörigem Durchdenken der von Haus aus so vielversprechenden Hypothese, dass, weil die langen Silben eine doppelt so lange Dauer in der Aussprache haben wie die kurzen, diese beiden zur Messung der Zeit, wenn nicht gar zur Bestimmung dessen, was Zeit ist, geradezu prädestiniert seien, führt diese, die Hypothese, ihn, Augustinus, wieder in eine Aporie, der wir zugunsten unserer eigenen

Fragestellungen jedoch nicht mehr nachspüren wollen. Wir danken daher dem Heiligen schon einmal für seine wertvollen Denkanstöße.[3]

Zugleich bedauern wir, dass er kein wirklicher Fan von frühen Romanen war. Wäre er dies gewesen, hätten wir nämlich direkt zur jochenmeckeschen Roman-Zeit mit ihrer Verflüssigung von Zeit und Zeitformung übergehen können. Stattdessen müssen wir den zweiten, etwas längeren Weg einschlagen, der sich aber thematisch ganz natürlich und gleichsam organisch aus dem bereits Gesagten entwickelt, zudem onomastisch eine für uns äußerst günstige Wende nimmt und nun endlich zu *Max und Moritz* führt.[4]

Max und Moritz

Wohl kein anderes Werk der gebundenen und gereimten Weltliteratur ist geeigneter als das wilhelmbuschsche Kinderbüchlein, um nicht nur Zeit und Raum in einem irgendwie augustinischen Sinn auf Herz und Nieren zu prüfen, sondern darüber hinaus auch die genuin die Festgabe und den zu Feiernden selbst betreffenden Kategorien und Begrifflichkeiten in ihm, also bei *Max und Moritz*, aufzufinden.

Wollten wir zur Einstimmung ein möglicherweise bachtinsches Chronotopos zur Situierung unseres zweiten zu analysierenden Textes herauspicken, so wäre dies zweifellos das dörfliche Idyll mit seinen Witwen, Schustern, Lehrern, Onkeln, Bäckern, Bauern und Müllern, mit einem lustigen Bächlein und einem orgelbestückten Kirchlein, dazu die Tiere,

---

[3] Dass wir die tiefschürfenden Gedanken des Augustinus über die Zeit nur an der Oberfläche kratzend ein wenig für uns fruchtbar zu machen, jedoch keineswegs in ihrer vollen Breite auszuschöpfen in der Lage waren, bedeutet im Umkehrschluss, dass darin noch viele Desiderate für weitergehende Forschungen durch jemanden stecken, der bald von den Belastungen des alltäglichen Broterwerbs ein Stück weit entlastet sein wird.

[4] Als schlagendes Argument für die organische, jedoch gleichsam überbietende Fort- und Weiterführung des einen im anderen möge die Metrik herhalten: Umfasste der Beispielvers im siebenundzwanzigsten Kapitel des elften Buches des Augustinus noch vier Jamben, bevorzugt Wilhelm Busch den vierhebigen Trochäus, wobei diese leichte Modifikation der den Vergleich tragenden Gesamtzahl von acht Silben im Vers keinen Abbruch tut.

die nie fehlen dürfen: Hunde, Hühner, Gänse, Enten und diverse Insekten. Aus feministischer Sicht wäre dabei dem Idyll – oder feministisch gesprochen: der Idylle – anzukreiden, dass das Frauenbild sich, sieht man von der in einer Nebenrolle bügelnden Frau Böck einmal ab, im Wesentlichen auf die Witwe Bolte reduziert, die kaum BIP-orientierte, dezidiert makroökonomisch oder auch demographisch produktive Impulse für die Gemeinschaft beizutragen hat und überdies, was den Tierschutz und moderne vegane Lebensformen angeht, nicht notwendigerweise vorbildlich agiert, wenn sie einerseits ihre Hühner in dreifacher Weise ausbeutet – indem sie sie zu Lieferanten von Eiern, Braten und Federn degradiert – und andererseits unschuldige Hunde verprügelt.

Doch wir sind etwas vom Thema abgeschweift. Die ganze gereimte Geschichte hat in den klar umrissenen Grenzen des Dorfes bzw. der Dorfgemeinschaft einen klar bestimmbaren zeitlichen Horizont. Er reicht von einem Anfangspunkt, in dem die Existenz von störenden Elementen in dieser Idylle problematisiert wird: Max und Moritz eben, bis zur Ausschaltung dieser störenden Elemente. Daran schließt sich als Nachklapp oder Epilog eine die Störung erinnernde Selbstversicherung der Repräsentanten dieser Idylle an, die einhergeht mit einer Rechtfertigung der Wiederherstellung von Friede, Freude, Eierkuchen durch die manifest gewalthafte Eliminierung der Störenfriede.

Vergessen zu haben scheint das wilhelmbuschsche Idyll jedoch, dass die Marginalisierung, ja nennen wir es doch beim Wort: die Exekution der beiden heranwachsenden Mitglieder der Gemeinschaft – die, wie bereits nach einigen Versen des Vorworts deutlich wird, von Anfang an keine Zukunft haben – gleichzeitig die Zukunft dieser spezifischen Gemeinschaft grundlegend infrage stellt. Dieses Schicksal rückt umso virulenter in den Vordergrund, als in der literarisch konstruierten Gemeinschaft angesichts des Altersdurchschnitts der als Opfer genannten Protagonisten (Witwe Bolte, Schneider Böck etc.) und des von dem Bauern und dem Müller initiativ vorangetriebenen Ablebens der mutmaßlich bösen Knaben das Fehlen von anderen jüngeren Dorfbewohnerinnen und -bewohnern – insbesondere sei dabei natürlich aus feministischer Sicht auf das offenkundige Fehlen von fortpflanzungsfähigen Frauen verwiesen – in besonderer Weise manifest wird. Ob es angebracht ist zu behaupten, dass angesichts dieser Faktoren die Opfer-Protagonisten, die am Ende des Textes die soeben vergangene Vergangenheit in

ihrer selbstgerechten Erinnerung in die Gegenwart hereinholen, sehen-
den Auges die wie auch immer zu entwerfende und gestaltende Zukunft
des idyllischen Ortes verspielen, muss anderen Untersuchungen überlassen bleiben.

Wir hingegen wollen uns hier eines syntaktisch wie phonetisch wie
von der Zeitstrukturierung her hochinteressanten Schachzugs dieses
nur vom Umfang her kleinen Meisterwerks der Weltliteratur annehmen,
um von dort aus mehr Licht auf die Frage nach Zeit und Raum werfen zu
können. Gemeint ist, die geneigte Leserin und der geneigte Leser werden
es geahnt haben, die dreimalige Verdreifachung[5] der Apokope „meck"[6]
im wohlbekannten und dem vielgedienten Schneider Böck so verhassten
Ausruf „meck, meck, meck", welcher im dritten Streich allgegenwärtig
ist und gerade dadurch nach vorne, zum siebenten und letzten Streich
sowie zum Epilog vorausweist, welcher, das sei vorweggenommen, rück-
blickend in die Vergangenheit die Stationen des Sünderlebens der beiden Buben gleichsam als prädestinierten Weg[7] ins Verderben rekapitu-
liert und somit Bezug auf die vielsagenden Verse „Aber wehe, wehe,
wehe,/ Wenn ich auf das Ende sehe!!" des Vorworts nimmt. Noch wissen
wir im dritten Streich allerdings nicht, in welche Bedeutungsvielfalt der
Text das hier mutmaßlich onomatopoetische, sich halbwegs auf „Böck",
„Schreck" und „weg" reimende, den Schneider zur Weißglut und zum
Sturz in den Bach treibende, neunmalige „meck" im Verlauf von *Max
und Moritz* entfalten wird.

Vielsagend ist dabei, dass das „meck, meck, meck" zwar den Kern des
Streichs der beiden aufsässigen Buben einrahmt und somit sowohl zum
Auslöser des Wassersturzes wird als auch diesen zynisch-sarkastisch
begleitet. Doch dem dreimaligen Ausruf entspricht im Text erstaunli-
cherweise kein gerichtsfest zu machender Ausrufer. Wer gibt das „meck,

---

[5] Überflüssig, weil selbsterklärend ist der Hinweis auf die Schriften, in denen sich
     Augustinus abmühte, die Trinität zu begreifen.

[6] Dass jeder und jede dabei zunächst wohl an das ziegensprachliche Meckern
     denkt – einige wenige vielleicht auch an das allzu menschliche –, wird sich wei-
     ter unten als planmäßige Irreführung der Leserinnen und Leser durch den Au-
     tor Busch erweisen.

[7] Auch hier dürfen wir getrost an unseren Kirchenlehrer, speziell an seine Gna-
     denlehre denken, aus der ja spätere, radikalere Prädestinationslehren schöpfen.

meck, meck" von sich? Einmal ist im Text die Rede davon, dass man Geschrei höre, zweimal „tönt es" unpersönlich, doch ohne einen Hinweis auf den, der die Töne ertönen lässt. Haben also wirklich Max und Moritz das arme Schneiderlein so grausam verhöhnt? Verweigert demzufolge Wilhelm Busch ihnen hier die sie für die Taten inkriminierende direkte Rede – so wie er ihnen praktisch im gesamten Werk die Redeanteile streitig macht –, nur um sie auf diese Weise zu marginalisieren und auch symbolisch aus der sprachmächtigen Dorfgemeinschaft auszuschließen? Oder deuten die so seltsam unspezifischen Formulierungen an, dass die Burschen zwar in Bezug auf das Ansägen der Brücke ursächlich verantwortlich für den Streich zu machen sind, nicht jedoch für die diese Tat begleitenden, den Schneider herabsetzenden Rufe? Diese wären dann Teil eines, wenn wir es so ausdrücken wollten, Gegenwartskontinuums – eine für Augustinus wohl unannehmbare Kategorie – innerhalb dessen auch weitere Gruppen des Dorfes zur Verunglimpfung und zum Wassersturz Böcks beigetragen haben könnten.[8]

Belassen wir es einstweilen bei diesen noch vorläufigen interpretativen und juristischen Nachfragen und wenden wir uns wieder dem Weg zu, dessen Endpunkte natürlich im letzten Streich und im Epilog liegen. In der siebenten Missetat der beiden Bösewichte trifft es den arbeitsamen Bauern, der einerseits darunter leidet, dass seine Säcke aufgeschlitzt wurden, der andererseits aber auch Freude darüber empfindet, dass er Max und Moritz auf frischer Tat ertappt und somit eine nicht von der Hand zu weisende Rechtfertigung dafür bekommen hat, die beiden dem „Rickeracke! Rickeracke!" der Mühle anheim zu geben. Der Name des Bauern lautet nun, wie es sich im Prinzip abgezeichnet hatte, „Mecke". Dies und nicht das ziegensprachliche oder auch humane „Meckern" ist die wirkliche Vollform des im dritten Streich apokopierten Ausrufs „meck". Was dort, in der Vergangenheit des Schneiderkapitels in der sich mehrfach wiederholenden Verkürzung generalisiert war, wird nun hier in der auf einen entscheidenden Punkt der Ereignisse zulaufenden Gegenwart als Name individualisiert.

---

[8] Für diese Interpretation spricht ein in Vergangenheitsform gehaltener, einen Dorfdurativ andeutender Vierzeiler inmitten eines im historischen Präsens gehaltenen Abschnitts: „Alles konnte Böck ertragen,/ Ohne nur ein Wort zu sagen;/ Aber wenn er dies erfuhr,/ Ging's ihm wider die Natur."

Das wilhelmbuschsche Genie spinnt die Beziehungen von hier aus weiter. Mit „Als man dies im Dorf erfuhr,/ War von Trauer keine Spur" setzt der „Schluss" genannte Epilog ein, in dem alle Betroffenen ihre Rolle noch einmal reflektieren. Dass der brave Bauer Mecke dabei in seine norddeutsche Spracheinfärbung verfällt, ist alles andere als Zufall oder Zeichen seines Unvermögens, ein gereimtes Hochdeutsch von sich zu geben. Es ist, im Gegenteil, reines Kalkül des Autors. Der lässt ihn nämlich die erinnerungswürdigen Worte sagen: „Wat geiht meck dat an!"

Hier hätten wir sie also, die schon angesprochene semantische Ausweitung des nun wieder apokopierten „meck" als Reflexivpronomen der ersten Person Singular im Akkusativ,[9] und könnten nun, wenn wir wollten, darin oder sonstwo anders die augustinische Seele suchen, die die Zukunft erwartet und die Vergangenheit erinnert; vielleicht sogar die *attentio*, die Wahrnehmung oder Aufmerksamkeit, von der natürlich noch geklärt werden müsste, inwieweit sie als subjektiv in einem irgendwie neuzeitlichen Sinn aufgefasst werden darf. Das alles könnten wir; wir wollen es aber hier nicht leisten.

Stattdessen gehen wir anders vor: Wir betrachten das „meck" des Ausrufs des Bauern Mecke nämlich unter Einbeziehung des dritten Streichs, und dann heißt „meck" eben nicht nur oder gar primär: Was geht, reflexiv gesprochen, mich das alles in meiner ganz persönlichen Subjektivität oder gar Schuldverstrickung qua Bauer Mecke an, der sich eigentlich in gewisser Weise für den Tod von zwei jungen Menschen verantwortlich fühlen sollte und müsste. Vielmehr verweist uns unserer Ansicht nach dieses „meck" und der dazugehörige Spruch als allgemeine, verallgemeinernde, die Rückerinnerung generalisierende, die persönliche Verantwortung von sich wälzende Aussage zurück an den, so postulieren wir es jetzt einmal ganz einfach und ungeschützt, offenbar vom ganzen Dorf gerne und häufig gebrauchten Ausruf „meck, meck, meck".

So schließt sich also der zeitliche, der lokale und der reflexive Bogen, den wir hier geschlagen haben. In der wilhelmbuschschen gereimten Bildergeschichte findet die Vergangenheit erinnernd Eingang in die Gegenwart des Dorfes ohne Max und Moritz. Die Kosten für das brutale

---

[9] Oder ist es der niederdeutsche Objektiv? Wer kann das aus süddeutscher Perspektive schon beurteilen?

Ausschalten der Dorfjugend sind allerdings immens: Die scheinbar glückliche Gegenwart ohne die Übeltäter – „Gott sei Dank! Nun ist's vorbei/ Mit der Übeltäterei!!" – gerinnt zu einer im Gestern verhafteten Gegenwart. Die Zukunft des Dorfes ist der Dorfgemeinschaft wohl schlechterdings verwehrt, da Vergangenheit und Gegenwart mangels zukunftsträchtiger Dorfjugend in zeitlicher und damit auch räumlicher Hinsicht nicht mehr als Erwartung und Hoffnung nach vorne ausgespannt werden können. Ein, wir geben es gerne zu, wenig auferbauendes Ergebnis unserer Analyse.

Schluss

Was das nun alles zurückprojiziert für Augustinus und speziell für seine Zeitmeditation bedeutet, dazu müssten wir am besten ihn selbst befragen. Von ihm ausgehend haben wir allerdings einen kleinen Trost in all dem düsteren Grau bis Schwarz, das unsere Analyse generiert hat. So wie der Scherz des Kirchenvaters trotz oder gerade wegen seiner Kritik an ihm die Zeiten überdauert hat und lebendig geblieben ist, so können wir auch das literarische Fortleben des norddeutschen Dorfes mit seinen beiden jungen Bösewichten und den Opfern ihrer Streiche konstatieren. Dadurch, dass *Max und Moritz* zweifelsohne zum innersten Kernbestand des weltliterarischen Kanons gehört, dürfen wir es wagen, in zeitlicher und räumlicher Perspektive gar von einem entgegengesetzten Effekt zu der realen Überlebenschance der konkreten Dorfgemeinschaft um Witwe Bolte, Schneider Böck, Lehrer Lämpel und Bauer Mecke zu sprechen: Während das Dorf vermutlich bald nach der Publikation des Büchleins realiter so wüst gefallen ist, wie die Erde am Anfang der Schöpfung wüst war, begann das Werk medialiter seinen Siegeszug um die Welt, der bis heute anhält und wohl in Zukunft anhalten wird.

Die Übersetzungen, die schon über den ganzen Erdball verstreut wurden und es künftig noch werden, haben allerdings ein großes Manko: Der, wie wir gesehen haben, für *Max und Moritz* so zentrale Überstieg vom neckenden „meck, meck, meck" zum Namen „Mecke" und schließlich dem norddeutschen Pronomen „meck" verliert sich. Wie traurig ist

es doch, dass die[10] französische Version dem Bauern keinen Namen gibt,
er im Italienischen zu Macchi mutiert, die spanische Übertragung ein
eingespanischtes Gaetano verwendet und, um die alten Römer und
Augustinus nicht zu vergessen, die lateinische auf einen *rusticus* Faccus
zurückgreift. Seines wirklich genuinen Gehalts entleert, müssen derge-
stalt *Max et Maurice, Massimo e Maurizio, Paco y Pedro* sowie *Maxus et
Mauritius* fahle Abklatsche des wilhelmbuschschen Originals bleiben.

---

[10] Berichtigung: Von *der* französischen, italienischen, spanischen, lateinischen etc.
Version zu sprechen, ist eigentlich eine unzulässige und unverzeihliche Reduk-
tion, da ja die Übersetzungen zahlreich wie die Kiesel am Donauufer sind. Der
Singular bezieht sich daher selbstredend nur auf die Reclam Ausgaben 9488,
18758, 18098 und 8843, nicht zu vergessen die deutsche, 18218.

Zeit und Zeitvertreib
im *Zauberberg* von Thomas Mann

Isabel García Adánez

Über das Wesen der Langeweile sind vielfach irrige Vorstellungen verbreitet. Man glaubt im Ganzen, dass Interessantheit und Neuheit des Gehaltes die Zeit ‚vertreibe', das heisst: verkürzte, während Monotonie und Leere ihren Gang beschwere und hemme. Das ist nicht unbedingt zutreffend. Leere und Monotonie mögen zwar den Augenblick und die Stunde dehnen und ‚langweilig machen', aber die großen und größten Zeitmassen verkürzen und verflüchtigen sie sogar bis zur Nichtigkeit.… Was man Langeweile nennt, ist eigentlich vielmehr eine krankhafte Kurzweiligkeit der Zeit infolge von Monotonie: … wenn ein Tag wie alle ist, so sind alle wie einer; und bei vollkommener Einförmigkeit würde das längste Leben als ganz kurz erlebt werden und unversehens verflogen sein.[1]

So erklärte uns das Rätsel der Subjektivität des Zeitgefühls „der Zauberer", wie Thomas Mann von seiner Tochter Erika genannt wurde, und die Reflexion über den Zeitsinn gehört zu den zentralen Themen des *Zauberbergs*, in dessen spielerischem Bann recht kurzweilig ganze sieben Jahre für den Helden Hans vergehen, während die etwa tausend Seiten dem Leser wie in einem Augenblick verfliegen sollen. 99 Jahre ist das Ganze inzwischen her – der Roman ist von 1924.

„Dort oben" gelten ganz eigene Regeln, und vor allem herrscht in der abgesonderten Welt des Berghofs, der eigenartiges Himmelreich und eigenartige Hölle zugleich ist (denn im Grunde kann die Reise in den Berggipfel auch als eine Inversion des Motivs der Reise in den Hades betrachtet werden), eine ganz eigene Zeit bzw. ein ganz eigenartiges Zeitgefühl. Von „reiner Gefühlssache" spricht tatsächlich der amüsierte Protagonist bereits am Anfang des Aufenthalts und des Romans selbst (147), der sich somit über alle menschlichen Sorgen – jenseits von Gut und Böse – erhebt. Langeweile wird nun auch für uns im Vordergrund stehen – hoffentlich aber nur als Thema und nicht als Erfahrung beim Lesen.

---

[1] Thomas Mann, *Der Zauberberg*, Frankfurt/M.: Fischer, 2004. Die weiteren Zitate aus dem Roman werden direkt im Text belegt.

Oben auf dem Zauberberg gibt es im Prinzip nichts zu tun, denn „Ernst gibt es genaugenommen nur im Leben da unten" (75), und so leben die Patienten frei von prosaischen Verpflichtungen wie arbeiten oder produktiv sein, also: frei von jeder Art des *Negotiums*. Abgesehen davon funktioniert das Leben im Schneeparadies aber nach einer durchsystematisierten Tagesroutine, geprägt von diversen Mahlzeiten, Fiebermessen, Liegekuren usw., wie ein nie stillstehendes Schweizer Uhrwerk bei andauernder Betriebsamkeit. Neben den regelmäßigen Spaziergängen, den unendlichen Gesprächen in allen möglichen Figurenkonstellationen, dem Tischgerede und dem Flirten der Gäste könnte das breite Freizeitangebot am Kurort – also die Verplanung des *Otiums* – mit jedem heutigen Ferienresort mithalten. Man besucht Konzerte, alle zwei Sonntage findet ein Vortrag Dr. Krokowskis statt, es werden im Laufe des Jahres mehrere Bälle gefeiert – wie der berühmte Karnevalsball der Walpurgisnacht (444) –, es gibt etliche Möglichkeiten Sport zu treiben – wie Ski- oder Schlittenfahren – und am nahegelegenen Davos-Platz kann man sogar eine der Neuerfindungen der damaligen Zeit genießen: das Bioskop-Theater, das eher eine befremdliche und unangenehme Erfahrung bedeutet.

Der Film – hier als „eine Menge Leben, kleingehackt und kurzweilig" (436) dargestellt – spielt im Roman keine größere Rolle, aber es fällt auf, dass Manns Beschreibung wieder auf das Element der Zeit anspielt: „nur die Schattenbilder ihrer Produktion hatte man gesehen, Millionen Bilder und kürzeste Fixierungen, in die man ihr Handeln aufnehmend zerlegt hatte, um es beliebig oft, zu rasch blinzelndem Ablauf, *dem Elemente der Zeit* zurückzugeben" (437). Vielleicht ist es gerade diese Manipulierung der Zeit oder des Zeitgefühls, was dem Autor wohl suspekt und sogar eine „humanitätswidrige Darbietung"[2] war.

Nach sieben recht kurzweiligen Jahren auf dem Berg, in denen Hans alle Stationen seines „Abenteuers im Fleische und Geist" (984) durchläuft, verfällt er jedoch auch den zu nichts führenden und bald langweiligen Formen des Zeitvertreibs. Je nach Mode stürzen sich die Gäste auf

---

[2] Sehr interessant zu Thomas Manns Einstellung zur Filmkunst, zu bestimmten Filmen bzw. zu den Verfilmungen seiner Werke ist das Buch von Peter Zander, *Thomas Mann im Kino*, Berlin: Bertz und Fischer, 2005, in dem das negative Bild im *Zauberberg* breit ergänzt und deutlich positiver präsentiert wird.

unterschiedliche Spiele wie z. B. mathematische Rätsel lösen, fotografieren, Briefmarken sammeln (864), exotische Sprachen wie Esperanto lernen (869), mit geschlossenen Augen Schweinchen zeichnen (865) oder Patience legen (870f.). Nachdem keiner der drei Meister – Settembrini, Nahpta und Mynheer Peeperkorn – Hans vollkommen für seine Lebensphilosophie hat gewinnen können, da auch das Abenteuer der Entdeckung des Körpers und der modernen Medizin und vor allem das Abenteuer der Liebe vorbei sind, sieht sich der junge Held der gefährlichsten aller Proben ausgesetzt: der leeren Zeit. Nach sieben Jahren scheint wohl nichts mehr zu kommen, womit er seine Stunden füllen könnte, und er gesteht, sich zu langweilen – oder noch schlimmer: nichts mehr zu fühlen:

> Es ist mehr zu sagen. Nicht nur er selbst, Hans Castorp, schien auf solchem toten Punkte angekommen, sondern ihm war, als ob es mit der Welt, mit allem, mit ,dem Ganzen' eben diese Bewandtnis habe, oder vielmehr: er fand, dass es schwer sei, hier das Besondere vom Allgemeinen zu unterscheiden. … es schien dem jungen Mann, als sei es mit Welt und Leben nicht ganz geheuer, … als habe ein Dämon die Macht ergriffen, der, schlimm und närrisch, zwar lange schon beträchtlichem Einfluss geübt, jetzt aber seine Herrschaft so zügellos offen erklärt habe, dass es wohl geheimnisvollen Schrecken einflösen und Fluchtgedanken nahelegen konnte, *der Dämon des Name Stumpfsinn war*. … Er sah durchaus Unheimliches, Bösartiges, und er wusste, was er sah: *Das Leben ohne Zeit*, das sorg- und hoffnungslose Leben, das Leben als stagnierende betriebsame Liederlichkeit, *das tote Leben* (863).

Eigentlich hatte sich nicht die Lebensroutine im Sanatorium verändert, sondern er selbst, und nun sieht er die „Geschäftigkeit … und die Betätigungen von allerlei Art, die Modewut, der alles fanatisch unterlag" (ibid.) zum ersten Mal als Trug, seinen ehemaligen „Himmel dort oben" als eine Hölle, wo nur *Zeitvertreib* im reinsten und tödlichsten Sinne des Wortes herrscht. Gerade in diesem Moment der furchtbaren Monotonie und absoluten Ausgesetztheit an alle bösen Dämonen sollte es noch schlimmer kommen.

An diesem Punkt der Geschichte wird der Held auf dem Berghof zum letzten Mal auf die Probe gestellt, und nur der Donnerschlag der Wirklichkeit, der des Großen Krieges, vermag es danach, den Siebenschläfer zu wecken und ihn aus dem Todesbann des Berges zu zerren – zwar, um ihn einem anderen, prosaischeren Tod auszusetzen, aber das ist dem Autor und für die Geschichte wörtlich einerlei (984). Die letzte Probe hätte ihn das Leben gekostet, oder vielleicht hat sie es tatsächlich schon getan, denn, wenn man eine „Symphatie für den Tode"[3] hegt (wie so viele Figuren bei Mann), dann steht einem sein Schicksal schon von Anfang an auf der Stirn geschrieben.

„Welche Errungenschaft und Neueinführung des Hauses ‚Berghof' war es, die unsern langjährigen Freund vom Kartentick erlöste und ihn einer anderen, edleren, wenn auch im Grunde nicht weniger seltsamen Leidenschaft in die Arme führte (874)?" Nichts mehr und nichts weniger als ein neues Unterhaltungselement: ein Grammophon... oder einen Schritt weiter: das Erlebnis der Musik.

Die Rolle der Musik oder der Musikerfiguren bei Mann (und hier reicht es, nur ganz kurz an Hanno Buddenbrook oder an Adrian Leverkühn zu denken), seine eigene Leidenschaft für Musik oder der Einfluss der Musiksprache in seinem Schreiben würden uns jetzt viel zu weit führen und mindestens sieben Artikel mehr nötig machen. Zweifelsohne bedient sich Mann als „begeisterter Schallplattenhörer" (Mertens 2006: 8), ziemlich guter Geigenspieler und vor allem Eingeweihter in Musiktheorie und Tonsatz etlicher musikalischer Mittel (Kontrapunkt, Leitmotivtechnik usw.) in seinem Roman, der sogar als eine große Symphonie betrachtet werden kann.[4] Allein schon an der Auswahl der im Roman erwähnten musikalischen Werke, die laut Mertens zum Teil auch zu Manns Lieblingsstücken gehörten, kann man sehr viel im Bezug auf die Grundthemen des Autors herausinterpretieren. Hier wollen wir allein auf die Bedeutung des Musikhörens als Beschäftigung im *Otium* fokussieren, mit anderen Worten: auf die Versuchung des Grammophons als Dämons der Melomanie und allerletztes Abenteuer.

Seit es das neue Unterhaltungsgerät – den Musiksarg (874; 898) – gibt, möchte Hans stundenlang, tagelang und für den Rest der Ewigkeit einfach nur sitzen und seinen Lieblingsplatten zuhören, die nicht zufällig alle den Tod thematisieren. Die Musik erhebt ihn zwar über den Stumpf-

---

[3] Siehe dazu Hermann Kurzke, *Thomas Mann. Epoche – Werk – Wirkung*, München: C. H. Beck, 1997, 179ff.

[4] So Volker Mertens, *Groß ist das Geheimnis. Thomas Mann und die Musik*, Leipzig: Militzke Verlag, 2006, 11. Sein Kapitel 10 befasst sich spezifisch mit der „Musik auf dem Zauberberg", mit den dort beschriebenen Musikstücken, der Erzähltechnik Manns im Vergleich mit musikalischen Mitteln und mit der Wagner/ Tannhäuser-Thematik.

sinn, dem er nach sieben Jahren anheimgefallen war, aber im Grunde ersetzt sie nur den bösen Zauber des Stumpfsinns, weil sie einen stärkeren und noch tödlicheren bedeutet:

> Will man glauben, dass unser schlichter Held nach so und so vielen Jährchen hermetisch-pädagogischer Steigerung tief genug ins geistige Leben eingetreten war, um sich der ‚Bedeutsamkeit‘ seiner Liebe und ihres Objekts bewusst zu sein? Wir behaupten und erzählen, dass er es war. Das Lied[5] bedeutete ihm viel, eine ganze Welt und zwar eine Welt, die er wohl lieben musste, da er sonst in ihr stellvertretendes Gleichnis nicht so vernarrt gewesen wäre. … Welche war diese dahinter stehende Welt, die seiner Gewissensahnung zufolge eine Welt verbotener Liebe sein sollte? Es war der Tod (874).

Musik hören und die Welt vergessen ist im Grunde wie lebendig tot sein und sich dessen nicht einmal gewahr werden. Über die Leere der tumben Gesellschaftsspiele bzw. über seine eigene Langeweile war sich Hans zuvor wenigstens bewusst. Musik hören – ganz wichtig hier: nicht Musik spielen oder gar komponieren – als absoluter Zeitvertreib oder als absolutes Sich-Treiben-Lassen symbolisiert im Roman (wie allgemein bei Mann) das Ende jeder Geschäftigkeit, jedes kritischen Denkens und so auch jedes Abenteuers, sei es im Fleische oder im Geiste. Es ist der reine Genuss jenseits von Langeweile und Kurzweiligkeit, denn Musik an sich ist jenseits aller Zeit, weil sie ihre eigene besitzt.[6] Musik ist Kunst der Zeit oder Kunst *in* der Zeit: Sie entsteht in der Zeit, verflüchtigt sich, sobald sie erklungen ist, kann nicht festgehalten werden und bemächtigt sich des Menschen in Gänze. Durch die Musik wird Hans wörtlich „ein Besessener" oder, wie es in einem anderen sehr bekannten Lied lautet, er kommt der Welt abhanden.[7]

Im Unterschied zur Hingabe an das Grammophon waren Konzertbesuche – denn diese gab es auf dem Berghof von Anfang an und noch nie war die Musik für Castorp bedrohend gewesen – aktive Tätigkeiten, die den Lebensrhythmus nicht störten und in einem gewissen Moment auch zu Ende waren, so dass der Hörer sozusagen in die Normalzeit und ins Leben zurückgerufen wurde, so sehr es ein Leben im *Otium* war. Das

---

[5] Gemeint ist „Der Lindenbaum", das Lied aus Schuberts Winterreise-Zyklus.

[6] Cfr. Mertens, op. cit., 91: „Die Schallplatte verhält sich zur lebendigen Musik wie der Zauberberg zum Leben im Flachland."

[7] „Ich bin der Welt abhanden gekommen", Nr. 4 der *Rückert-Lieder* von Gustav Mahler, 1901–1902.

dämonische Unterhaltungsgerät macht es aber möglich, die Platten immer wieder zu spielen, so dass sich der Melomane wirklich ganz und für alle Ewigkeit in seinem Teufelskreis ohne Zeit verlieren kann. So Mertens These, dass „die Schallplatte sich zur lebendigen Musik wie der Zauberberg zum Leben im Flachland [verhält]."[8] Nach siebenjähriger Reflexion über die Zeit und über die Gefahr eines Lebens ohne Zeit verführt das Grammophon Hans Castorp zu einer absoluten Abschaltung seiner Denkfunktionen und somit seiner Lebensfähigkeit.

Eine ähnliche Episode der Verführung vom Tod hatte er bereits erlebt, als er in der Eintönigkeit des Schnees beinahe ums Leben kam, nachdem er sich im Schneesturm verlaufen hatte und an die Wand einer Hütte gelehnt eingeschlafen war. Im Schlaf jedoch hat er einen Traum, da in dieser Zeitspanne sein Verstand und sein Körper ausgeschaltet bleiben, nicht aber sein Unbewusstes. In seinem Traum vom glücklichen Arkadien und nicht zufällig gerade in der Mitte des Romans erlebt Hans eine Epiphanie, nach der er gestärkt und, trotz seiner „Sympathie mit dem Tode", mit einer Lebensbejahung aufwacht (679f.). Nun enthüllt sich die Musik des Grammophons aber als eine tausendmal schlimmere Gefahr, denn im Gegensatz zum Traum, den man mehr oder weniger *aktiv* träumt, bedeutet sie ein so überwältigendes Erlebnis, dass der Melomane nicht einmal mehr Herr seines Unbewussten ist und nicht einmal eine unbewusste Lebensbejahung erfolgen kann. Der Musiksarg symbolisiert und bringt Castorp den süßesten Tod, denn mit diesem Instrument des Zeitvertreibs wird er endgültig vom Leben weggetrieben. Jetzt beherrscht ihn die dunkle Magie des Venusbergs, wie in der Legende, in der die Zeit stillsteht, und jetzt ist er vollkommen vom ewigen Schlaf besessen.

Musik wurde von Anfang an, bereits am zweiten Tag auf dem Berghof und ganze sieben Jahre vor dem Teufelsgerät Grammophon, von Settembrini als „politisch verdächtig" (158) beschimpft und ihres Quietismus wegen abgelehnt. Mit Quietismus meint Settembrini, Musik sei lediglich eine Täuschung von Bewegung, Zeitverlauf und Geschäftigkeit, für ihn aber viel zu ästhetizistisch, zu asemantisch, zu illusorisch, zu abstrakt, zu verführerisch und jedenfalls zu „anders" als das richtige Leben. Settembrinis Worte bringen einen Schlüsselbegriff ins Spiel: die Politik oder das Politische, wodurch wir direkt zum Konzept des Unpolitischen kom-

---

[8] Mertens, op. cit., 91.

men. Es darf hier nicht vergessen werden, dass Thomas Mann die Arbeit am *Zauberberg* nach der Auseinandersetzung mit seinem Bruder um die politische Einstellung zum 1. Weltkrieg unterbrochen hatte und jahrelang mit der Verfassung der *Bekenntnisse eines Unpolitischen* beschäftigt war, wo er (ziemlich grob zusammengefasst) seine unpolitische Haltung mit dem Ästhetizismus gleichstellte. Er verteidigte immer eine neutrale Stellung des Schriftstellers, der sich nicht in prosaische Dinge einmischen bzw. in sein Werk Politisches eindringen lassen sollte, um so allein nach ästhetischen Kriterien zu leben und zu dichten.

Die außergewöhnliche Sensibilität bestimmter Menschen, vor allem des reinen Künstlers, des Genies, scheint mit einer Teilnahme an der Politik und an einem Leben mit „normalen", für die Gesellschaft produktiven Diensten (also: im Hinblick auf ein *Negotium*) überhaupt nicht kompatibel zu sein. Der Unpolitische, der wahre Künstler, ist ja nicht unbedingt freiwillig so unpraktisch, sondern einfach zu nichts anderem fähig. Dazu könnte man etliche Beispiele aus der deutschsprachigen Literatur analysieren, denn das Thema der Inkompatibilität von Kunst und Leben oder von einem Künstlerdasein und einer vollen Intergration in die Gesellschaft taucht seit der Geniezeit immer wieder auf.

Nun taucht im *Zauberberg* ein scheinbares Paradoxon auf: Wie steht die Figur und wie steht der Künstler zu zwei solchen Begriffen: dem „Unpolitischen" und dem „politisch Verdächtigen" (nämlich der Musik). Wie ist es denn möglich, ein unpolitisches Leben zu führen, ohne sich ganz vom Gegenpol, vom Zeitvertreib und letztendlich von der Versuchung der Aufhebung der Zeit durch die Musik in den Abgrund treiben zu lassen? Nach welcher Zeit soll er überhaupt ‚ticken', wenn ihm doch der Takt des geschäftigen Normallebens keine Wahl ist? Wie kann das Unpolitische mit einer Lebensmotorik – im musikalischen Sinne eines pulsierenden Rhythmus – kompatibel gemacht werden?

Eine weiterführende Antwort hierzu ist direkt in den Wurzeln des Ästhetizismus in der deutschen Philosophie zu finden: Bei Schiller in seinen *Briefen über die ästhetische Erziehung des Menschen*, einem Grundstein der Dichter- und Denkerzeit und einer Verteidigung der absoluten Unabhängigkeit der Kunst. In anderen, modernen Worten, liegt hier ein Plädoyer für *l'art pour l'art*; in Manns Worten: ein Plädoyer für die unpolitische Haltung des Künstlers. Im 15. Brief formuliert Schiller seine Theorie des *homo ludens* und verweist auf das Spiel und dessen

Wichtigkeit für die menschliche Natur. Seine These lautet: „Der Mensch spielt nur, wo er in voller Bedeutung des Wortes Mensch ist, und er ist nur da ganz Mensch, wo er spielt". Was ist hier aber genau unter Spiel gemeint bzw. was wäre folglich das Gegenteil von Spielen?

Das Spiel ist in erster Linie eine Unterhaltungsform für das *Otium* und damit schon das Gegenteil des praktischen, nützlichen Lebens: des *Negotiums*. Für Schiller entspricht das Spiel aber natürlich nicht der reinen Unterhaltung und den verblödenden Tätigkeiten, mit denen das *Otium* verbracht werden kann, sondern einer rein intellektuell-künstlerischen Tätigkeit, die keine anderen Ziele bzw. „politischen" Dienste erfüllen muss, sondern sich selbst und durch sich selbst verwirklicht. Es ist diese Schaffensfreiheit, bei der der Mensch (gemeint ist: der schöpfende Künstler als Menschenführer und Erzieher) ganz Mensch und ganz bei sich sein kann.

Außer dem praktischen Leben gibt es noch einen zweiten Gegenpol zum Spiel, dieser urnatürlichen Tendenz des Menschen, die gerade sein Wesen ausmacht: Das unnatürliche Gegenteil vom Spiel wäre das Nicht-mitspielen-Wollen, das Nicht-handeln-Wollen, das Sich-gehen-Lassen …, also: die fatale Sympathie mit dem Tode, die so vielen Figuren Manns eigen ist und die auch er selbst sowie etliche Mitglieder seiner Familie teilten. Das Gegenteil von Politik wäre in diesem Sinne das rein intellektuelle Spiel, wobei dies keineswegs heißen soll, spielen sei etwas Einfaches, Formloses und Automatisches. Der Mensch ist hier ganz frei, seine eigenen Spielregeln zu schaffen, aber es bedarf dennoch einer Organisation, einer Struktur und eines nie stehenbleibenden Tempos, die zu schaffen sehr herausfordernd ist, wenn man sich nach keiner vorgegebenen Bewegung richten kann. Der Mangel an Realität zwingt den Spieler – ohnehin unfähig, sich dieser Realität anzupassen – wiederum in eine streng einzuhaltende Lebensdisziplin, die ihn ganz in Anspruch nimmt und gleichzeitig vom Abgrund fern hält.

In diesem Sinne kann der *Zauberberg* nicht nur als Symphonie, sondern auch als ein immenses Puzzlespiel von ineinander verwobenen Motiven gelesen werden, in dem es niemals zu einem dogmatischen Schluss kommt. Wie bei einem Kaleidoskop findet der Leser hier ein hochkomplexes Spiel mit Elementen aus dem Bildungsroman, aus Märchen, aus mittelalterlichen Abenteuern, Mythologien unterschiedlicher Kulturen und vieles mehr. Er findet auch Anspielungen auf die damals modernsten Entdeckungen der Medizin, konkret: auf die Entdeckung der Zelle als kleinster Einheit des Körpers. So wie die kleine Zelle schon die vollständige Information für die fertige Entwicklung des Lebewesens enthält – wie übrigens auch im ersten Thema der Sonatenhauptsatzform bereits alles Material für den gesamten Satz steckt –, so enthalten auch die zwei Anfangsseiten des Romans alle Motive, die in den nächsten tausend durchkomponiert werden.

Alles in allem kann man die verschiedenartigen Spiele und Techniken, derer sich der Autor für die Strukturierung seines Romans bedient, auch unter dem Oberbegriff „auktoriale Spiele" zusammenfassen. Dieses Erschaffen von Realitäten, die sich gleich darauf wieder als Illusionen enthüllen, das Aufstellen von Thesen, die durch ihre Antithese, Stilbrüche und Verfremdungseffekte wieder aufgelöst werden, gehört zweifellos zum Stil Thomas Manns, bei dem eine lange Tradition der deutschen Literatur seit der Geniezeit seinen Höhepunkt findet: die Tradition der Ironie.

Angesichts dessen kann man zum Schluss einen weiteren Schritt wagen und Manns Schreiben selbst, das ja immer ein ironisches ist, als seine persönliche Lebensdisziplin betrachten. Schreiben ist für den großen Ironisten letztendlich die Form der Lebensbewältigung oder der Lebensbejahung, um eine Existenz anzustreben, die „lebensfreundlich ist, obwohl [man] vom Tod weiss". Der verspielte Drahtzieher ist in seinem Werk der Einzige, der über das Element Zeit entscheiden kann, und als absoluter Herr aller Figuren auf seinem Schachbrett hat er die Schicksale aller in der Hand, nicht zuletzt auch das Schicksal des Lesers.

Schon in seinem Vorsatz zum Roman gibt er zu, dass er ihn genau derselben Gefahr auszusetzen gedenkt, die die Romanfigur in den Tod verführt: „Am besten ist es, [der Leser] macht sich im Voraus nicht klar, wieviel Erdenzeit ihm verstreichen wird, während die Geschichte ihn umsponnen hält. Es werden, in Gottes Namen, ja nicht geradezu sieben Jahre sein!" (9f.). Immerhin warnt Mann durch seine Verfremdungseffekte und Illusionsbrüche immer wieder vor der Gefahr, das kritische Denken auszuschalten, indem man das Gelesene für die Wahrheit hält, anstatt es als künstliches Produkt und nicht ganz ernst zu nehmendes Spiel zu fassen. Inwiefern ihm dabei das Konzept der Erziehung des Lesers im Sinne von Schillers ästhetischer Sendung bewusst war, ist nicht ausschlaggebend, um die These des *homo ludens* als einen fundamentalen Interpretationsschlüssel für den Roman und allgemein für Manns Poetik zu betrachten. In all seinen literarischen Spielen – wie allgemein in der guten Literatur – wird jedenfalls die „Erdenzeit" gefährlich aufgehoben. Aber gerade dadurch gelang es ihm, trotz der natürlichen Unfähigkeit des Genies, doch „normal" zu sein, doch „ganz Mensch".

* * *

Zum Weiterlesen:

* Johann Huizinga, *Homo ludens. Vom Ursprung der Kultur im Spiel*, München: Rowohlt, 1956.

* Roman Karst, *Thomas Mann oder der deutsche Zwiespalt*, Wien: Molden, 1970.

* Helmut Koopmann (Hrsg.), *Thomas Mann Handbuch*, Frankfurt/M.: editorial, 2005.

* Marianne Krüll, *Im Netz der Zauberer. Eine andere Geschichte der Familie Mann*, Frankfurt/M.: Fischer, 2005.

* Rüdiger Safranski, *Romantik. Eine deutsche Affäre*, München: Hanser, 2007.

* Peter Sloterdijk, „Für eine Philosophie des Spiels", in: *Der ästhetische Imperativ*, Frankfurt/M.: Suhrkamp, 2007, 167–181.

Von Proust zu Proust – Zeit, Vergessen und Lüge in *À la recherche du temps perdu*

Achim Geisenhanslüke

I

Dem Problem der Zeit im Roman hat Jochen Mecke eine umfangreiche Untersuchung gewidmet. Ihn interessiert in diesem Zusammenhang vor allem der französische Roman der Moderne und der beginnenden Postmoderne. Denn seit der Moderne, so Mecke, nehme die Zeit eine besondere Rolle in der Literatur ein. Er nennt Baudelaire und Flaubert, aber natürlich auch Thomas Mann, Virginia Woolf und Marcel Proust als Vertreter des modernen Zeitromans, um sich dann zunächst Michel Butor und Claude Simon, darüber hinaus aber auch Sartre, Céline und dem Nouveau Roman zuzuwenden.

So weit, so gut. Warum aber, so lässt sich fragen, lässt Mecke in seinen Analysen gerade den Autor aus, der zweifellos für das Thema der Zeit in der Moderne am meisten einsteht, Marcel Proust? Denn bei Proust gibt es, jenseits aller Semiotik, wie sie Mecke interessiert, doch so etwas wie eine Metaphysik der Zeit, die zugleich in einem engen Zusammenhang mit dem Glück steht.

II

Dass Zeit und Glück zusammenhängen, hat bereits Walter Benjamin gerade im Rekurs auf Proust gezeigt, wenn er die These vertritt, „daß das Bild vom Glück, das wir hegen, durch und durch von der Zeit tingiert ist, in welche der Verlauf unseres eigenen Daseins uns nun einmal verwiesen hat."[1] Wenn er von Zeit und Glück spricht, dann kann sich Benjamin auf die letzten Seiten des Romans berufen:

---

[1] Walter Benjamin, *Gesammelte Schriften*, hrsg. v. Rolf Tiedemann & Hermann Schweppenhäuser, Frankfurt/M.: Suhrkamp, Band I, 1980, 693.

> Si c'était cette notion du temps incorporé, des années passées non séparées de nous, que j'avais maintenant l'intention de mettre si fort en relief, c'est qu'à ce moment même, dans l'hôtel du prince de Guermantes, ce bruit des pas de mes parents reconduisant M. Swann, ce tintement rebondissant, ferrugineux, intarissable, criard et frais de la petite sonnette qui m'annonçait qu'enfin Swann était parti et que maman allait monter, je les entendis encore, je les entendis eux-mêmes, eux situés pourtant si loin dans le passé.[2]

Die *Recherche* endet mit einer späten Erfüllung des narrativ verschobenen Begehrens nach mütterlicher Geborgenheit. Mit dem Motiv der Heimkehr zielt Proust auf das, was Georg Lukács dem modernen Roman im Vergleich zum antiken Epos versagt hatte: auf eine Form der inneren Geschlossenheit, die der Antike vorbehalten und der zerrissenen Struktur der Moderne unmöglich zu erreichen sei. Prousts beharrlicher Auseinandersetzung mit dem Phänomen der Zeit liegt allerdings eine eigentümliche Dialektik zugrunde, die das Recht der inneren Geschlossenheit, das die *Recherche* für sich in Anspruch zu nehmen scheint, zugleich tendenziell außer Kraft setzt. Denn die Form der Zeit, die die *mémoire involontaire* zum Schluss des Romans anhand der sukzessiv aufeinanderfolgenden Beispiele eines unebenen Straßenpflasters, eines gestärkten Handtuchs und des Geschmacks der Madeleine zu konstruieren versucht, verdankt sich einem Moment, das selbst nicht innerhalb der Zeit liegt, sondern von außen auf diese zukommt:

> au vrai, l'être qui alors goûtait en moi cette impression la goûtait en ce qu'elle avait de commun dans un jour ancien et maintenant, dans ce qu'elle avait d'extra-temporel, un être qui n'apparaissait que quand, par une de ces identités entre le présent et le passé, il pouvait se trouver dans le seul milieu où il pût vivre, jouir de l'essence des choses, c'est-à-dire en dehors du temps (IV, 450).

Nur außerhalb der Zeit findet das im Roman erzählte Subjekt zu einer Form der Identität zurück, die von Untergang und Zerstörung frei wäre. Dabei dient die Erfüllung der Zeit durch ein ihr selbst äußerliches Extrakt zunächst einer Abwehr der manifesten Todesangst zugunsten einer Form der Ewigkeit, die dem zerstörerischen Lauf der Zeit entrissen wäre:

---

[2]   Marcel Proust, À la recherche du temps perdu IV, éd. établie sous la direction de Jean-Yves Tadié, Paris: Gallimard, 1989, 623. Im Folgenden alle Zitate in Klammern im Text.

> Cela expliquait que mes inquiétudes au sujet de ma mort eussent cessé au moment où
> j'avais reconnu inconsciemment le goût de la petite madeleine puisqu'à ce moment-là
> l'être que j'avais été était un être extra-temporel, par conséquent insoucieux des vicis-
> situdes de l'avenir. … Seul, il avait le pouvoir de me faire retrouver les jours anciens, le
> temps perdu, devant quoi les efforts de ma mémoire et de mon intelligence échouaient
> toujours (IV, 450).

Das Aussetzen der bewussten Erinnerung wird aufgehoben durch ein
rätselhaftes, darum aber nicht minder elementares Glücksgefühl, das
sich einer Form der Erinnerung verdankt, die an ihr Ziel kommt, gerade
weil sie die Intentionen und Fähigkeiten des Subjekts übersteigt. So steht
der bedrohlichen Vergänglichkeit des menschlichen Daseins in der
widerspruchsvollen Konstruktion Prousts „un être extra-temporel"
gegenüber, das sich um die Zukunft nicht zu bekümmern braucht, weil
sich ihm die Zeit der Vergangenheit auf unerschöpfliche Weise öffnet.
Der Zeit enthoben erfüllt sich die Zeit in einer Form, die die rückwärts-
gerichtete Einbildungskraft nicht erreichen kann, weil es sich um „un
peu de temps à l'état pur" (IV, 451) handelt. Die Ambivalenz, die der
Schluss der *Recherche* offenbart, besteht in der paradoxen Form einer
Erfüllung, die den Zerstörungszusammenhang der Zeit nur aufheben
kann, indem sie in die Zeit ein Moment eingehen lässt, das zugleich das
Wesen der Zeit sein soll und doch außerhalb der Zeit selbst steht.

Proust, dem es in der *Recherche* nicht um eine philosophische Auseinandersetzung mit der platonischen Frage nach dem Zusammenhang
von Zeit und Ewigkeit geht, sondern um die Darstellung der Vergänglichkeit des menschlichen Daseins und der zeitlichen Erfüllung, die die
Kunst zu bieten vermag, wendet die reine Form der Zeit auf den letzten
Seiten seines Werkes in die Zeit des Romans zurück:

> Aussi, si elle m'était laissée assez longtemps pour accomplir mon œuvre, ne manquerais-
> je pas d'abord d'y décrire les hommes, cela dût-il les faire ressembler à des êtres mons-
> trueux, comme occupant une place si considérable, à côté de celle si restreinte qui leur est
> réservée dans l'espace, une place au contraire prolongée sans mesure puisqu'ils touchent
> simultanément, comme des géants plongés dans les années à des époques, vécues par eux
> si distantes, entre lesquelles tant de jours sont venues se placer – dans le Temps (IV, 625).

Prousts ästhetisches Bekenntnis zur Moderne ist eines zur Ungeheuer-
lichkeit seines eigenen Unterfangens. In ihm erscheinen die Menschen
als „êtres monstrueux", der Platz, der ihnen zugewiesen wird, ohne Maß,
„sans mesure". Bleibt Proust damit dem Flaubertschen Thema von Zeit

und Desillusion zunächst treu, so wandelt er den destruktiven Charakter der Zeit zugleich um. Die Enttäuschung, die der Erzähler eingangs durch Swann erfährt, der seine kindliche Nachtruhe stört, wird nach der vergeblichen imitatio mondänen Lebens durch eine Form der Erfüllung außer Kraft gesetzt, die unbeschadet von den Gesetzen zeitlicher Vergängnis als sich erfüllendes und dem Menschen zufallendes Glück in der Vergangenheit beschlossen liegt.

Dass der Zusammenhang von Glück und Zeit, der „herzstockende, sprengende Glückswille",[3] die *Recherche* beherrscht, hat nicht nur Walter Benjamin betont. „Proust ist ein Märtyrer des Glücks",[4] notiert Adorno im Anschluss an seinen Freund. Den Index auf Erlösung, von dem Benjamin spricht, verwirklicht Proust in seinem Roman, indem er ihm die Idee eines ganz und gar von der Zeit bestimmten Glücks zugrunde legt, das die Vergangenheit durchdringt, das heroische Schicksal der Antike durch eine profane Ordnung der zeitlichen Erfüllung ersetzt und dabei zugleich das Ephemere des ästhetischen Erfüllungszusammenhangs betont, das die Kunst der Moderne seit Baudelaire kennzeichnet.

III Erinnerung und Vergessen bei Proust

Der Erinnerungszusammenhang, den die *Recherche* als Odyssee der Zeit zu sich selbst beschreitet, wird nicht nur durch die Ambivalenz von Zeitlichkeit und Ewigkeit geprägt, die den Schluss kennzeichnet. Bereits die interne Struktur des Erinnerns weist darauf hin, dass diese keine einfache Heimkehr des Subjekts in der Zeit markiert. Denn der Erinnerung unterlegt Proust das Vergessen:

> Or, les souvenirs d'amours ne font pas exception aux lois générales de la mémoire, elles-mêmes régies par les lois plus générales de l'habitude. Comme celle-ci affaiblit tout, ce qui nous rappelle le mieux un être. C'est justement ce que nous avions oublié (parce que c'était insignifiant, et que nous lui avions laissé toute sa force). C'est pourquoi la meilleure part de notre mémoire est hors de nous, dans un souffle pluvieux, dans l'odeur de renfermé d'une chambre ou dans l'odeur d'une première flambée, partout où nous retrouvons de nous-mêmes ce que notre intelligence, n'en ayant pas l'emploi, avait dédaigné, la

---

[3] Benjamin, „Zum Bilde Prousts", op. cit., Band II, 313.

[4] Theodor W. Adorno, „Zu Proust", in: *Noten zur Literatur*, Frankfurt/M.: Suhrkamp, 1974, 669–675, hier 675.

dernière réserve du passé, la meilleure, celle qui, quand toutes nos larmes semblent taries, sait nous fait pleurer encore. Hors de nous? En nous pour mieux dire, mais dérobée à nos propres regards, dans un oubli plus ou moins prolongé. C'est grâce à cet oubli seul que nous pouvons de temps à autre retrouver l'être que nous fûmes.[5]

Wie Benjamin betont hat, verkörpert das Vergessen bei Proust die Bedingung der Möglichkeit des Erinnerns. „Steht nicht das ungewollte Eingedenken, Prousts mémoire involontaire dem Vergessen viel näher als dem, was meist Erinnerung genannt wird? Und ist dies Werk spontanen Eingedenkens, in dem Erinnerung der Einschlag und Vergessen der Zettel ist, nicht vielmehr ein Gegenstück zum Werk der Penelope als sein Ebenbild?"[6] Auch Warning stellt vor diesem Hintergrund fest, „daß die offizielle Poetik der *Recherche* mit ihrer Konzeption bewahrenden Vergessens, authentischen Erinnerns und mimetischer Verschriftlichung des Erinnerten eine solche Perspektive geradezu verstellt."[7] Für die veränderte Perspektive steht in der *Recherche* vor allem die Figur Albertines ein. Ihr korrespondiert das Vergessen, das die Erinnerung ins Leere laufen lässt:

Comme il y a une géométrie dans l'espace, il y a une psychologie dans le temps, où les calculs d'une psychologie plane ne seraient plus exacts parce qu'on n'y tiendrait pas compte du Temps et d'une des formes qu'il revêt, l'oubli; l'oubli dont je commençais à sentir la force et qui est un si puissant instrument d'adaptation à la réalité parce qu'il détruit peu à peu en nous le passé survivant qui est en constante contradiction avec elle (IV, 137).

Prousts *Recherche* ist weniger ein Buch der Erinnerung, als vielmehr eines des Vergessens. Das Vergessen aber betrifft das Beste: das Glück, auf dessen Suche sich der Erzähler begibt. Der Illusion der Wiederherstellung der Vergangenheit durch Erinnerung steht daher die Enttäuschung entgegen, die Liebe und Tod Albertines bedeuten, eine Enttäuschung, die den versöhnlichen Schluss der *Recherche* in Frage stellt.

Im Rahmen der Architektur des Romans bedeutet die Geschichte Albertines daher ein trotziges Gegengewicht zum identitätsstiftenden Thema der Erinnerung. Für den scheinbar harmonisch ausklingenden Erinnerungszusammenhang, den der Roman beschreibt, markiert

---

[5] Proust, À la recherche du temps perdu II, op. cit., 1988, 4.

[6] Benjamin, op. cit., 311.

[7] Rainer Warning, *Proust-Studien*, München: Fink, 2000, 174.

Albertine auf doppelte Weise eine Grenze: durch ihren plötzlichen Tod und ihre dauerhafte Fähigkeit zur Lüge. Beide Themen verkreuzen sich im Affekt der Eifersucht. So wie die Erinnerung die gesamte Vergangenheit einholen möchte, so legt sich die Eifersucht des Erzählers nach Albertines Tod auf ihr gesamtes vergangenes Leben. Nicht mehr einholbar erweist sich Albertine nicht allein durch ihren Tod, sondern zugleich durch ihre lügnerische Natur. Albertines Fähigkeit zur Lüge weist auf die Bedeutung des Themas der Verstellung und des Vergessens für Proust hin, die nur in den Blick rückt, wenn der Erinnerungszusammenhang, den die *Recherche* aufbietet, nicht als gelingende Synthetisierung zu einer umfassenden Ganzheit verstanden wird. Und vielleicht ist es kein Wunder, dass gerade die Themen Vergessen und Lüge dann zu den Forschungsthemen geworden sind, die Jochen Meckes wissenschaftliche Arbeiten in Regensburg bestimmt haben – also doch ein versprengter Proustianer? Aber wer weiß das schon?

Räume, Zwischenräume, Reiseräume

Habiter l'intervalle

Jean-Pierre Dubost

> La vie recelée dans l'angle mort du
> savoir gît-elle, surgit-elle dans l'image ?
> (Marie-José Mondzain)

> Allez, daz di zît rüeret …,
> das muoz allez abe
> (Meister Eckhart)

Lundi

Trop tard pour écrire savamment et sagement sur le temps, l'espace, les médias. Le temps contraint me libère au moins de la tentative de m'engager sur la route habituelle, si habituelle que de route elle devient routine, quand un article chasse l'autre et qu'à peine a-t-on mis un point final après avoir réduit, massacré, écrasé son texte comme César le faisait avec les carcasses de voitures, puis expédié la carcasse compactée par voie électronique à l'autre bout du monde ou presque, le prochain mail arrive, toujours aussi sympa et bienveillant. Bon, je terminerai plus tard cette interminable introduction sur laquelle j'ahane depuis des mois (comme toujours, plus on réduit la sauce, plus elle s'allonge). C'est l'inverse de la procrastination baudelairienne : on ne remet pas au lendemain ce que l'on aurait pu faire aujourd'hui par désir de vivre l'aujourd'hui, on remet au lendemain l'élan d'une projection dans le temps pour y substituer aujourd'hui la réponse à l'urgente et charmante sollicitation.

Mardi

En si peu de temps, je n'ai bien sûr rien à dire 'en général' sur le temps. Mais au moins quelque chose à dire sur le lieu d'où je parle, non pas le lieu physique géolocalisable par GPS, mais comme le non-moi de cet entour par lequel je peux trouver (ou trouer) le temps. Rien à dire sur le chaos de mon bureau autour de moi (personne ne fera jamais mieux que Perec), rien sur les ouvrages que j'enrage si souvent de ne pas retrouver parce que je les remets *toujours* ou presque *ailleurs* et que j'oublie où est cet *ailleurs* au moment où je cherche à le repêcher du tréfonds de mon trou de mémoire (par pitié pour moi, je ne dirai pas un mot de plus sur le sujet). J'ai moins quelque chose à dire sur "LE lieu" que quelque chose à raconter de ce qui fait face depuis *si longtemps* à mon regard quand j'écris *d'ici* et qui si souvent est venu habiter, invisible, l'espace entre les lettres, les mots et les lignes.

Donc voici :

« Le monde, cette trouée. Dire du regard qu'il cadre la vue comme le fait l'objectif d'une caméra, ce serait une idée fausse et bien facile, comme toutes celles qui, innombrables, ne cessent de nous traverser l'esprit et tentent d'imposer leur stupide lourdeur, profitant du sommeil de nos pensées. Mais le moindre sursaut d'attention suffirait à nous rappeler que cela n'a rien à voir avec ce qu'il y a à voir, puisqu'il n'y a bien sûr aucun cadre – et rien d'autre qu'un rebord, par lequel ce que tu ne cesses de t'obstiner à fixer vient se déverser. L'œil : cette tasse qui ne cesse de déborder. Mystère que ces bords qui n'existent pas et sans lesquels il n'y aurait rien à regarder. Le feuillage s'agite sans cesse, parcouru de mouvements rapides et incessants, légers et vifs en même temps. Plus tu regardes le monde complet de sa frondaison, plus tu admires sa belle et large vague de branches et de feuilles que tu vois s'agiter nerveusement dans tous les sens, mais si peu vers le haut ou vers le bas si tu y fais bien attention. En jaillissant, la vague feuillue vient s'absorber en elle-même, accusant à chaque frémissement l'immense distance qui la sépare de la scène largement distincte et séparée de l'immense volume de l'arrière-fond de nuages et de lumière. On pourrait même finalement penser que l'arbre tourne en soi tout en se retenant à ses branches, comme un enfant qui jouerait à s'enivrer d'un jeu de balançoire mille fois recommencé et qui se rassure en serrant encore plus fermement de ses mains les cordes de la balançoire. Lorsque tu compares ce compagnon que tu observes depuis maintenant plus de vingt ans à ces innombrables photos que tu ne cesses de prendre de lui, tu sais bien que la collection qu'il t'arrive si souvent de consulter distraitement sur ton portable ou ton ordinateur n'est qu'un infime échantillon du temps qui s'est écoulé depuis que, il y a maintenant en fait trente-trois ans et presque jours pour jour, tu l'as regardé et admiré pour la première fois, bien avant d'être capable de l'appeler par son vrai nom, Fraxinus. »

Jeudi

Combien de centaines ou de milliers de fois es-tu resté à rêvasser devant sa vague trouée de couleurs et de lumières ? Tu as entièrement effacé de ta mémoire ces centaines de conversations muettes, et les photos confiées à la mémoire de ton ordinateur te regardent sans regard, dans le silence mat de leur surface ; à peine nées, toutes leurs phrases s'effacent dans leurs pixels. Chaque image n'a jamais parlé qu'un bref instant, quand le souvenir des paroles échangées entre vous deux était encore quasiment immédiat. Mais ces images sont toujours très vite devenues comme de belles étoiles mortes. Tu peux les mettre sur le net, elles ne seront pas plus à toi qu'à personne. Bien sûr, jamais tu ne pourras dire que tu *possèdes* du regard le balancement silencieux de leurs vagues. Disons plutôt que ce sont *elles* qui te possèdent. Elles sont/ont été, ni à toi ni à personne – et pourtant données.

Dimanche soir

Je reprends le fil après-coup. Tout cela c'était *avant*. Entre-temps Fraxinus n'est plus. Je pourrais t'en envoyer la preuve. J'ai le jour-même pris de nouveau son portrait, enfin immortalisé ou congelé en image et confié à mon portable ce qu'il en est resté ce jour-là. Le premier signe avant-coureur fut ce tremblement qui a fait aboyer notre chien. Il n'avait pas tort, la chose était menaçante. Ça s'appelle un Manitou (qu'on loue chez Kiloutou).[1] La bête tremblante est arrivée pour exécuter sa mission, que

---

[1] Parenthèse facétieuse : on pourrait imaginer un micro-trottoir : « Pour vous, c'est quoi un Manitou ? » Réponse possible : « c'est ce truc qu'on loue chez Kiloutou. » Autre réponse : « Ah je m'en souviens très bien : 'Par le grand Manitou', c'est bien un truc de Tintin ça, non ? » (En effet, *Tintin en Amérique* : Tintin capturé par les Pieds-Noirs risque le pire. Le chef de la tribu corrompu par la bande d'Al Capone qui vient de l'attacher au totem s'écrie le regard tourné vers le ciel et la hache

j'avais bien mal anticipée. De retour une heure plus tard, Fraxinus n'était plus. Il n'en reste plus qu'une sorte de cadavre en acrobatie éternelle, pieds-en-l'air. Il fait interminablement la chandelle. Parfois je guette quelques signes de repousse. Rien jusqu'à maintenant. Je détournerais bien le regard si c'était possible. L'image ne tremble plus. Temps gelé. Cela m'apprendra à m'entêter à parler aux arbres.

Lundi

Tout cela pour dire avec quelques détours que la retraite studieuse du retraité solitaire n'est pas de tout repos. Le décompte est vite fait : douze ans que ça dure. Justement, il y avait le jeudi 19 janvier au bas mot un million de manifestants dans la rue, le Ministère de l'Intérieur lui-même ne le conteste pas. La question des retraites, c'est comme l'éternel retour. Sauf que ce qui ne cesse de revenir, c'est l'abstraction du temps compté. On peut concevoir qu'être contraint de s'imaginer à 20 ans en avoir un jour 64 met l'imagination à rude épreuve. Inversement, imaginer depuis son arrière-boutique l'abstraction que représente la quantification de ces douze années qui ont leur place quelque part sur un tableau Excel de l'Insee ne laisse pas moins rêveur. Si le salaire est mesuré en quantités d'heures de travail et fait de la vie salariée l'abstraction dont parle Marx (pas mort) à partir de laquelle le capital constitué, abstrait de la peine (le lumbago, le burn-out, les cervicales qui font souffrir, les vertiges dès qu'on touche le clavier, les colères rentrées à cause des crasses de ces charmants collègues, la fatigue engendrée par les trois-huit, le disque lombaire qui se déplace, la voix qui sort à peine alors qu'on a encore tout le colloque à tenir, bref tout ce paquet de nerfs, de muscles, de neurones, de tendons, d'os, de fibres et de sang qui ne cesse de nous envoyer des signaux), non seulement circule en continu Dieu sait où dans les câbles internet terrestres ou sous-marins pour devenir Dieu sait quoi, bref si les choses en sont ainsi et que bien malin celui qui nous dira et surtout sera

---

en l'air : 'Par le grand Manitou'. Cette fois-ci pas besoin de photographier, c'est enregistré pour toujours dans mon disque dur depuis l'âge de sept ans). Inutile d'attendre du micro-trottoir la juste réponse : que le Manitou est l'esprit éternel, pas si loin finalement de l'intellect agent d'Averroès. Fermons la parenthèse.

en mesure de nous mettre sous le nez ce que le monde est (je veux dire à quoi ressemble sa bobine), *alors* … Alors je me demande ce que sont ces douze ans (non pas *les miens* mais ce qu'ils sont sur les tableaux Excel de l'Insee correspondant à la masse statistique dans laquelle est inscrite ma vie). Il faudra vraiment y aller voir. Ils seront bien quelque part, et cela vous laisse rêveur. Mais comme ils y sont et que donc je dois à la somme inscrite sur ces lignes d'avoir le temps d'écrire ces lignes sans avoir à aller faire la manche, je me dis que j'ai bien de la chance puisque j'ai tout mon temps (ou plutôt tout le sursis que le corps qui craque mais tient bon m'accorde généreusement) dans mon arrière-boutique, d'avoir le droit d'habiter en écrivant rêveusement l'intervalle du temps. Peut-être d'ailleurs le temps n'est-il rien d'autre ? Carlo Rovelli, dans son admirable petit ouvrage *L'ordre du temps*,[2] m'encourage à le penser. Après avoir brillamment démontré, Einstein à l'appui, que le temps n'existe pas, qu'il n'est pas unique, qu'il y a une durée différente pour chaque trajectoire, qu'il passe à des rythmes différents en fonction du lieu et de la vitesse, qu'il n'est pas orienté, que la différence entre le présent et le futur n'existe pas dans les équations du monde, etc. (109) il, ajoute : « Dans le monde, il y a le changement, il y a une structure temporelle de relation entre les événements autre qu'illusoire. Les choses ne se produisent pas de façon globale et ordonnée. Elle se produisent d'une façon locale et complexe, qui ne peut pas être décrite dans les termes d'un unique ordre global. » Et il en donne comme illustration la lettre qu'Einstein adresse à la famille de son ami Michele Besso qui vient de mourir « Voilà qu'il m'a précédé de peu, en quittant ce monde étrange. Cela ne signifie rien. » Ce qui rappelle un peu le télégramme de Marcel Duchamp à Picabia mourant : « Cher Francis, à bientôt. » C'est en tout cas une manière de dire qu'Einstein, qui a parfaitement décrit que « le temps » n'est pas, puisque l'univers n'est qu'un « réseau immense et désordonné d'événements quantiques » et que « la production incessante d'événements qui fatigue le monde n'est pas ordonnée le long d'une ligne du temps, n'est pas mesurée selon un gigantesque tic-tac » (124), sait très bien que sa lettre envoyée après la mort de son ami et (peu d'ailleurs) avant la sienne n'est pas un événement dans un intervalle nul, mais que c'est dans cet intervalle que vient se nicher le temps (qui, physiquement, n'est pas).

---

[2] *L'ordine del tempo*, 2017 ; *L'ordre du temps*, 2018 et 2019.

Mardi

J'aurais bien sûr aimé parler de Montaigne, Borges, Pessoa, Heidegger, Levinas, Blanchot, Quignard, Sebald, Ruzbehan ou Hafez. Autant sortir du commun. J'offre donc à la méditation du destinataire un retour sur la mystique rhénane en l'incitant à mettre à profit quelques instants de tranquille retraite pour entendre un bout de sermon. Juste pour lui rappeler son passé d'enfant de chœur. Il s'agit d'une publication en cours sur les écritures mystiques comparées entre Orient et Occident. L'article dont je choisis ce passage fera partie du premier volet consacré à Maître Eckart et le Zen.

> J'aimerais m'attarder un peu sur ce sermon 69. La règle du genre veut que ce soit par un fragment de verset que le sermon commence. En l'occurrence Jean 16,16 – *Modicum et iam non videbitis me* («Encore un peu, et vous ne me verrez plus») – paroles de Jésus à ses disciples avant la Passion. Comme toujours, le verset est tronqué. La suite – *Et iterum modicum, et videbitis me* («Encore un peu de temps, et vous me reverrez») est en effet éliminée, et avec elle non seulement l'auto-prophétie christique (l'annonce de la Résurrection), mais aussi la perplexité des disciples qui se demandent ce que cela signifie (verset 18: «Ils disaient: que signifie cet 'Encore un peu de temps et vous me reverrez?'»). Mais Maître Eckhart coupe ici pour ainsi dire la parole aux Écritures tout en la donnant à Saint Augustin: «Saint Augustin demandait ce qu'est la vie éternelle. Il fit lui-même la réponse et dit 'Tu me demandes ce qu'est la vie éternelle? Interroge et écoute la vie éternelle elle-même'.»[3]

Par ce jeu de questions-réponses, il substitue à l'enchaînement du passage (Vérité de la Parole christique / perplexité des disciples) un enchaînement symétriquement inverse (perplexité de la question / vérité de la réponse, mais vérité déroutante). On retrouve la même logique que celle du genre question / réponse dans le Zen: Augustin Maître Zen. Et donc Eckhart Maître Zen aussi, puisque Eckhart dit et fait ce que dit et fait Augustin, à savoir poser soi-même les questions et donner des réponses sous forme de propositions surprenantes, ce qui est la démarche de tous ses sermons. La surprise de la réponse augustinienne – à savoir que la réponse à la question «Qu'est-ce que la vie éternelle?» (*quod*) est pour ainsi dire qu'il faut poser la question à la vie éternelle elle-même (l'interroger et l'entendre: *quid*). Car, enchaîne Eckhart, «personne ne sait mieux ce qu'est la vie éternelle que la vie éternelle elle-même», énoncé

---

[3]   Alain De Libéra, *La mystique rhénane*, Paris: Points, 1993, 369.

préparé par deux analogies : personne ne sait mieux ce qu'est la chaleur ou la sagesse que celui qui a en lui la chaleur et la sagesse. Poser la question en demandant ce que c'est ne mène à rien, il faut l'expérience d'une indistinction, d'une non-différence. Et la seule indistinction qui soit absolue, c'est celle du Père au Fils, c'est pourquoi la réponse peut maintenant être donnée par le rappel de Jean, 17,3, quand Jésus, levant les yeux au ciel, s'adressant directement à son Père devant ses disciples dit que « l'heure est venue », en lui demandant de le glorifier (*et nunc clarifica me Tu Pater*) comme lui l'a glorifié de la gloire qu'il avait auprès de lui « avant que le monde fût » (*prius quam mundus esset*). Mais ce n'est pas ce que dit le Sermon. Le sermon occulte là encore l'enchaînement des versets. Il avait par avance donné la solution, mais l'on ne peut comprendre qu'a posteriori ce que signifiait que c'est la vie éternelle elle-même qui peut apporter la réponse.

Le thème général du sermon est la question de la vision de Dieu. Est-elle possible ? Y a-t-il une voie qui conduit à Lui ? Le paradoxe qu'il expose est que l'âme est à la fois le chemin et l'obstacle. Augustin et Aristote sont sollicités pour preuve. Deux propositions contraires en émergent :

1. « S'il n'y avait pas d'intermédiaire entre Dieu et l'âme, elle verrait Dieu à l'instant même » (parce qu'il y a une commensurabilité de l'incommensurabilité divine et de l'âme).

2. Mais de même que tout ce que l'œil voit n'est que comme une image dans un miroir et non la chose même, et que cette image n'a pas d'image puisqu'elle n'est pas vue par une autre image, le verbe éternel est le médiateur, c'est-à-dire image sans image ni médiation, et il peut donc y avoir connaissance immédiate sans concept ni image dans le Verbe éternel.

L'âme doit donc se détourner du monde comme image et devenir image sans image dans l'éternité du Verbe. Renoncer au désir de vouloir avoir, vouloir savoir, vouloir voir ne vaut pas seulement pour les choses du monde, mais aussi pour Dieu. Tout le sermon est un collage de propositions qui n'ont qu'un seul thème : le lien sans lien du temps et de la vision – encore un peu de *temps* et vous ne me *verrez* plus.

Pour entrevoir la voie, il faut éteindre ce foyer de lumière qui nous aveugle et qu'est notre nature d'être créé, notre *Kreatürlichkeit*. « Tant que quelque chose de la créature *luit* en toi, tu ne vois pas Dieu » (*Alle diu wîle so der creatûre iht in dich liuhtet so ensihestù got niht).*[4] Le chemin n'est pas un cheminement, il est un bond. L'âme qui cherche Dieu ne le trouve pas, et elle ne le trouve que par *un bond au-dessus* de l'existence créée: *Diu sêle, diu got vindet, die muoz überhüpfen und überspringen alle crêatûren, sol sie got vinden.*[5] Ce saut hors du monde des créatures – et donc hors du temps et de l'espace – exige une destruction complète du temps. Il ne doit pas en rester une miette, ni même un goût (*smak*). *Allez, daz die zît rüeret ..., das muoz allez abe:*[6] «tout ce qui participe du temps (littéralement 'tout ce qui le touche') doit disparaître», dit la traduction. On devrait même traduire: il faut le jeter, l'arracher de nous. Je ne suivrai pas ici la lecture que fait De Libera de cet arrachement, qui consiste à l'identifier avec l'*aphairesis* aristotélicienne.[7] Il ne s'agit pas, en tout cas pas seulement, du retranchement de l'inessentiel, mais d'un 'bond au-dessus de' qui n'est pas un processus d'abstraction transcendante, mais bien une libération du temps. Le temps, dit littéralement Maître Eckhart, il faut le *jeter: daz muoz abe.* On dirait aujourd'hui: «das muss weg». Il faut jeter (ou couper) ça, opérer l'ablation de ce qui touche encore au temps (*allez, daz die zît rüeret*), au monde créé, à la succession, à la temporalité, à la finitude, à tout ce qui relève d'une vie dans l'espace-temps et non pas de cette vie qui n'est pas une vie d'un moi, mais qui est le fait que Dieu vit en l'anéantissement d'un moi.

Remplacer le *quod* de la question «Qu'est-ce que la vie éternelle?» par l'interrogation de la vie éternelle (*quid*), c'est donc se taire et écouter, laisser parler la vie éternelle, qui ne dit rien. Et c'est peut-être seulement en ce moment du sermon qu'il devient possible de revenir sur le hiatus qui le fonde et qui sépare deux phrases qu'aucune relation logique ne reliait entre elles, à savoir *Modicum et iam non videbitis me* («Encore un peu de temps, et vous ne me verrez plus»: passion – crucifixion) et la phrase qui suit («Si peu que ce soit qui s'attache à l'âme, cela nous

---

[4] Franz Pfeiffer, *Deutsche Mystiker des vierzehnten Jahrhunderts*, Leipzig: Göschen-sche Verlagshandlung, 1857, 2. Band, Meister Eckhart, 141: 20–21.

[5] Ibid., 111: 31–32.

[6] Ibid., 143: 8–9.

[7] De Libéra, op. cit., 497: n. 649.

empêche de voir Dieu »[8] dit (très mal) la traduction, car le texte dit en fait *Wie kleine daz ist, daz an der sêle haftet, sô sehent ihr mich niht*[9] (« Quelque peu soit ce qui reste attaché à l'âme *vous ne me voyez pas* »), phrase qui reprend à l'identique les paroles du Christ (*non videbitis me*). En se glissant dans l'espace inoccupé du verset tronqué, cette phrase qui suit la parole du Christ est comme le double de l'écriture, comme si un autre texte apparaissait dans le texte comme son double, comme si la parole prédicative parlait en lieu et place du Christ par un ajout qui dit dans la langue de la philosophie et de la théologie la disparition de Jésus du champ de vision pour ainsi dire.

Logique absolument contraire à ce que deviendra la restauration des images par la Contre-Réforme – car en l'occurrence ce qui aura sa place à cet endroit du texte christique c'est le *chemin* de croix, la *via dolorosa, l'adoration de la croix, la decente de croix,* etc. – tout ce que va bientôt réaliser la formidable machine occidentale à représenter, en premier lieu jésuite, où il deviendra alors impossible de trouver les moindres points de convergence avec le bouddhisme, alors que dans cette problématique de l'invisible indicible, ils sont innombrables, même si je ne les ai pas toujours explicitement nommés à chaque fois dans ce que je viens de rappeler.

Jeudi

P. S. Je m'aperçois que j'en aurais presque oublié les médias. Puisque j'ai épuisé mon compte-temps et qu'il va falloir rapidement arrêter la partie, en urgence encore ce rappel,[10] qui nous ramène depuis les grèves passées aux grèves en cours pour probablement de longues semaines et à d'autres à venir. On pourrait lui donner un titre pour l'occasion : « Quand la télé monte, démonte et remonte le temps sans le savoir » :

---

[8] Ibid., 369.

[9] Pfeiffer, op. cit., 111 : 3–4.

[10] Cf. Jean-Pierre Dubost, « Desorientierte Orientierungen, Topographie und Navigation bei Alexander Kluge », in: *Von Sinn(en) und Gefühlen*, Kluge Jahrbuch 2018, 341–342.

«Am Abend des 1. Mai 2018 blendete der französische Nachrichtensen-
der BFM TV im Rahmen seines Berichts über die Demonstrationen des
1. Mai im Lande ,en boucle' – in ständiger Wiederholung – die gleiche
kurze Szene ein: eine Reihe von Demonstranten in Paris skandierten
Parolen, die man weder hören noch aus ihren Lippen ablesen konnte. Sie
hielten, aneinandergereiht, mit beiden Händen ein sehr breites Transparent, auf dem 'NOS SALAIRES, NOS ACQUIS, NOS RETRAITS – UNSERE
GEHÄLTER, UNSERE SOZIALEN ERRUNGENSCHAFTEN, UNSERE RENTEN' zu
lesen war. Die Worte, die sie im Chor skandierten und anscheinend san-
gen, begleiteten sie gemeinsam mit einer etwas unkoordinierten Geste.
Das Transparent, das sie – alt und jung, 'weiße' und 'dunkle' Gesichter,
Frauen und Männer – alle zusammen rauf und runter schüttelten, war so
breit wie die breite Pariser Straße selbst, auf der sie langsam marschier-
ten. Diese ständig wiederholte Sequenz dauerte jeweils nicht mehr als
ein paar Sekunden und kam ständig wieder, während die Journalisten
die Demonstrationen kommentierten, die überall in Frankreich stand-
fanden (über Demonstrationen in anderen Ländern wurde kein Kommentar gegeben) und die aktuelle politische Situation analysierten – die
Uneinigkeit gewerkschaftlicher Strategien, ihre konkurrierenden Positi-
onen, die durch zahlreiche unerwartet aufgetauchten Black Blocks entstandenen Zerstörungen, die die politischen Inhalte der traditionellen
Demonstrationen des Ersten Mai getrübt und die Konfusion der politischen Lage angesichts des unaufhaltsamen Reformwillens der Macron-
Regierung und der daraus entstandenen Spannungen verschärfen könnten. Währenddessen wurde die Stummszene (unhörbare Worte,
sprechende und gleichsam tanzende Hände) als Beilage und stumme
Illustration ihrer Kommentare wiederholt. Die Stummfilmsequenz war
zweifelsohne aussageträchtiger als die Kommentare selbst, sie drängte
sich aufgrund ihrer obsessiven Natur in den Vordergrund, die Kommentare verwandelten sich hingegen zum Hintergrundgeräusch. Die Sprache rieselte, das Bild sprach. Die fröhlich-entschlossenen, enthusiasti-
schen Gesichter der Demonstranten, das zackige, mechanische, fast
puppenartige Spiel ihrer Hände, verselbständigten sich und verloren
durch die Wiederholung keineswegs an Kraft, sondern wurden umgekehrt zunehmend sprechender. Aus dem Detail wurde eine Fabel ohne
Moral, in der sich die ganze Unentschiedenheit – und der Eigensinn –
des Augenblicks verdichtete. Zwischen den politischen Kommentaren

der Journalisten und diesem ungewollten fernen Zitat aus der berühmten Brötchentanz-Szene in Charlie Chaplins *Modern Times* entstand ein Intervall, und somit Platz für eine wortlose Lehre. Als wollte uns damit BFM TV vorführen, wie Alexander Kluge verfährt, um dem Realen seine eigene Einbildungskraft abzugewinnen bzw. zurückzugeben und wie man aus Lücken im Realen die Substanz einer Situation herausgewinnt, um deren Negativ als elementaren Störfaktor der Darstellungsmaschinerie zu verwenden.

Man kann nicht umhin, eine solche Situation mit unzähligen anderen in Verbindung zu setzen, die Kluges Ästhetik auszeichnen – ob im Geschriebenen oder im Filmischen. Unweigerlich drängen sich hier mehrere Beispiele auf. Die Erinnerung flüstert einem sofort einige ein, die man als regelrechte *Topoi* im Werke Kluges bezeichnen könnte: Eine Frau, die einen Koffer trägt, läuft und läuft auf einer Brücke; 'Fünf Maultiere, vom Wasser des Missouri eingeschlossen'; Der blinde Mirko, der seinen Lastwagen mit Hilfe seines Sohnes fährt. Und natürlich auch *Der blinde Regisseur*. Kluge verstreut sie bekanntlich immer wieder in neue Texte, er flicht sie in neue Kontexte ein, er verwendet sie im Medium, mit dem er neuerdings auch noch experimentiert – nämlich der Ausstellung.[11] Und er geht mit diesen *Topoi* um, wie die Literatur seit immer: er bringt sie in immer neue Kontexte ein, um aus ihrem Potential ständig Neues herauszuholen. Daraus entstehen unbedachte und ungesehene *Topographien*. 'Die gleiche Geschichte an anderem Ort, zu anderer Zeit kann zu jedem Moment einen anderen Ausgang nehmen', sagte Kluge in seiner Rede anlässlich der Übergabe des Büchner-Preises 2003. Nur so könne die erstarrte Opposition zwischen Wirklichkeit und Utopie wieder flüssig werden und den Weg für Heterotopien und Heterochronien öffnen. Diese Verlagerung, dieser Umzug der Bilder durch die Zeiten auf der Suche nach neuen Ausgängen, dieses Experimentieren mit Landkarten des Gefühls rettet das Utopische vor der ihm unweigerlich innewohnenden Ortlosigkeit. Es geht weder darum, die Wirklichkeit – die Kluge

---

[11] Siehe z.B. die Wiederverwendung des Bilds «Fünf Maultiere, vom Wasser des Missouri eingeschlossen» als großformatiges Bild in einer der 'Inseln' der Ausstellung «Gärten der Kooperation / Gardens of cooperation», die 2016 im Kunstzentrum La Virreina, Centre de la Imatge in Barcelona und 2017 im Stuttgarter Kunstverein zu sehen war.

als 'so etwas wie einen Kokon von Bildern und günstigen Annahmen', als
'ein Gewebe, das wir zwischen uns und die Masse objektiver Tatsachen
einfügen'[12] bezeichnet – ohne Kompensation auszuleeren, noch darum,
sie gegen die Illusion eines ortslosen Anderswo auszutauschen. Als
DESORIENTIERTE ORIENTIERUNG möchte ich eine solche 'Rettung' durch
Wegräumen bezeichnet, die sich in dieser Spanne zwischen substanzlo-
ser Zukunft und Wirklichkeitsgespinst, auf nomadische Art ansiedelt.»

Ussel d'Allier, janvier 2023

---

[12] Alexander Kluge, «Rede zur Verleihung des Büchnerpreises 2003», https://
www.kluge-alexander.de/zur-person/reden/2003-buechner-preis.html (consulté le 28.02.2023).

Blumenberg und die Folgen.
Für eine Neubegründung der Astronoetik

Bernhard J. Dotzler

Blumenberg und die Folgen – kann hier natürlich nicht folgen. Nicht wirklich. Aber neben seinem schwerlich auf wenigen Seiten abzuhandelnden Vermächtnis der Metaphorologie gibt es auch das der Astronoetik. Vielleicht der charmanteste der Einfälle Blumenbergs, die bislang wenig Folgen hatten, aber Folgen zu haben sehr wohl verdient hätten.

Hans Blumenberg hat sogar eine eigene, internationale Fachzeitschrift für die fragliche Disziplin gegründet, die *Current Topics on Astronoetics*. Oder genauer: Wie die Disziplin selbst hat er auch die Gründung dieser Zeitschrift schlicht erfunden. Bis zu dieser Erfindung war Astronoetik ebenso „vormals inexistente Disziplin", wie sie gleich „hernach wieder in die schöne Inexistenz alles Platonischen sich verflüchtigte", eine denkgeschichtliche Sekunde lang herausgefordert und sogleich dahingehend protegiert, dass sie „niemals ein Lehrbuch oder einen Hörsaal füllen wird" (um stattdessen „Die Vollzähligkeit der Sterne" entstehen zu lassen). Im Augenblick ihres sternschnuppengleichen Aufleuchtens und Verglühens aber war sie gedacht als Grundlagenwissenschaft, als „Forschung durch reines Denken".

Konkret ging es darum, dem Sputnik-Schock beizukommen (oder ja auch: dem Sputnik-Triumph). 1957 als Botschafter der kommunistischen Weltrevolution auf seine Umlaufbahn um die Erde geschickt, führte dieser „erste falsche Komet", dieser „piepende Kunstmond" auch in der damaligen BRD zu dem Verdacht eines eklatanten „Forschungsrückstands", den man, will sagen: die Wissenschaftspolitik alias Deutsche Forschungsgemeinschaft, „mit teuren wie mit billigeren Mitteln aufzuholen entschlossen war". Um die kostspieligen, nur mit aufwendigen Gerätschaften zu bewerkstelligenden Projekte war niemand verlegen. Aber die billigeren? Holen wir auf! Stellen Sie Anträge! Was sollten die damals noch so genannten Geisteswissenschaften hier tun? „Wer mit der Unbedürftigkeit der nackten Hirnfunktion in Verlegenheit kam, mußte eben diese schließlich nutzen, um das Aufholgebaren wenigstens zu simulieren." Diesem Umtrieb gab Blumenberg nach und beantragte Mittel in noch unbestimmter Höhe „zwecks Erforschung der Rückseite des Mondes durch reines Denken". Die Ergebnisse sollten laufend in den besagten *Current Topics on Astronoetics* – die damit zugleich dieses Fachgebiet aus der Taufe hoben – publiziert werden.

Astronoetik ist also wie so manch anderes ein ziviles Nebenprodukt des *Space Race*, der selbstredend ein Wettrüsten war, und jedenfalls, allgemeiner, eine Begleit- und Konkurrenzerscheinung zur Astronautik. Zwar formuliert Blumenberg leicht missverständlich, Astronoetik solle „nicht als Alternative zur ‚Astronautik' so heißen: zu denken statt hinzufahren". Aber das meint wohl nur, dass sie nicht als deren Erübrigung fungieren wolle und solle. Rein mental und nicht physisch das All zu erkunden, darum ist es denn doch zu tun. Bleibe anderen unbenommen, Weltraumraketen und Weltraumschiffe zu bauen und zu nutzen. Für die Astronoetik heißt die Maxime: denken *statt* hinfahren. Insoweit doch Konkurrenz oder Opposition: „‚Astronoetik' tituliert auch das Bedenken selbst, ob und gegebenenfalls welchen Sinn es hätte hinzufahren." Wo Astronautik den Körpertransport ins All, die Ausdehnung des Personen- und Güterverkehrs vom Planetarischen ins Interplanetarische und Interstellare praktiziert und propagiert, analysiert und reflektiert Astronoetik dieses All – die Himmelserscheinungen, die Planetenwelten, den Sternenraum, das Universum und alle menschlichen Ereignishorizonte darin (um einen selber astrophysikalischen Begriff zu bemühen) – als theoretisches Datum, d. h. Gegebenes, als Denkraum, Wissensraum, Nachrichtenwelt.

✳ ✳ ✳

Als Blumenberg seine über die Jahrzehnte seit Sputnik und Gagarin hin entstandenen astronoetischen Glossen endlich zu seinem Vermächtnisbuch zusammenstellte, wie es, schon posthum, 1997 dann erschien, war es um die Raumfahrt auch eher still geworden, und Astronoetik deswegen nicht gleich gefragter als vorher, aber immerhin vielleicht näherliegende Option als astronautische Ambitionen. Inzwischen jedoch, könnte man an Günther Anders anknüpfen, rotieren sie wieder. Anders schrieb seine später veröffentlichten *Tagebuchblätter* im August 1962. Die Wostok hatte bereits Juri A. Gagarin in den Orbit geflogen, kurz darauf die

Mercury Alan B. Shepard. Nun kreisten gerade die Kosmonauten Andrijan G. Nikolajew und Pawel R. Popowitsch gleichzeitig, aber in getrennten, einander begegnenden Kapseln um die Erde, und Anders notierte:

> Die zwei in kürzestem Abstand hintereinander abgeschossenen sowjetischen Ikarusse unterwegs. Damit die Möglichkeit einer ersten Raumstation nähergerückt, damit auch die einer ersten Mondlandung. Wie hinterwäldlerisch die von offenbar auf dem Mond lebenden Pathetikern erhobenen Schreie nach neuen Mythen. Was diese Schreier überhaupt noch wollen. Die Halbgötter oder Heroen oder *supermen*, oder wie immer wir sie nennen wollen, die rotieren ja bereits.

Astronoetik wäre demnach auch so etwas wie Mythenkritik, deren die Gegenwart und absehbare Zukunft der Internetverwirrtheiten nicht wenig nötig hätte. Aber das nur nebenbei. Der für ein Plädoyer für eine Astronoetik-Neubegründung wichtigere Aspekt scheint vorderhand der, dass aktuell die Aktien der Astronautik an der Börse der Aufmerksamkeit und Betriebsamkeit wieder einigermaßen hoch im Kurs stehen (während sich Mythenkritik ja nicht unbedingt von irgendeinem Astro-was-auch-Immer herleiten muss). Nur dass deswegen keineswegs auch die *supermen* wiedergekehrt sind. Betrachtet man den neuen *Space Race* der Bezos, Branson und Musk (Erster, am 11. Juli 2021: Richard Branson), sieht vielmehr alles nach einem beginnenden Zeitalter des Weltraumtourismus aus – als hätte nicht ausgerechnet jene Challenger-Mission STS-51-L des 28. Januar 1986 mit einer Katastrophe geendet, bei der die *Teacher in Space*-Zivilistin Christa McAuliffe ums Leben kam, bevor sie noch ihre Unterrichtseinheit mit dem im Nachhinein makabren Titel *The Ultimate Field Trip* abhalten konnte. Astronoetik könnte sich von daher auch als Einspruch gegen das Vergessen begreifen (so wenig sie dabei vergessen wird, dass Gedächtnis nicht nur ein Glück, sondern durchaus auch ein Fluch ist).

Neben dem privatwirtschaftlichen ist aber auch der nationalstaatliche Wettlauf wieder in vollem Gang. China und Indien sind im Rennen; die NASA macht mit Apollos Zwillingsschwester Artemis von sich reden (und YouTube gucken). Der Mond ist erneut als nächstes Ziel ausgerufen; vehementer denn je zuvor (abgesehen von *Science Fiction*) heißt nun (wie schon in John Le Carrés *Rußlandhaus*) der Mars die „nächste Haltestelle" – und wieder gälte es, einem Vergessen zu begegnen: „War Mars nicht der Gott des Krieges?" Astronoetik, so Blumenbergs Glossen-

Überschrift, sei „Nachdenklichkeit als Bedenklichkeit". Was man auch
umdrehen kann: Bedenklichkeit als Nachdenklichkeit.

„Astronoetik", findet sich ebenda, „besteht nicht aus *Science Fiction*,
wohl aber aus Gedankenexperimenten". Zu solchen kann Anlass sein,
wenn also in der Realität, diesseits von *fantasy*, wieder verstärkt astronautische Umtriebigkeit herrscht. Aber man muss sich nicht von der-
gleichen Konjunkturen abhängig machen. Erfüllt doch der „bestirnte
Himmel über mir", in Kants unübertrefflicher Formulierung, allezeit
„das Gemüt mit immer neuer und zunehmender Bewunderung und
Ehrfurcht, je öfter und anhaltender sich das Nachdenken damit beschäftigt". Bei Kant folgt dem, dass es um „das moralische Gesetz in mir" ganz
ebenso bestellt sei. Während das Nachdenken über das „in zahllosen
Sonnensystemen flimmernd ausgegossene Weltall" seit Nietzsche eher
zu Nihilismus führt. Unschwer lässt sich eine Herleitung des Nihilismus
aus dem Versprechen eines Aufbruchs der Menschheit ins All vorhersa-
gen – und das ganz ohne Astrologie, rein aus dem astronoetischen
Bedenken der Astronautik und ihrer Bemühungen um Legitimität.

∗ ∗ ∗

Jedenfalls, auch ohne hinzufahren, gibt es am Sternenhimmel genug zu
betrachten. Dieser Tage erst wurde einer der Balzan-Preise 2023 für
*Hochauflösende Bilder von planetarischen Körpern bis zu kosmischen
Objekten* ausgelobt. Und wie der Name dieses nach Eugenio Francesco
Balzan benannten Preises schon verrät (Balzan war Journalist und Verle-
ger), leiten die Sterne den Blick nicht nur zum Himmel, sondern auch in
den Kosmos der Mythologie und in die nach Gutenberg benannte Gala-
xis. Wie Hertha von Dechend und Giorgio de Santillana gezeigt haben,
kann man die Astronomie, bevor sie zum Paradigma exakter Wissenschaft wurde, als „die Hauptgrundlage des Mythos" identifizieren.
Namentlich die isländische Amlodhi-Sage und näherhin die rätselhafte
Mühle des Hamlet lassen sich als „Fragmente eines verlorenen Ganzen"
entziffern, das einst „die Einheit des Universums" absteckte „und die des
menschlichen Geistes, der sich bis an die äußersten Grenzen dieses Universums herantastete". Und wie unlängst erst Jana Mangold entdeckt hat,
obwohl es seit dem ersten Erscheinen der *Gutenberg Galaxy* vor aller
Augen lag, trägt diese ihren Titel allein schon deshalb zurecht, weil es
sich (in der Originalausgabe) um ein wundersam mit Sternen übersätes

Buch handelt. Jeder Abschnitt der verschriftlichten *Tricksterrede* McLuhans „beginnt mit dem Annotationszeichen des ‚Sternchens' (gr. asteriskos)". Der gerade nicht durchgehend fließende, sondern immer wieder unterbrochene und neu einsetzende Text folgt also „einem oder vielen Sternen", welche wiederum den „typographisch aus dem Text herausgehobenen Merksätzen" folgen, die „weit auseinanderliegende Teile des Buchs und dabei auch verschiedene Wissensgebiete" verbinden. Auf diese Weise markieren die Asteriske ihrerseits typographisch, was McLuhan aphoristisch über *The Making of Typographic Man* auf den Punkt bringen will. „/Typography cracked the voices of Silence/ * ... Let us briefly return to the space question..."

Als Standardsymbol der Annotation zeigt sich mit den Asterisken außerdem das Verfahren der Glossierung an, nur dass *The Gutenberg Galaxy* dieses eben nicht im Seiten- oder Fußnotenbereich betreibt, sondern zum Haupttext macht. Diese Asteriske, mit anderen Worten, führen tief in die Zeiten und Räume der Schrift und der Schriftgelehrsamkeit, und so, wenn sie denn solchen Sternen ihre Beachtung schenkt, auch die Astronoetik. Man könnte auch umgekehrt sagen: Wie sich der Astronoetik noch die Wissensräume der Schrift- und der Bücherwelt öffnen, täten deren Wissenschaften vielleicht gut daran, zumindest partiell astronoetisch zu werden. Und man kann womöglich verallgemeinern: Wenn Astronoetik die Beobachtung des Sternenhimmels als Informationsraum ist, lehrt sie zugleich die Beobachtung von Informationsräumen als Sternenhimmel.

⁎ ⁎ ⁎

Read more

⁎ Günther Anders, *Der Blick vom Mond*, München: Beck, 1970.

⁎ Hans Blumenberg, *Die Vollzähligkeit der Sterne*, Frankfurt/M.: Suhrkamp, 1997.

⁎ Bernhard J. Dotzler, „Orientierungssinnlosigkeit", in: *Merkur* 856, 2020.

⁎ Bernhard J. Dotzler, „(K)eine Mondreise, oder: Astronoetik nach Kepler", in: *Merkur* 871, 2021.

⁎ Jana Mangold, *McLuhans Tricksterrede*, Berlin: de Gruyter, 2018.

⁎ Giorgio de Santillana & Hertha von Dechend, *Die Mühle des Hamlet*, Wien, New York: Kammerer & Unverzagt, 1993.

Brachland und Raumordnung. Jean Rolin, *Le pont de Bezons* und *La traversée de Bondoufle*[1]

Kai Nonnenmacher

Ein stadtplanerisches Projekt großen Ausmaßes zur Neuordnung der französischen Hauptstadt wurde mit dem Beginn 2008 *Grand Paris* getauft; das Ziel ist, den Ballungsraum mit mehr als zehn Millionen Einwohnern neu zu strukturieren, nicht nur Wirtschafts- und Verwaltungsordnung, Wohnraum und Nahverkehr neu zu regulieren, sondern auch Nachhaltigkeit zu sichern und die Ungleichheiten der Lebensbedingungen zu korrigieren. Dies hat auch seinen Niederschlag in der Literatur gefunden. Während aber Aurélien Bellanger lange, journalistisch anmutende (z. B. politische, technische, soziologische, städteplanerische) Exkurse in seinen Roman *Le Grand Paris* integriert, ist Jean Rolins *La traversée de Bondoufle* eine aufmerksame Begehung, eine subjektive Erkundung, mit Bestandteilen dessen, was Dominique Viart „littérature de terrain" nennt. Darunter fallen für ihn u. a. territoriale Texte, also Literatur, die im Raum verankert ist und die er geografisch oder städtebaulich vermisst oder historisch untersucht.[2]

Nicht nur die Reise als solche, auch die historische Betrachtung erschließt Differenzen unscharfer Räume zwischen Stadt und Land: In *Le pont de Bezons* führt ein Rundgang am Ufer der Seine den Erzähler zum Fabrikgelände der Flugzeugmotorenfirma Gnome, später der Firma Safran, auf dem zuvor das Atelier des Malers und Schiffsarchitekten

---

[1] Jean Rolin, *Le pont de Bezons*, Paris: P.O.L., 2020, 187; im Folgenden zitiert als PB. Jean Rolin, *La traversée de Bondoufle*, Paris: P.O.L., 2022; im Folgenden zitiert als TB.

[2] Vgl. dazu Alison James & Dominique Viart (Hrsg.), *Littératures de terrain*, in: *Revue critique de Fixxion française contemporaine*, 18, 2019.

Gustave Caillebotte stand. Eine Hochburg des Impressionismus wird damit zum Industriegebiet umgewandelt (PB, 19). Die Bildmotive Caillebottes sind verschwunden, nur ein Maler von der Relevanz eines Monet hätte, so Rolin, den Erhalt des ursprünglichen Gebäudes wegen der Gemäldedarstellungen gerechtfertigt. Rolin referiert hier seine Recherchen in Museen mit impressionistischen Ansichten. Anhand einer Tafel für Touristen werden uns auch weitere, teils anekdotische Umstände dieses Raumwandels erläutert, so die Tatsache, dass zwei Bären als Geschenk des Zaren Nikolaus II. im Jahr 1912 hinter dem Fabrikzaun im Käfig lebten. Analoges ist in einem Beispiel aus *La traversée de Bondoufle* zu beobachten, wo Rolin u. a. Brou-sur-Chantereine zwischen einem Gemeindewald, Reitzentrum, Landwirtschaft und Wohngebieten erkundet. Den beschrittenen Weg fasst er als zwischen einer ländlichen Vergangenheit und einer kommerziellen und vorstädtischen Zukunft schwankend auf:

> Après avoir traversé la D 34, franchi le ru, longé le bois Raffeteau, je me suis retrouvé sur un chemin dont le destin balançait encore entre un passé rural et un avenir commercial et périurbain, dilemme qu'illustrait la proximité d'un petit écriteau signalant une „vente à la ferme [de] volailles, œufs, légumes", et d'un panneau publicitaire de taille standard claironnant qu'„ici on dynamise l'économie locale avec l'agrandissement de la zone d'activité de la Régale, accueil de 23 PME, création de 250 emplois" (TB, 169).

Das inzwischen abgerissene Versuchsgelände Fort de Vaujours war ein Ort von Experimenten unter anderem mit angereichertem Uran zwischen dem Zweiten Weltkrieg und den 80er Jahren, dann zum Gipssteinbruch transformiert; die Einwohner der Nachbargemeinden aber weisen seither erhöhte Krebsraten auf, die Körper tragen gewissermaßen die Erinnerung an die vergangene Raumordnung.

Die Durchgängigkeit topographischer Fragen ist schon an Rolins Buchtiteln ersichtlich. Mit *Le pont de Bezons* unternimmt Rolin um die eigentlich unscheinbare heimische Brücke herum zufällige Untersuchungsgänge in die Pariser Stadtkulisse, zwischen 2018 und 2019, über verschiedene Jahreszeiten hinweg. Ähnlich seinem Buch *Chemins d'eau* von 1980 über die französischen Treidelpfade und Kanäle wandelt er an den Ufern der Seine zwischen Melun und Mantes, mit ihren Industriebrachen, Schnellrestaurants, mit kontingenten Begegnungen und teilweise ironisch-melancholischen Reflexionen. Eine Rückkehr von der Odyssee (und damit den ferneren Räumen vergangener Bücher) wurde mit Rolins Du Bellay-Verweis angedeutet: „Heureux celui qui a vu le jour se lever sur le pont de Bezons."

Der Autor strebt keine vergleichbaren Analysen wie Bellanger an, der Blick etwa für Verarmung und ethnische Zusammensetzung bleibt beobachtend, das Politische streift die Erzählung indirekt, wie die Gelbwesten, die afrikanischen Priester, das Lager der Roma. Hier bestehe alles aus Ufern und Flussböschungen, Wegen, Brücken, Pfaden, Kanälen, Ober- und Unterläufen, Senken, Kähnen, Kraftwerken oder Fabriken, Tankstellen, Eisenbahnlinien, Brachland, Inseln, Masten, Schrebergärten, Schildern von Billigrestaurants, Zäunen, seltenen Heideflächen, Pappeln, wiederbelebten Platanen und Getreidesilos, so Thierry Clermont in seiner Rezension für *Le Figaro*.[3] Ins Banale reicht freilich das Wunderbare hinüber. Olivier Mony sieht in der ungeordneten, aber nicht ziellosen, aufmerksamen Wanderung gar den besten Teil von Rolins Werk, mit einer besonderen Poesie der Orte, denen es an Poesie zu fehlen scheint.[4]

Als der Erzähler zum ersten Mal die Brücke von Bezons in ihrer Ganzheit zeigt (PB, 24f.), geschieht dies dynamisiert in der Perspektive des Spazierenden, sie wird zugleich problematisiert und konkretisiert, mit Datum, aber auch veruneindeutigt mit möglicher Blendung durch den Sonnenuntergang. Filmisches Schreiben fast, wenn hierdurch die Straßenbahnscheiben glühen und in der Verkehrsdichte zugleich die hohe Relevanz der Brücke zu beweisen scheinen. Die gastronomische Infrastruktur wird als Beweis angeführt: Mit Nennung der Ketten, mit Sonderangebotsplakaten wird hier im Kleinen die Systemgastronomie des realen Frankreichs mit ihrem Tankstellen-Fastfood möglichen Selbstbildern der französischen Küche entgegengehalten.

Dass das andere Ufer als „nüchterner" bezeichnet wird, kann nur ironisch sein, Endhaltestellen definieren die Gegend als „Niemandsland" vor der Glasfassade eines Bürogebäudes. Steigernd aufgebaut nun die Episode, in der der Erzähler bei McDonald's essen möchte; der dürre Verkünder der Tatsache, dass McDo „fini" sei, kann wie in einer Szene

---

[3] Thierry Clermont, „Le pont de Bezons, de Jean Rolin: dans les coulisses de la Seine", in: *Le Figaro*, 14. Oktober 2020.

[4] Vgl. Olivier Mony, „,Le Pont de Bezons' de Jean Rolin, une humanité en bord de Seine", in: *Sud Ouest*, 13. November 2020.

aus Aragons oder Bretons Paris hier kurz als wahrer Prophet erscheinen. Die Filiale wird geschlossen, das Waschbecken steht vor dem Überlaufen, aber das Personal versichert dennoch eilfertig, der Mangel werde umgehend behoben. Hier ist ganz beiläufig ein verdichtetes Bild des gegenwärtigen Frankreichs gegeben, seiner Brachflächen, kapitalistischen Ordnungen, sozialen Typen und kulturellen Diskurse.

Das folgende Buch von 2022, *La traversée de Bondoufle*, folgt wiederum einer raumerkundenden Logik. Im Interview erklärt Rolin das neue Projekt im Kontext von *Le pont de Bezons*: Die Wahrnehmung einer Differenz von Stadt und Land wolle er systematischer untersuchen, eine Grenzerkundung, eine Umrundung der Stadt an ihren Übergängen.[5] Die Sprachwissenschaft war mit der Prototypensemantik von der Zuordnung klarer distinkter Merkmale abgerückt und interessiert sich für semantische Unschärfe, indem sie die Ränder eines Konzepts kognitiv untersucht – Grenzfälle etwa zwischen Baum und Strauch, Strauch und Blume –, indem Merkmalsbündel eine „fuzzy" Logik bilden, Familienähnlichkeiten, die sich überlappen, aber nicht rein distinkt sind. Dies mag auch für die Unterscheidung von Stadt und Land gelten, wie sie *La traversée de Bondoufle* angeht:

> Du moment où j'ai découvert la campagne à la périphérie d'Aulnay-sous-Bois, même sous l'aspect peu engageant d'un champ de maïs desséché et d'un chemin sans issue, l'idée m'est venue de suivre tout autour de Paris sa limite, ou du moins la ligne incertaine, émiettée, soumise à de continuelles variations, de part et d'autre de laquelle la ville et la campagne, ou les succédanés de l'une et de l'autre, se confrontent (TB, 14).

Die Stadt ist ja ursprünglich klar von ihrer Umgebung geschieden, durch Verteidigungsmauern, Tore, die allabendlich geschlossen wurden. Ihnen stehen, im Gegensatz etwa zum Dorf, eigene rechtliche Verhältnisse zu, wie in Regensburg beispielsweise die Steinerne Brücke als Grenze, die eine Freie Reichsstadt klar von Bayern trennte. Diese Grenzen waren auch bei Rolin immer wieder umkämpft, Samoyaults Besprechung nennt sie „Demarkationslinien" und weist auf die historischen Schichten dieser Kämpfe hin:

---

[5] Rolin in Jean-Baptiste Duchenne, „Jean Rolin, écrivain baladeur: J'ai toujours été fasciné par la ligne D du RER", in: *Télérama*, 3. November 2022.

La ligne de démarcation entre la ville et la campagne n'est pas aussi claire que celle qui séparait pendant la guerre la zone libre de la zone occupée. Elle est variable, incertaine, émiettée. Elle ressemble pourtant parfois à un terrain en guerre : avec le souvenir des défenses d'autrefois, les forts de deuxième ceinture et les déchets qui obstruent certains chemins agricoles, barrières de béton, fosses destinées à décourager les squatteurs.[6]

Die Stadt wird in Gemeindereformen unschärfer, sie wuchert ins Umland, sie bildet Vorstädte (*banlieues*, wörtlich „Bannmeilen", die nicht zwangsläufig identisch mit sozialen Problemzonen sein müssen) durch Prozesse der Industrialisierung und Urbanisierung, in Megastädten ungeordnete Slumbildungen etc., über die Vorstädte hinaus bilden sich Metropolregionen, periurbane bzw. suburbane Gürtel. Gorkes Lektüre von *La traversée de Bondoufle*[7] fasste die erkundeten Szenerien der Stadtränder bei Rolin so zusammen: Autobahnen, Landstraßen, Hohlwege, Maisfelder, wilde Mülldeponien, verlassene Militäranlagen, eingeschlossene landwirtschaftliche Gebiete, verstreute Siedlungen; außerdem eine erstaunliche Vielfalt an Tieren auf dem Land: Kanadagänse, Singdrosseln, Graureiher, Silberreiher, Blässhühner, Kühe, Truthähne, Esel, Schafe usw. Auch im Falle dieses Buchs kehrt der Autor mehrfach an die Orte zurück, um zu verschiedenen Zeiten seine Beobachtungen zu überprüfen oder zu ergänzen. Der plötzliche Blick aus dem Zug auf Felder ist für den urbanen Reisenden eine besondere sensorische, visuelle Erfahrung, die nicht stabil ist, aber umso aufmerksamer. Die Grenzziehungen von Stadt und Land bleiben immer in möglicher Bewegung:

En rejoignant à la périphérie d'Aulnay le champ qui avait été à l'origine de mon projet, dès le 24 avril j'avais parachevé celui-ci. Au demeurant, ne serait-ce que pour me convaincre que c'était bien la limite entre la ville et la campagne que je venais d'explorer, ou pour vérifier qu'entre-temps on ne l'avait pas déplacée, sinon abolie, ou encore pour surveiller la croissance de la végétation ou le mûrissement des récoltes, dans les semaines ou les mois qui suivirent je suis repassé, souvent à plusieurs reprises, par la plupart des lieux qui avaient jalonné mon parcours (TB, 193).

Les Passagers du Roissy-Express von François Maspero (1990) hatte in ähnlicher Weise, seinerseits verbunden mit fotografischen Eindrücken,

---

[6] Tiphaine Samoyault, „*La Traversée de Bondoufle*, de Jean Rolin", in: *Le Monde*, 25. August 2022.

[7] Maxim Gorke, „Rolin: dans les plis du Grand Paris", in: *Zone critique*, 29. September 2022.

die Bahnhöfe der RER B literarisch erkundet. Man kann mit Jacques Dubois[8] bei *La traversée de Bondoufle* von einer „Region des Dazwischen" sprechen, deren Haupttendenz „Anarchie und Unordnung" ist; die bereisten Orte mögen auf Karten verzeichnet sein, aber in der Regel sind sie dem Leser unbekannt. Samoyault zählt sie auf: „chemin des Gots, voie des Prés, Frépillon, Bessancourt, chemin de la Haute-Vacherie, sentier des Tournants-Petits-Choux, chemin des Glaises, Moisselles". Es geht dabei in gleichem Maße um Nicht-Orte zwischen den Konzepten wie auch um die Inszenierung des Wanderers, wie Samoyault betont. Die Literaturkritik war sorgfältig, aber erkennbar auch ratloser bei diesem Folgebuch nach *Le pont de Bezons*; die Selbstbilder der Pariser Stadtbewohner werden hier aufgelöst. Aber wir sind auch nicht in einer Form ruraler Landschaftsmeditation à la Thoreau, denn die nahen Landstraßen übertönen den Vogelgesang, Kleinflugzeuge starten unüberhörbar, auch wenn die Pandemie die Einsamkeit dieser Ausflüge spürbar verstärkt hat (es geht hier um den Zeitraum von Herbst 2020 bis Sommer 2021).

Maxime Gorkes Besprechung des Buchs zog eine Parallele von den Paris-Fotografien eines Eugène Atget, die ein für immer vergangenes Paris verewigten, zu den Landschaften, Geschichten und Begegnungen, die künftige Generationen bei Rolin entdecken können, da das im Bau befindliche Netz des Grand Paris Express diese Bereiche wohl verschlingen werde. Nach Gorke richtet sich die Aufmerksamkeit des Erzählers Rolin häufig auf die unentschlossenen Räume der vernachlässigten Gebiete, auf die unbestimmten Ränder mit porösen, oft schlecht definierten Grenzen.

Der Hausverlag von Jean Rolin fügt seiner Zusammenfassung des Buchs eine Notiz an, in der der Autor als „unerbittlicher Beobachter des Verfalls dieser Welt" bezeichnet wird, der das kleinste unpassende Detail als Eingeständnis unserer Verlassenheit deutet. Und wirklich ist es so, dass dies Zwischenreich auch den Menschen in eine diskrete, fast verborgene Position bringt, irgendwo zwischen Agrikultur und Wohnsiedlung, die wenigen richtigen Begegnungen wirken fremd, so wenn an einem Imbissstand die Stammkunden abweisend reagieren (TB, 143): Die Aufzeichnungen im Notizblock werden als unhöfliche und mögliche Kontrolluntersuchung gedeutet. In der verschworenen proletarischen

---

8   Jacques Dubois, „Jean Rolin: le degré zéro de la fiction", in: *Diacritik*, 17. Oktober 2022.

Geselligkeit der Gruppe wirkt der Autor wie ein Eindringling. Pointiert ließe sich diese Szene auch literatursoziologisch bzw. politisch lesen als die Wirklichkeiten, die nicht zur Darstellung kommen; es erinnert auch an die Zeit der1968er Schriftsteller, die in die Fabriken gingen und Arbeiterliteratur schreiben wollten, aber es letztlich nicht schafften, die Distanz zwischen Bildungsmilieu und Arbeiterschicht aufzuheben. Selbst Rolins kurz darauf folgende Anspielung auf den verdächtigten Hippolytos und seine Reise im Phädra-Stoff unterstreicht dies.

Altstandort, Brachfläche, Brachland, Flächenrecycling, Freifläche, Heterotopie, Nicht-Ort, Niemandsland, Refugium, Sozialbrache, Unland, Ödland, diese Synonyme führt ein Forschungsprojekt von Wolfram Nitsch auf: Das „terrain vague", die „verlassenen, verwahrlosten, verwilderten, oft vergessenen Räume"[9] also, ist im besonderen Fokus der Erkundungen; das Brachland wird aber durchaus gestaltet und umkämpft, zwischen öffentlicher Verwaltung und Hausbesetzern etwa:

> À l'origine de ce que l'on découvre de ce côté-là, il y a sans doute un *terrain vague* dont la puissance publique a remodelé le sol afin de le rendre impraticable aux squatteurs. Ce type de paysage, où la terre paraît avoir été retournée et soulevée en vagues par le soc d'une charrue titanesque, se retrouve en effet dans toute la région parisienne, et sans doute bien au-delà (TB, 32).

Ein Effekt dieser ungenutzten Räume – so auf dem Weg des Erzählers Richtung Sarcelles, mit Zuglärm, Graffiti und Partyabfällen – ist, dass sich Besucher wie Eindringlinge fühlen, die fehl am Platz sind:

> Depuis la rue Noyer des Belles Filles, à Garges, en limite du quartier dit de la Dame Blanche Nord, m'étant auparavant efforcé sans succès de traverser la prairie aux vaches pour rejoindre la ferme à laquelle ce bétail est attaché, j'emprunte dans la direction de Sarcelles un chemin qui bientôt s'élargit aux dimensions d'un *terrain vague*, avant de franchir divers obstacles anti-véhicules, talus ou blocs de pierre, puis de s'étrécir à nouveau pour passer sous les voies de chemin de fer. À ce niveau, dans le fracas intermittent du RER ou du TGV, le sol est inégal, souillé d'emballages de boissons ou d'autres déchets festifs, et les parois du tunnel, inévitablement, sont couvertes de graffs aux proportions magdaléniennes. Tout cela invitant le visiteur, ou l'intrus, à se demander s'il est vraiment à sa place (TB, 33).

---

[9] Aus der Darstellung des DFG-Projekts „Ästhetik und Poetik urbaner Zwischenräume in der französischen Moderne" von Wolfram Nitsch u. a., www.terrain-vague.de; vgl. Wolfram Nitsch, „Terrain vague: zur Poetik des städtischen Zwischenraums in der französischen Moderne", in: *Comparatio*, 5, 2013, 1–18.

Genauer betrachtet, liegt dieses Brachland selten wirklich brach. Rolin imaginiert diese Orte aus verschiedenen Perspektiven und fühlt sich an seine Begegnung mit einem Roma-Lager erinnert bzw. beschreibt die Vogelperspektive auf diesen mit Schwermetallen unkultivierbar gemachten Bereich mit kleineren, verschanzten Gebäuden als Rückzugsort für Überlebende einer Klimakatastrophe:

> Et c'est de là aussi que se voit pour la première fois le château d'eau dominant le site de PSA, ou de Stellantis puisque c'est désormais le nom de cette marque d'automobiles. Bien qu'il soit situé sur la rive opposée de la Seine, il semble s'élever de la plaine nappée de brume qui s'étend à l'intérieur d'un méandre entre Chanteloup-les-Vignes et Carrières-sous-Poissy. De même que la plaine de Pierrelaye-Bessancourt, où est établi ce camp rom dans lequel je me suis retrouvé par hasard, celle-ci a reçu pendant plus d'un siècle les boues de la capitale, de telle sorte que la terre y est désormais gorgée de plomb ou d'autres métaux lourds, et en principe impropre à tout usage agricole. Vue de haut, et en cette saison, elle apparaît comme un immense *terrain vague* parsemé de petits groupes de cabanes et de jardinets retranchés derrière des palissades, tels des hameaux dans lesquels survivraient des rescapés d'une catastrophe climatique (TB, 84).

Rolin semiotisiert das Brachland als Resultat kultureller Prozesse, es wird etwa eine zu verteidigende Zone von Aktivisten, zwischen Ruinen und der bevorstehenden Urbanisierung des Projekts Grand Paris. Die eine Konfliktpartei preist den Boden als besonders fruchtbar für Landwirtschaft, die Verwaltung dagegen lässt den Raum als von Mülldeponie und Flugverkehr verschmutzt erscheinen:

> Le dimanche 7 février 2021, „par un froid glacial", comme la presse ne manquera pas de le souligner, quelques dizaines de militants ont établi à Gonesse une nouvelle ZAD, ou „zone à défendre", en plantant leurs tentes sur un *terrain vague* enclavé entre la D 317, la carcasse évidée d'un hôtel de bas de gamme en cours de démolition, la ferme de la Patte d'Oie et le chemin dit „de la Justice". De l'autre côté de celui-ci s'étendent sur quelques centaines d'hectares des terres agricoles, au milieu desquelles doit être implantée une gare du Grand Paris Express dont les occupants de la ZAD ne doutent pas qu'elle entraînera l'urbanisation accélérée de tout ce secteur. (À la crainte de voir disparaître des terres agricoles présentées par les adversaires de la gare comme d'une remarquable fertilité, la mairie de Gonesse objecte qu'elles recouvrent d'anciennes décharges et qu'elles sont polluées par les miasmes du trafic aérien) (TB, 97).

Nicht nur in den Begehungen der Ränder in *La traversée de Bondoufle*, auch in der urbanen Szenerie von *Le pont de Bezons* finden sich Erkundungen von Brachland, etwa als von Vegetation zurückerobertes ehemaliges Fabrikgelände, auf dem die Wespen, Karpfen und Schwäne für einen Fortbestand der Fauna im Urbanen stehen, wenn der Wanderer seinen Proviant essen möchte (PB, 46).

Frappierend ist im Übrigen, wie die dystopische Raumerkundung in Rolins *Les Événements* (2014) nach der Lektüre von *Le pont de Bezons* und *La traversée de Bondoufle* die hier diskutierten Topographien postapokalyptisch einfärbt, mit geplünderten Verkaufsgebäuden und von der Natur zurückeroberten Parkplatzflächen. Das *terrain vague* eines beschlagnahmten Geländes deutet auf die Rolle von Logistik und Infrastruktur in der militärischen Umnutzung, während der nahe Wald wie eine Bedrohung wirkt, die Zivilisation Frankreichs und ihre Raumordnung wieder vollständig zu verschlingen:

> Il semble aussi que dès le début des événements, l'Armurerie du Chasseur solognot, à l'angle de la rue du Marché, ait été mise à sac, si peu propice à un usage militaire que fût le matériel dont elle disposait. Quant à la forêt, elle est si présente à Salbris qu'on l'aperçoit déjà depuis les locaux de Pôle-Emploi, en face de l'hôtel de ville, c'est-à-dire bien avant d'atteindre le Carrefour Market, ou le bâtiment également vaste, mais sensiblement plus hideux, qui abrite l'entreprise Les Belles Portes de France, meubles Aubrun. Plus loin, les locaux de l'entreprise Painsol, spécialisée dans la fabrication de pain d'épices, étaient désaffectés depuis longtemps, et le revêtement cimenté du parking déjà fissuré par la croissance d'une végétation de *terrain vague*, lorsque Brennecke a réquisitionné l'ensemble pour y stationner ce qu'il désigne abusivement comme une „unité de soutien logistique", et qui se compose en fait de plusieurs véhicules blindés de transport de troupes, armés pour certains d'une mitrailleuse de 12,7 ou d'un canon de 20. Curieusement, ces véhicules ne lui ont pas été retirés, pas plus qu'ils n'ont été désarmés, à l'occasion des différentes inspections conduites par des officiers néerlandais de la FINUF. De temps à autre, il les fait manœuvrer autour du rond-point qui dans cette direction marque la limite de la ville, et au-delà duquel la départementale 2020 file droit vers Vierzon, sa chaussée surélevée bordée des deux côtés par un large talus doublé d'un fossé inondé, comme pour tenir à distance la forêt qui sans cela ne tarderait pas à l'engloutir.[10]

Jean Rolins Projekt, eine andere Topographie der Lebensräume zu erschreiben – ob im fern-postexotischen oder im scheinbar heimischen Kontext um die Pariser Brücke von Bezons und an den Grenzen von Stadt und Umland – macht auch in den beiden jüngsten Vorhaben vernachlässigte, übersehene Bereiche sichtbar. Die unbestimmten Ränder einer alltäglichen, peripheren Lebenswirklichkeit relativieren auch die Zentren. In den Außenbereichen der ‚gewohnten' Realität tun sich neue

---

[10] Jean Rolin, *Les événements*, Paris: P.O.L., 2014, 47.

Wirklichkeiten auf, die vom Erzähler eine subjektive, ästhetische, historische usw. Aufmerksamkeit erhalten:

> Ce qui invitait à le visiter, ce *terrain vague*, c'était le grillage que l'on avait tendu en travers de la brèche permettant d'y accéder, et que de précédents visiteurs s'étaient chargés d'aplatir (PB, 187).

Taba-Taba oder
Patrick Devilles Suche nach der verlorenen Zeit

Marina Ortrud M. Hertrampf

> Les plus anciens souvenirs sont
> chimiquement les plus stables.
> Concrétions de protéines au fond
> de l'hippocampe. Dès que je fermais
> les yeux, une gymnastique associait
> un son à une couleur ou une odeur
> et je visitais le Lazaret.[1]

Von der Fiktion zur Faktion, von der Autobiofiktion zur Autobiographie?!

Patrick Deville zählt heute zu den großen Gegenwartsautoren Frankreichs. 2021 zeichnete die Académie française ihn mit dem Grand Prix de Littérature für sein Gesamtwerk aus. Dass sein Renommee Frankreichs Grenzen längst überschritten hat, lässt sich u. a. daran ablesen, dass seine Romane bislang in über vierzehn Sprachen übersetzt worden sind. Nachdem Deville seine literarische Karriere mit fünf bei Minuit verlegten Romanen des sogenannten literarischen Minimalismus begonnen hatte, erfolgte sein durchschlagender Erfolg erst mit seinem Verlagswechsel zu Seuil, der auch eine gewisse Veränderung seiner Schreibweise darstellt. Dabei handelt es sich jedoch nicht um eine poetologisch-ästhetische Wende im Sinne einer Abkehr vom bisherigen Schaffen, wie sie etwa bei Robbe-Grillet in *Le miroir qui revient* zu beobachten war. Auch wenn in rein quantitativer Hinsicht ein Abschied vom minimalistischen Schreiben hin zu einem ausholenden Erzählen zu beobachten ist, so haben wir es in erster Linie mit einer Rejustierung der thematischen Fokussierung zu tun.

---

[1] Dany Laferrière, „Un dimanche en province", in: *Je suis un écrivain japonais*, Paris: Grasset & Fasquelle, 2008, 68.

Gegenstand seiner folgenden Romane sind historio-, bio- und geographische Fakten, die jedoch stets mit fiktionalen Elementen verknüpft werden, so dass Faktion und Fiktion, Geschichte und Geschichten, (Auto-)Biographie und (Auto-)Biofiktion zu einem Hybrid von autofiktionalem Reise- und biofiktionalem Abenteuerroman verschmelzen. Durch die Fiktionalisierung der Reise- und Recherchetätigkeiten des Ich-Erzählers sowie der metaliterarischen Inszenierung des Schreibprozesses als quasi detektivische Spurensuche werden die unzähligen Geschichten und Anekdoten der (individuellen und kollektiven) Vergangenheit mit gegenwärtigen Ereignissen und Erlebnissen des Ich-Erzählers sowie der Gegenwartsgeschichte verwoben. Devilles aktuelle, an der externen Wirklichkeit ausgerichtete Hybridform eines zwischen individuell- und kollektivbiographisch oszillierenden, dokufiktionalen Schreibens ist damit der Strömung aktueller Gegenwartsliteratur zuzurechnen, die zwischen *exofiction* und Autofiktion anzusiedeln ist.

Arbeitete Deville seit *Pura Vida. Vie & Mort de William Walker* (2004) mit unterschiedlichen authentizitätsstärkenden Verfahren, so war der fiktionale Anteil seiner *romans sans fiction* doch vergleichsweise stark, was nicht zuletzt an der nicht vollständigen Glaubwürdigkeit der zuweilen unzuverlässigen Erzählinstanz lag. Auch wenn es sich in den Seuil-Romanen stets um denselben Ich-Erzähler handelt, so ist dieser doch nicht uneingeschränkt mit dem Autor Patrick Deville gleichzusetzen. Anders in *Taba-Taba*, hier geht es explizit um den im Dezember 1957 in Paimbœuf bei Saint-Brevin-les-Pins geborenen Patrick Deville und die Geschichte seiner Familie seit dem Jahr 1860. Und doch handelt es sich um keine Autobiographie im klassischen Sinne. Auch wenn Deville hier ungleich mehr über sich selbst und seine Erinnerungen schreibt, ist die Vermittlungsinstanz nicht rein autodiegetisch. Zwar erzählt Deville von seinen Erinnerungen an seine von einer Gehbehinderung geprägte Kindheit inmitten der Insassen des von seinem Vater verwalteten psychiatrischen Krankenhauses Lazaret de Mindin ebenso wie von seiner erneuten Becken- und Hüft-OP gut fünfzig Jahre später und seiner intensiven Recherche- und Schreibarbeit rund um den Globus. Doch zugleich tritt er als ein heterodiegetischer Erzähler auf, der die Geschichte (s)einer Familie und damit eines Teils der Geschichte Frankreichs präsentiert.

Deville stützt sich bei der Rekonstruktion der Vergangenheit auf Photographien sowie zahlreiche historische Dokumente und *témoignages*, die als photographische Ekphrasis bzw. als transkribierte Binnentexte integriert werden; dabei muss er jedoch die zahlreichen Lücken narrativ füllen: „Les traces sont préférables, papiers, courriers, factures, irréfutables, quand le récit du souvenir est souvent trompeur. Demeureraient beaucoup d'incertitudes sur ces détails, où se glissaient l'enquête et l'imagination" (TT, 265–266). Überall an diesen Stellen begegnet man dem „dieu marionnettiste" (TT, 240), der alle Fäden der Geschichte(n) in der Hand hat und die dokumentarischen Leerstellen durch sein intensives Hineinversetzen in die vergangenen Zeiten und in (vermeintlich) hypermnestischen Träumen bzw. imaginativ in den für Deville charakteristischen Gedankenspielen schließt. Und dann ist da noch der Titel des Romans, der die Glaubwürdigkeit des Erzählers und den Authentizitätsgrad des Romanganzen durchaus in Frage stellen kann – zumindest ein wenig.

Taba-Taba: Person oder Gerücht?

Gleich zu Beginn des Romans führt der Ich-Erzähler Taba-Taba, einen der Insassen des Lazaret de Mindin, ein:

> L'un d'eux surtout, un solitaire ténébreux connu sous le seul nom de Taba-Taba, pouvait attendre, si le temps le permettait, plusieurs heures assis sur les marches de la porte monumentale, balançant lentement le torse d'avant en arrière devant les eaux grises et vertes, et psalmodiant Taba-Taba-Taba / Taba-Taba-Taba, avec une coupure parfaite au milieu de l'alexandrin, le torse atteignant sa position basse à la fin du premier hémistiche, se relevant en prononçant le second sans même paraître en panne de clopes. … Mais Taba-Taba semblait invoquer autre chose, de plus grand et de plus mystérieux, confusément mais obstinément, les cheveux au vent, assis sur les marches de la porte monumentale. Dressant sa belle gueule de poète ou de prophète déjanté au-dessus du fleuve (TT, 11).

Wie aber erklärt sich der ungewöhnliche Name? Und wer verbirgt sich dahinter? Von Anfang an wird klar, dass es sich um eine mysteriöse Figur handelt, deren wahre Identität ungeklärt bleibt. Der Erzähler stellt Hypothesen und Nachforschungen an, wie sich der Name seines ‚Kameraden‘, der ihn seit seiner Kindheit wie ein Geist verfolgt, erklären könnte: „Depuis longtemps je savais que, devant la distribution de Gauloises Troupes à tous les pensionnaires, l'hypothèse nicotinique ne tenait pas. Il n'était pas Tabac-tabac" (TT, 427). Der Wahn(sinn) der Geschichte ‚pro-

duzierte' die Insassen des Lazaret de Mindin, und so vermutet der Erzähler nach der Lektüre von Jean-Luc Raharimananas *Madagascar, 1947*
(2007) letztlich auch, dass Taba-Tabas Amnesie sowie sein zwanghaftes
Psalmodieren die Folge traumatischer Erlebnisse der franko-madagassischen Kolonialgeschichte ist. Letztlich bleibt aber unklar, ob es Taba-
Taba überhaupt gab oder ob er nicht – wie Victor in *Pura vida* – ein reines Hirngespinst des Ich-Erzählers ist.

Ist der Roman also gar nicht nach der mysteriös bleibenden Person
aus der Kindheit des Erzählers benannt, sondern nach dem madagassi-
schen Ausdruck für ‚Gerücht' bzw. ‚absolutes Chaos'? Wenn Deville sich
als Erklärung für den Namen schließlich für „l'hypothèse la plus romanesque" (TT, 427) entscheidet, dann stellt dies die reale Existenz dieser
enigmatischen Person zwar nicht vollends in Frage, doch verunsichert
es. Trotz der Fokussierung auf die eigene Geschichte ist die Stärkung des
autobiographischen Anteils in *Taba-Taba* also keinesfalls als nombrilis-
tischer Gestus im Sinne einer traditionellen Autobiographie zu betrachten, vielmehr fügt sich der Roman in die Reihe der auto(bio)fiktionalen
Seuil-Romane ein, die stets zwischen Faktion und Fiktion oszillieren
und ein beständiges Wechselspiel von realen und fabulierten Ereignissen
und Personen in Szene setzen.

Beständigkeit im Wandel

Auf die Bedeutung von Kontinuitäten, die trotz oberflächlich wahr-
nehmbarer Veränderungen bestehen, verweist bereits das Motto des
Romans, das aus Prousts *À l'ombre des jeunes filles en fleur* stammt: „La
seule chose qui ne change pas est qu'il semble chaque fois qu'il y ait
‚quelque chose de changé en France.'" Der Zeitraum der (nicht nur französischen) Geschichte, den Deville in *Taba-Taba* fokussiert, setzt mit der
zweiten industriellen Revolution um 1860 ein und ist von drei großen
Kriegen geprägt, die Frankreich und die Welt im Kleinen wie im Großen
erschütterten und nachhaltig veränderten. Der Gegenwartsbezug in
Taba-Taba verdeutlicht, dass die krisenhaften Erschütterungen Frankreichs (und der Welt) anhalten, sich aber insofern verändert haben, als
sie heute religiös bzw. soziopolitisch motiviert sind und einen transnationalen Charakter angenommen haben: Neben den islamistischen Atten-

taten, die Frankreich 2015 erschütterten, werden Phänomene wie soziale Exklusion, Gewalt und Populismus immer virulenter.

Was auf den Lauf der *Histoire* zutrifft, gilt ebenso für Devilles Schreibweise bzw. für das Gesamtkonzept seines Œuvres. Trotz eines gewissen Wandels überwiegen die poetisch-literarischen Kontinuitäten. Auch wenn es auf den ersten Blick nicht so scheinen mag, Deville überlässt nichts dem Zufall, alles folgt einem genau durchkonstruierten Rechenspiel um die ‚verflixte‘ Zahl sieben: 1957 geboren, erscheint 1987 Devilles Romanerstling *Cordon-bleu*, 2017 schließt sich mit *Taba-Taba* – das mit der ‚Titelgestalt‘ seinerseits auf die franko-madagassischen Unruhen von 1947 verweist – ein erster Kreis seines groß angelegten Romanzyklus. *Taba-Taba* bildet dabei den Abschluss einer ersten literarischen Weltreise, ohne aber einen Endpunkt zu markieren, sondern vielmehr um den Anfang einer Fortsetzung zu eröffnen.

Back to the roots: *Histoire de France* als *histoire de famille*

Mit *Taba-Taba* kehrt Deville in mehrfacher Hinsicht zu seinen Wurzeln zurück. Zu seiner eigenen Kindheit, zu der Geschichte seiner Familie, aber auch zu der Geschichte seiner Heimatregion sowie Frankreichs.

Der entscheidende Auslöser, in einem *roman français* seinen eigenen Wurzeln nachzugehen, war der Nachlass seiner 2003 verstorbenen Tante Simonne, genannt Monne. Das Studium ihres umfassenden Archivs wird zum Ausgangspunkt seiner Spurensuche, die ihn durch Frankreich, aber auch weit darüber hinaus, insbesondere nach Ägypten, der „très éphémère République française d'Égypte de Bonaparte" (TT, 44), führt, wo Devilles Urgroßmutter 1858 geboren wurde.

So wie ein Buch über die eigene Biographie potenziell Gefahr läuft, in einer Nabelschau zu enden, so läuft ein Buch über die Geschichte Frankreichs stets Gefahr, einen verengten Blick einzunehmen. Um dieser Gefahr der „myopie du gallocentrisme" (TT, 269) zu entgehen, wählt Deville eine Mischung aus Mikro- und Makroskopie, in der er stets über die Grenzen Frankreichs blickt und historische Ereignisse in ihrem transnationalen Kontext samt ihrer vielfältigen geopolitischen und kulturellen Verknüpfungen betrachtet. Ferner verfolgt Deville durch den

Fokus auf die französische Provinz – insbesondere auf Nordfrankreich
– einen dezidiert dezentralisierten Blick auf die Veränderungen Frankreichs seit dem Second Empire. Indem infrastrukturelle, technologische
und soziodemographische Veränderungen etwa infolge der Industrialisierung oder der Landflucht sachlich und ohne nostalgische Wehmut
präsentiert werden, wird auch jede Form eines engstirnigen Lokalpatri-
otismus vermieden.

Taba-Taba liefert ein äußerst detailreiches und komplexes Tableau
und ist ein regelrechter Rundumschlag französischer Geschichte. In Par-
allel- und Verkreuzungsmontagen verknüpft Deville individuelle und
nationale Geschichte, verschmilzt kollektive *Histoire* mit individueller
histoire und präsentiert die Geschichte Frankreichs anhand personali-
sierter Geschichten ‚kleiner' Leute. Berühmte Persönlichkeiten und
unbekannte Personen (wie seine Vorfahren) werden in einem Atemzug
genannt, so dass soziopolitische bzw. kulturelle Hintergründe, Kontexte
und Verbindungen erkennbar und somit verstehbar werden. So etwa
beim Besuch Devilles im Musée d'Orsay:

> On y projette en boucle un film dans lequel j'appris la rencontre à Barbizon de Robert
> Louis Stevenson et de Fanny Osbourne, avant qu'ils ne partent ensemble pour les Samoa,
> îles qu'ils atteignirent en 1890, l'année de la mort de Van Gogh à Auvers-sur-Oise et de
> la naissance d'Eugénie-Alexandrine à Mérobert. Deux ans plus tard, mourait ici George
> Schwob, lequel avait quitté l'Institut français du Caire peu après le départ de la petite fille
> en blanc, et dont le fils Marcel, l'auteur des Vies imaginaires, irait au soir de la sienne
> suivre les traces de son héros Stevenson aux Samoa (TT, 74).

Die kaskadenhafte Verknüpfung der bekannten wie unbekannten Personen, der großen wie kleinen Ereignisse erfolgt dabei jeweils über gleiche
Zeitpunkte respektive Orte. Sämtliche Grenzen von Raum und Zeit werden dabei in Devilles rhizomartiger Palimpsest-Schreibweise überwunden.

Devilles *tour de France* als Zeit-Reise:
Auf der Suche nach der verlorenen Zeit

Auf seiner Suche nach der verlorenen Zeit begibt sich Deville – meist in
Begleitung seiner Freundin, der Schweizer Kunsthistorikerin Véronique
Yersin – auf eine insgesamt zweijährige Recherche-Reise quer durch
Frankreich, die mittels des durchgängigen Gebrauchs des *imparfait nar-*

ratif – nicht zuletzt eine Hommage an Proust – zu einer *télescopage* unterschiedlichster Zeitpunkte im Spannungsfeld von Gegenwart und Vergangenheit, von Bewegung und Immobilität verdichtet wird.

Vergangene Zeiten werden versucht im Raum ganz wörtlich ‚erfahrbar‘ zu machen. Nur an den Orten des jeweiligen Geschehens scheint dem Ich-Erzähler die Wiederbelebung selbst der nicht erlebten Vergangenheit möglich:

> Privilégiant dans un premier temps la progression géographique à l'historique, puisque nos vies ne sont pas chronologiques, j'avais résolu de passer une première nuit à Chartres, où la petite fille en blanc et son mari s'étaient brièvement installés au sortir de la Première Guerre mondiale (TT, 51).

Bei dieser *tour de France* verknüpfen sich räumliche mit temporalen Distanzen auf sonderbare Weise; die Durchfahrung des geographischen Raums der Erzählgegenwart wird zu einer imaginativen Zeitreise in die noch weiter zurückliegende Vergangenheit:

> À une quarantaine de kilomètres de Chartres, j'étais entré dans le village de Mérobert … J'avais facilement trouvé l'école, lourde bâtisse aux huit fenêtres en façade sur deux niveaux, où donc eut lieu l'idylle. La petite fille en blanc a rajeuni de quarante ans en quarante kilomètres (TT, 55).

Der Versuch der Vergegenwärtigung vergangener Zeiten an den Orten der Gegenwart führt – nicht zuletzt durch die Beschleunigung der Ortswechsel – allmählich zum einem ‚Herausfallen‘ aus der realen Uhrenzeit: „à trop nous déplacer trop vite dans l'espace nous étions des mutants sans horloge biologique“ (TT, 412). So kommt es bei einem Aufenthalt in Châteaubriant zur *télescopage* von real wahrgenommener Gegenwart und zwei nicht selbst erlebten Vergangenheitsmomenten:

> Aspiré par le gouffre du passé, perdu dans l'espace et le temps, je voyais devant moi en 2016 le très beau cube de verre d'un théâtre posé devant le château depuis 1996, à mes côtés la petite bande des quatre qui regagnait la Traction en 1956, et sur cette place trois camions qui passent en trombe en 1941 (TT, 370).

Das daraus resultierende (chrono-)logische Chaos der einzelnen Erzählfragmente, in denen sich unterschiedliche Zeitebenen überlagern und ineinanderschieben, ist dabei, so Deville, ontologisch begründet. Unser Denken arbeitet aleatorisch und assoziativ und gerade nicht (chrono-) logisch:

> Je m'éveillais parfois au milieu de la nuit ou dans l'après-midi à quelques notes lointaines d'une chanson, une manière de corridor très doux à la guitare, retrouvais la psalmodie d'un rémouleur marocain et vendeur ambulant d'eau de Javel vingt-cinq ans plus tôt route de la Targa à la sortie du Guéliz, ‚couteaux, ciseaux, javiiiille ...', les alexandrins de Taba-Taba sur les marches du Lazaret, toute chronologie abolie, dans ce demi-sommeil qui est notre existence véritable, que nous ne devrions quitter que de loin en loin, pour aller chasser du gibier ou acheter un sandwich et des cigarettes, peut-être perpétuer l'espèce, puis, allongé à nouveau, reprendre le fil analogique des rêveries (TT, 32–33).

Und so erfolgen die Verknüpfungen einzelner Mikroerzähleinheiten auch bei seinen hypermnestischen Rekonstruktionen der Vergangenheit wie die einzelner Erinnerungsfragmente der Proustschen *mémoire involontaire*. Die imaginierte Autofahrt von Devilles Großvater Paul mit seiner Familie im Jahr 1930 illustriert dies recht anschaulich:

> À l'heure qu'il est, la Renault a peut-être déjà passé Reims. Assis au volant, Paul qui a étudié la carte sait que bientôt, lorsqu'ils traverseront Chalôns-sur-Marne, ils seront à quelques dizaines de kilomètres de Verdun. Imagine-t-il oublier tout ça, ne pas ennuyer sa femme et ses enfants avec ces vieilles histoires, aller de l'avant? La conduite automobile cependant est propice au souvenir involontaire, au surgissement d'anciennes images. Plus au sud, Bar-le-Duc est un itinéraire possible. La main hésite un instant sur la manchette du clignotant, il verrait l'hôpital où vingt-quatre ans il se demandait ce qu'il faisait là, allongé sur un brancard, revoyant sa vie passée déjà, son premier jour d'ouvrier à l'usine Piat-Chappée de Soissons. Il avait quinze ans (TT, 121).

Es folgen sechs Seiten, in denen Deville Pauls Erlebnisse im Ersten Weltkrieg anhand von Briefen rekonstruiert. In einem geschickten Ringschluss kehrt Deville am Ende des Kapitels wieder zu der Ausgangsszene zurück, von der aus die ‚Erinnerungs'-Kaskaden ihren Lauf nahmen: „Assis au volant de la Renault, en cette année 1930, Paul qui remue tout cela dans son esprit espère encore que ce fut bien la der des ders" (TT, 128).

Erinnern und Vergessen:
Auf der Suche nach dem verlorenen Ich

Taba-Taba ist das Buch, das Deville immer schreiben wollte: „c'est réellement le livre que je devais écrire. Tout ce qu'il y a eu avant, c'était pour arriver à celui-ci. J'ai décidé de devenir écrivain vers 7 ou 8 ans pour écrire ce livre-là. Donc, c'est une préparation extrêmement longue, cinquante ans."[2] Sollte also Robbe-Grillets Behauptung „Je n'ai jamais parlé d'autre chose que de moi ..."[3] etwa auch für Devilles Schreiben gelten? Angesichts seiner minimalistischen Minuit-Romane und seiner weitschweifenden Biofiktionen mag diese Aussage zunächst überraschen. Eine genauere *relecture* seines Werkes zeigt aber, dass sich letztlich in allen seinen Romanen Spuren seiner eigenen Biographie finden. In den Minuit-Romanen sind es noch vage Anspielungen, vor allem Bezüge zu (real existierenden) Cafés und Bars in Saint-Nazaire und Umgebung. Ferner spiegeln sich in einzelnen fiktiven Charakteren Parallelen zu Devilles Person wie das mitunter exzessive Rauchen und Trinken, das beständige Herumreisen sowie das Interesse für Schiffe und Vögel. Bereits in *Pura Vida* wurden die autobiographischen Bezüge deutlicher und kommen vor allem in den metaliterarischen Inszenierungen des Schreibprozesses zum Vorschein. In *La Tentation des armes à feu* tritt der Autor als Figur sogar in den Vordergrund, ohne jedoch wirklich viel über sich preiszugeben. Ganz im Gegenteil, die Ich-Erzähler in Devilles Seuil-Romanen scheinen von einem massiven Verdrängungsmechanismus beherrscht zu sein. Letztlich scheint das schier ungebremste Bedürfnis, fremde Lebenswege aufzuarbeiten ebenso wie das unstete Herumreisen eine Strategie zu sein, der eigenen Vergangenheit ‚davonzurennen' und sich dem eigenen Ich nicht stellen zu müssen.

Während es dem Ich-Erzähler in *La Tentation des armes à feu* schließlich gelingt, sich von der quälenden Erinnerung an die verlorene Liebe – der Grande Infante de Castille – zu befreien, erfahren wir in *Taba-Taba*, dass der Ich-Erzähler alias Patrick Deville seit seiner Jugend von einem ganz anderen ‚Geist' auf Schritt und Tritt verfolgt wurde: von der mysteriös bleibenden Figur Taba-Taba. Ungeachtet der Frage nach dem ontologischen Status dieser ominösen Figur, kann Taba-Taba als eine Art personifizierte Metapher für die (Kindheits-)Traumata Devilles gelesen werden. Denn Taba-Taba ist untrennbar mit der Erinnerung an die Bewegungseinschränkung und die Isolation von Gleichaltrigen infolge der körperlichen Beeinträchtigung verbunden:

---

[2] Patrick Deville, Isabelle Bernard-Rabadi & Marina Ortrud M. Hertrampf, „Entretien avec Patrick Deville", in: *Romanische Studien*, 2017: http://blog.romanischestudien.de/entretien-avec-patrick-deville/ (letzter Zugriff 29.11.2022).

[3] Alain Robbe-Grillet, *Le Miroir qui revient*, Paris: Minuit, 1984, 7.

> Après plus d'un an dans la coquille en plâtre, j'avais réappris à marcher au début des
> années soixante. L'opération du jeune chirurgien Bretonnière avait réussi mais l'articu-
> lation ne permettait que le mouvement en ligne et je ne pouvais écarter la jambe. Je
> m'asseyais auprès de Taba-Taba sur les marches de la porte monumentale (TT, 424).

Ist der Fund des Archivmaterials Auslöser dafür, der Geschichte Frankreichs und seiner Familiengenealogie nachzugehen, so ist die erneute
Konfrontation mit dem kranken Körper des erwachsenen Deville Auslöser für die intensive Auseinandersetzung mit der eigenen Kindheit. Der
orthopädische Eingriff löst das Bedürfnis aus, sich eingehend mit der
eigenen Identität zu beschäftigen, in sich hineinzuhören und sich den
(vermeintlich vergessenen) Erinnerungen der Vergangenheit zu stellen.
Verbunden damit ist der Wunsch, sich von allem latent Belastenden der
Vergangenheit zu ,emanzipieren'. Gezielt betreibt der Ich-Erzähler nun
auch eigene Erinnerungsarbeit:

> Ce mardi matin, 21 février 2017, je suis seul dans ce studio du Building. … Dans un état
> de désarroi, en fin d'après-midi, je suis descendu sur le parking démarrer la Passat. J'ai
> franchi le grand pont sur l'estuaire en direction de Mindin. Je suis allée chercher Taba-
> Taba au Lazaret et l'ai ramené au Building (TT, 427).

Die Tempusmetapher markiert dabei, dass es dem Ich-Erzähler offenbar
gelungen ist, die Vergangenheit zu verarbeiten und damit abzuschließen:
Statt des ansonsten konsequent verwendeten *imparfait* wechselt Deville
am Ende des Romans zu Präsens, *passé composé* und *futur proche*:

> J'avais décidé de ramener Taba-Taba à Mada. … L'adjudant nous indique la gare Madarail
> de l'autre côté du marché et nous met en garde. … L'averse fait se lever dans les flaques
> toute une armée d'araignées de pluie. J'installe Taba-Taba auprès d'eux. Maintenant je
> vais essayer d'oublier le Lazaret et toi tu vas rester là, Taba-Taba (TT, 427; 428; 430).

Jedoch ist es nicht allein die schmerzliche Erinnerung an die Behinde-
rung, die seit der Kindheit an der Psyche des Ich-Erzählers nagte. Auch
die nie aufgearbeiteten Kriegserfahrungen seines Vaters und Großvaters
beeinflussten die Entwicklung des Erzählers. Die Strategie der Kriegs-
teilnehmer, die durchlebten Traumata zu verdrängen und nicht darüber
zu sprechen, hat der Theorie der transgenerativen Traumaweitergabe
zufolge gravierende Folgen für die Kriegsenkel: Das schwarze Loch des
Schweigens übt selbst auf die Nachgeborenen eine derart fatale Sogwir-
kung aus, dass das fremde Trauma ein Teil von ihnen wird, obwohl es
nicht dem eigenen Leben entsprungen ist.

Taba-Taba ist ein Buch, das vergessene und verdrängte Vergangenheit erinnert, rekonstruiert und auf diese Weise verarbeitbar macht. Zugleich ist *Taba-Taba* aber auch ein Buch, das aufgearbeitete und verarbeitete Vergangenheit ganz bewusst vergessen will. Durch dieses Wechselspiel von Erinnern und Vergessen kann sich der Ich-Erzähler von obsessiv-belastenden Erinnerungen befreien und seinen inneren Frieden mit seinem Körper wie mit seinem Vater finden:

> J'avais relu cette phrase d'Artaud recopiée depuis longtemps, dont je savais qu'elle me serait utile un jour. ‚Un autre être est sorti de ce corps. Et pour la première fois de la vie, ce père m'a tendu les bras. Et moi qui suis gêné dans mon corps, je compris que toute la vie il avait été gêné par son corps et qu'il y a un mensonge de l'être contre lequel nous sommes nés pour protester' (TT, 406–407).

Taba-Taba ist ein Freischreiben von ‚Altlasten' und eine intensive Auseinandersetzung mit persönlicher und kollektiver Vergangenheit. Damit ist der Roman weniger Bilanz als vielmehr Zeugnis einer erfolgreichen Suche nach den Wurzeln, die dem Ich-Erzähler alias Patrick Deville psychische Stabilität für zahllose weitere Abenteuerreisen durch Zeit und Raum gibt: „J'espère que ce n'est pas un bilan … J'espère que c'est plus une phase ou un moment qu'un bilan. Je ne sais pas si j'écrirai d'autres romans, mais je l'espère!"[4]

---

[4] Deville et al., op. cit.

Remonter l'Orénoque, réécrire l'inécrit. Ein ungeschriebener Text über Mathias Énard für Jochen Mecke

Jonas Hock

Bei den internationalen Kolloquien zur französischen Gegenwartsliteratur, die Jochen Mecke und sein Lehrstuhl seit 2019 mit ostinatohafter Regelmäßigkeit in Regensburg veranstalten, bin ich regelmäßig ganz oder teilweise abwesend: auf Dienstreise zu Forschungszwecken, auf Konkurrenztagungen etc. Nicht nachholen lässt sich das dabei verpasste Zwischenmenschliche. Dîners in holzgetäfelten Regensburger Stuben, Kaffeepausen mit Konferenzkeksen und kollegialem Klatsch. Auch die Diskussionen sind in ihrer Dynamik nicht einholbar – das Inhaltliche lässt sich gleichwohl in den Tagungsbänden nachlesen. Liegt es da nicht nahe, die Trauer über eine verpasste Teilnahmegelegenheit zu kompensieren, indem man sich im Nachhinein in solch einen Band hineinmogelt?

Gerne hätte ich einmal zu Mathias Énards unbekanntestem und – zumindest von ihm selbst – ungeliebtesten[1] Roman vorgetragen: *Remonter l'Orénoque* von 2005, 2012 von Marion Laine verfilmt als *À cœur ouvert*; im selben Jahr erfolgte die Wiederauflage des schmalen Romans als Taschenbuch, mit einem abschreckenden Filmstill auf dem Cover, einer Szene, bei der sich die Locken von Juliette Binoche und Édgar Ramírez verknoten. Dieses Primärwerk auszuwählen, hätte nur Vorteile: Der Autor ist bekannt und, zumal in Deutschland, etabliert

---

[1] In einem Interview auf dem Blog *D-Fiction* aus dem Jahr 2010: „Je n'aime pas ce roman. Je pense qu'il est complètement raté, prétentieux et inutile. Ce sentiment s'émousse un peu avec le temps, mais il reste fort. Je n'étais pas content au moment de sa sortie, et comme par hasard, c'est celui de mes livres qui a eu le moins de reconnaissance critique", „Mathias Enard s'entretient par écrit avec C. Hoctan et J.-N. Orengo", 01.06.2010, https://d-fiction.fr/mathias-enard-la-fin-dabou-firas-linconvenant.

genug, um nicht als abwegig zu gelten, das Büchlein bisher aber weitgehend unbeachtet geblieben.[2] Hätte dieser Beitrag nicht seinen Platz im
Umkreis der Tagung rund um „La délocalisation du roman français:
nouvelles esthétiques post-exotiques et redéfinitions des espaces
contemporains" verdient, deren Akten unter demselben Titel, mit leicht
verändertem Untertitel („Esthétiques néo-exotiques et redéfinition des
espaces contemporains") bei Peter Lang erscheinen sollten? Die Kom-
position des Romans, ein ständiger Wechsel zwischen Paris-Kapiteln
und solchen, die in Venezuela spielen, legt einen genaueren Blick auf
den Ortswechsel nahe.

Die Idee ist schnell geboren, schließlich befinden wir uns noch im
Alexander-von-Humboldt-Jahr und mit ihm ist auch der Orinoco, den
Énard als exotischen (oder post- oder neo-exotischen?) Schauplatz
wählt, ungewöhnlich präsent. Der nächste Schritt wäre, zu überlegen:
Welche französischen Romane, auf die Énard sich beziehen könnte, gäbe
es? Jules Vernes *Le superbe Orénoque* von 1898 liegt nahe. Dank eines
Verne-Experten am Institut, der einem sogar eine via Universitätsbibliothek gänzlich unzugängliche Ausgabe der *Revue Jules Verne* mit Ori-
noco-Dossier leihen kann,[3] liegt schnell das Grundmaterial vor.

Énards Buch ist zunächst eine klassisch triangulär angelegte Liebesgeschichte mit Anklängen an den Arztroman: In Paris konkurrieren die
Chirurgen Youri und Ignacio um die Krankenschwester Joana, die vor
diesen Wirrungen zwischen Herzschmerz und Herz-OP – so weit, so
unerträglich – nach Venezuela flüchtet, um den Orinoco hinaufzufahren
(„remonter")… Wie vor ihr, um 1800, Alexander von Humboldt und
Aimé Bonpland – oder auch die Figuren aus Vernes *Superbe Orénoque*,
einer Art südamerikanischem *Heart of Darkness*, mit weniger Dunkelheit
und glücklichem Ende. Verne überblendet anhand mehrerer sich kreu-
zender Figuren, die alle den Fluss befahren, einen Geographenstreit über
den richtigen Verlauf des Orinoco und eine Botanikerexkursion in den
Fußstapfen Humboldts mit der Suche von Jeanne (bzw. Jean, da verkleidet als Mann) de Kermor nach ihrem Vater, der sich schließlich als Leiter
einer idyllischen Missionsstation am Oberlauf des Flusses herausstellt.

---

[2] Keine Studie etwa in *Mathias Énard et l'érudition du roman*, hrsg. von Markus
Messling et al., Leiden, Boston: Brill, 2020.

[3] *Revue Jules Verne*, 6: *L'Énigmatique Orénoque*, 1998.

Bref, wenn alle hundert Jahre Franzosen stromaufwärts den Orinoco bereisen und/oder darüber schreiben, müsste Énards Roman dann nicht als *réécriture* dieser Vorläufer lesbar sein? Und wäre der Roman, in dem es ja explizit um die *délocalisation* der Hauptfigur und des Handlungsortes von Paris nach Venezuela geht, nicht gleichzeitig ein Beispiel für jene *esthétique néo-exotique*, der Jochen Mecke & Cie. auf ihrer Tagung nachgespürt haben?

* * *

„Cette fragilité soudaine, c'est le voyage qui commence; l'angoisse du vide entre deux mondes, l'Europe, l'Amazonie rêvée et enfin à portée de main. Remonter le fleuve qui a bercé son enfance, parcourir les territoires imaginés, presque imaginaires …"[4] So beginnt Kapitel 8, exemplarisch für den Grundton des Romans. Die Flucht vor den Pariser Zuständen ist hier gleichzeitig ein Zurück zu unbekannten und darum bisher lediglich imaginierten, beinahe imaginären Wurzeln. Dass genau dieses Imaginäre – „je suis sur le point d'aller vers les singes, les fourmiliers et les cataractes, vers les chercheurs d'or, les aventuriers, les contrebandiers et les guérilleros" (13) – Einfallstor für die intertextuellen Verweise ist, denen der Literaturwissenschaftler so gerne nachspürt, wird im Roman selbst explizit vorgeführt. So verbringt Joana einen Teil des ‚venezolanischen Kapitel' gar nicht auf dem Schiff bzw. dem Orinoco, sondern vertreibt sich die Zeit vor der Abfahrt in einer Buchhandlung der namenlosen Flusshafenstadt, wo ihr Elie, der kauzige Buchhändler, „nombre de détails, de récits sur les contrées qu'elle allait traverser" erzählt und am Ende ein Buch aufschwatzt, „une relation de la vie de San Pedro Claver, saint des esclaves de Carthagène des Indes" (40, 39).

Mit wenigen Federstrichen wird die Gewaltgeschichte des nördlichen Südamerika angedeutet, insbesondere die Sklaverei. Gegen Ende des Romans wird diesbezüglich der Bogen zurück zu kindlichen Phantasmen geschlagen, als die Protagonistin in einer Rückblende erzählt, wie sie als junges Mädchen fasziniert war von Jules Crevaux' *Voyage d'exploration à travers la Nouvelle-Grenade et le Venezuela*, und insbe-

---

[4] Mathias Énard, *Remonter l'Orénoque*, Arles: Actes Sud, 2012 [2005], 31.

sondere von Illustrationen, die zeigten, wie ein Kaiman einen Schwarzen anfällt, während die weißen Plantagenbesitzer auf der Folgeillustration die Wunde empathielos begutachten. Was an kolonialen Tiefenschichten aufflackert, wird von Énard in einen Helferkomplex Joanas überführt, der nicht nur ihre Berufswahl, sondern auch ihre Orinoco-Reise begründet: „j'ai su qu'un jour je remonterais l'Orénoque, et… j'ai décidé de soigner, de panser cette plaie du caïman qui était la première blessure que je voyais, de guérir, d'être aux côtés des malades" (133).

Für Jules Vernes Orinoco-Roman waren Jules Crevaux' Entdeckungen und Aufzeichnungen zwar keine bedeutsame Quelle, anekdotisch taucht er aber an insgesamt fünf Stellen auf[5] und trägt bei zu jenem „imaginaire géographique vernien [qui] se construit ici à partir d'un *merveilleux géographique* qui conjugue mythe et l'exotisme [sic!]."[6] Die Illustrationen von George Roux in der Hetzel-Ausgabe des *Superbe Orénoque* von 1898 zeigen denn auch Männer mit Tropenhelmen und Panamahüten, die Angriffen wilder Tiere oder Eingeborener trotzen. Exotismus bleibt hier die Konstruktion eines fernen Anderswo, wo Kannibalen, Krankheiten und Krokodile drohen.

Gerade vor diesem Hintergrund könnte Énards Banalisierung der Orinoco-Reise zum Selbstfindungstrip als postexotischer Kommentar zu den Prätexten verstanden werden und würde sich in das von Mecke und Donnarieix entworfene Bild fügen: „le contemporain décentre l'exotisme, le pousse dans ses retranchements, l'expose pour mieux l'empêcher, et travaille à sa mise à distance, sans pour autant renoncer à chercher l'altérité à travers de nouvelles voies et de nouveaux supports esthétiques."[7]

---

[5] Z. B. sein tragisches Ende: „le docteur Crevaux, tombé sous les coups des Indiens dans les plaines de la Bolivie", Jules Verne, *Le superbe Orénoque*, Paris: Hetzel, 1898, 46; s. a. Lionel Dupuy, *Géographie et imaginaire géographique dans les* Voyages Extraordinaires *de Jules Verne*: Le Superbe Orénoque *(1898)*, Diss. Université de Pau, 2009: https://tel.archives-ouvertes.fr/tel-00437934v1, 137.

[6] Ibid., 129.

[7] Anne-Sophie Donnarieix & Jochen Mecke: „Néo-exotisme? Contre-exotisme? Post-exotisme? Les délocalisations du roman contemporain", in: *La délocalisation du roman. Esthétiques néo-exotiques et redéfinition des espaces contemporains*, Berlin et al.: Peter Lang, 2020, 11–21, hier 14.

Genauer handelte es sich, um in der gewählten Matrix zu bleiben, um keinen *post-* und noch weniger einen *contre-* (auch keinen *alter-*)*exotisme*, sondern um einen *néo-exotisme*, „[qui] instaure de nouvelles formes d'altérité en jouant avec les héritages littéraires ou avec les clichés du voyage."[8] Énard tut uns den Gefallen, das in ein schnell greifbares Bild zu setzen: den Fluss ohne Anfang und Endpunkt, der als Mittel oder Metapher für die Suche nach dem Ursprung, nach Anfang und Ende des Eigenen und des Anderen, gänzlich ungeeignet ist und die Flussreise als Reenactment entlarvt, ihre Erzählung als *réécriture:* „L'Orénoque se perd en méandres et en reculades. Il n'a pas de source, et pas de port dans la solitude de son delta" (146).

Wäre es nicht wunderbar, erkenntnisreich und innovativ, eine solche Lektüre vorzunehmen? Die Untersuchung würde sicher ihren Platz finden in der vierten Sektion des Sammelbandes: *Décentrer l'écriture*, jenen Werken gewidmet, „qui déplacent, détournent ou dispersent le texte, renégociant sa linéarité [ja], sa stabilité [einigermaßen], sa cohérence [auf jeden Fall], son ancrage générique [in Maßen] ou culturel [relativ]."[9] Allein, bevor die Arbeit ernsthaft beginnen konnte, war der Band schon erschienen. Diese Zeilen darum lediglich als Postscriptum im Irrealis und Dank für eine erhellende Lektüre.

---

[8] Ibid., 17.

[9] Ibid., 20.

Le *Freibad*, un espace cinégénique

Anne-Sophie Gomez

Cher Jochen,

J'espère que ce sujet estival et cette sélection cinématographique feront office d'oasis en cas de nouvelle future canicule ou de restrictions d'eau.

Le terme *Freibad* désigne, dans les pays germaniques, une piscine en plein air généralement bordée de vastes étendues de gazon où les baigneur.se.s s'étendent afin de profiter du soleil, mais aussi du spectacle offert par l'agitation ambiante de ce microcosme caractérisé par son panoptisme : en balayant le lieu d'un regard circulaire, on peut en effet voir toutes les personnes présentes, mais on y est, en contrepartie, soi-même offert aux regards, qu'ils soient distraits, curieux ou voyeurs. Cette dimension éminemment visuelle n'a pas manqué d'inspirer, outre des peintres (Ludwig Ferdinand Graf, Max Beckmann, Johannes Schramm…) et des photographes (dont Andreas Gursky et sa vue en plongée des piscines de Ratingen et de Gelsenkirchen), de nombreux cinéastes germanophones, aussi bien en format long que court. La perspective est tantôt fictionnelle, tantôt documentaire, à destination d'un vaste public ou bien d'amateurs de cinéma expérimental.

Débutons par les long-métrages de fiction. Parmi les productions récentes, on pense bien sûr à la comédie de Doris Dörrie, *Freibad*, sortie en Allemagne le 1ᵉʳ septembre 2022. Située dans une piscine fictive réservée aux femmes, le film parle du vivre-ensemble à travers la présence, au sein d'un espace clos, de femmes en burkini, d'autres en bikini ainsi que d'adeptes du bronzage seins nus. Coexistence forcée entre générations aussi, ce qui n'est pas sans générer des frictions, au point que la maîtresse-nageuse, dépassée par les événements, décide de démissionner. Le parti-pris est clairement celui de l'humour plus que celui de l'analyse sociologique : « Doris Dörries Frauenfreibad ist ein komischer Spiegel der westlichen Welt. … Reicht das für eine großartige Komödie ? Nicht direkt, irgendwann gehen einem die Kämpfe ums Terrain auf den Geist, und das soll vielleicht auch so sein, denn dann fällt einem vielleicht auf, wie enervierend das in der Wirklichkeit ist. Für einen unterhaltsamen, nachdenklichen, aber nicht allzu tiefschürfenden Film reicht es allemal.»[1] Signalons que le scénario du film, conjointement écrit par Doris Dörrie, Karin Kaçi et Madeleine Fricke, a inspiré un roman graphique de Paulina Stulin au titre identique, paru aux éditions Jaja Verlag.

Autre comédie destinée au grand public, le film de Marcus H. Rosenmüller *Beckenrand Sheriff* est sorti en 2021. Les règles du maître-nageur Karl sont légendaires. Cela fait 30 ans que le shérif du bassin attend les nageurs à la piscine en plein air de Grubberg. Les coûts sont élevés pour l'entretien de cette piscine jugée trop vieille, si bien que la mairie envisage sa fermeture. Un maître d'ouvrage y voit quant à lui l'opportunité rêvée d'acquérir le terrain et d'y construire de nouveaux appartements. Mais Karl ne compte pas en rester là : une initiative populaire et 600 signatures pourraient empêcher la fermeture de la piscine. Pour ce faire, Karl a besoin de l'aide de Sali, un jeune Nigérian mieux intégré que lui au sein de la communauté locale. Karl va devoir redonner son éclat à l'équipe de waterpolo pour que la piscine reste ouverte. À une seule condition : apprendre à nager à Sali pour qu'il puisse intégrer l'équipe en tant que gardien de but.

Evoquons maintenant une fiction qui se déroule sur une toile de fond historique. *Die Freibadclique*, d'après le roman éponyme de Oliver Storz (2008), est un téléfilm germano-tchèque réalisé en 2017 : l'histoire se passe à l'été 1944 à Schwäbisch Hall. Des adolescents forment une bande qui fréquente le *Freibad* local. Ils ne se soucient ni de la guerre ni des injonctions au patriotisme ou à l'héroïsme. Ils rêvent plutôt de swing, de sexe et de liberté.

Du côté des court-métrages de fiction, la tension est palpable dans *Beckenrand*, co-production germano-suisse de 2006, réalisée par Michael Koch. La confrontation entre une bande de jeunes et le maître-nageur tourne à la tragédie à l'occasion d'une intrusion nocturne dans le bassin. Un autre affrontement a lieu, dans le film *Wasserspiegel* de Lothar Herzog (2007) : deux frères, Toni et Shaban, se prélassent tranquillement au bord de la piscine. Mais ils commencent à se disputer, brisant l'harmonie de cette belle journée, qui ne tarde pas à dégénérer. Dans *Manolo*, de Robert

---

[1] «Platsch!», 22.09.2022, sueddeutsche.de

Bohrer (2009), un garçon timide et complexé doit suivre son cousin Maik au *Freibad*. Finalement, c'est le personnage éponyme qui obtiendra ce dont rêve le populaire cousin, alias le «roi de la bombe»: une photographie intime de la belle Linda. Les représailles qui vont s'ensuivre seront – littéralement – à la hauteur de l'affront subi.

Le court-métrage *Freibadsinfonie*, de Sinje Köhler (2017), est évidemment tant par le biais de son titre que par l'emploi du noir et blanc, un hommage au film de Walther Ruttmann *Berlin, Sinfonie der Großstadt* (1927). Le *Freibad* y est représenté comme un passionnant sociotope. Tel était d'ailleurs aussi l'angle d'approche d'un reportage de la Deutschlandfunk (2018) ayant pour titre «Das Freibad, ein Soziotop. Zwischen Chlor, Pommes und Burkinipanik»: «Ob disziplinierte Frühschwimmer, Bikinischönheiten oder balzende Pubertierende: Im Freibad sieht man ein Abbild unserer Gesellschaft im Kleinen. Doch das einstige Pommes-Rotweiß-Kindheitsparadies wird zunehmend zur interkulturellen Kampfzone.» Un autre article suivra, sur le même canal, tandis que la pandémie de Covid-19 empêche l'accès aux piscines couvertes: «John von Düffel über das Soziotop Freibad. Von Meditierern, Wettkämpfern und Planschern» (2020).

Avec *Eintritt zum Paradies um 3€20* (2008), la réalisatrice autrichienne Edith Stauber propose un bijou d'animation, fruit d'une observation très fine des visiteurs du *Freibad* et de leurs habitudes. Le Parkbad de Linz y apparaît comme une sorte de paradis démocratique, institutionnalisé, et contrairement à l'exclusivité du Jardin d'Éden, accessible à tous pour une modique somme d'argent. Nous renvoyons ici à la présentation du film par Pia Feichtenschlager sur le site du distributeur (sixpackfilm.com).

Du côté des long-métrages documentaires, deux films ont, à quelques années d'écart, retenu l'attention. Il s'agit tout d'abord de *Im Freibad*, de Alice Agneskirchner (2000), qui met en scène la piscine de Berlin-Wilmersdorf, ouverte au public en 1956. La réalisatrice signe avec cette coproduction franco-allemande une étude aussi drôle qu'intelligente du microcosme des piscines. Lors de l'été 2000, une équipe de tournage a observé pendant toute la saison de baignade les employés et les usagers de la piscine en plein air. De l'assemblage de ces scènes quotidiennes naît une histoire à la fois divertissante et universelle. Le second documentaire au format long-métrage, *Prinzessinnenbad*, est signé Bettina Blümner en 2007. Klara, Mina et Tanutscha sont trois adolescentes qui vivent dans le

quartier berlinois de Kreuzberg. Elles se connaissent depuis le jardin
d'enfants et ce sont les meilleures amies du monde. Pendant l'été, elles
passent toutes leurs journées à la piscine en plein air de Prinzenbad,
située au cœur de leur quartier.

Passons à présent à quelques court-métrages expérimentaux. En 2003,
Tobias Schmücking réalise *Auermühle*, tourné dans un *Freibad* avant le
début de la saison : la lumière et les ombres changent, des nuages passent
et une fille saute du haut du plongeoir de 5 mètres. *Badeschluss*, de Peter
Roehsler, réalisé en coopération avec Hanne Lassl (2014), consiste en un
long plan fixe qui montre la pelouse presque déserte d'un *Freibad* : au
premier plan, de petits îlots de sièges peints de couleurs vives, derrière
eux des chaises longues, des arbres, un restaurant. Des figures isolées se
déplacent de façon indistincte à l'arrière-plan. Une mélodie retentit, puis
une voix venue d'un haut-parleur : « Nun ist es wieder so weit: ein Bade-
tag geht zu Ende. » Il reste une demi-heure pour se changer car c'est
maintenant l'heure de la fermeture. Les dernières serviettes sont pliées,
un couple de personnes âgées traverse tranquillement l'écran puis ils
rentrent chez eux. Dans *Nichtschwimmer*, de l'Autrichien Tristan Zahor-
nicky (2018), la caméra filme un bassin vide et craquelé, de vieilles
cabines, des chaises longues abandonnées, des ballons. La piscine, vieille
de plus de cent ans, était un lieu de détente, où l'on ne trouve plus guère
aujourd'hui que des vestiges du passé et des anciens baigneurs. On peut
encore, grâce à la bande-son, entendre les gens crier, chahuter et s'écla-
bousser, mais ce ne sont plus que des souvenirs estivaux que les engins de
chantier s'apprêtent à détruire. À la fin, plus aucune trace du passé aquatique de ce lieu ne subsistera.

Si l'on regarde plus à l'est, la piscine en plein air a aussi inspiré un film
de Peter Kerekes (Slovaquie, 2003). Intitulé *66 sezón*, ce documentaire,
librement visible sur YouTube, retrace 66 saisons au bord de la vieille
piscine de Košice, entre 1936 et 2002, avec pour toile de fond l'histoire de
l'Europe centrale et orientale, à travers les souvenirs de ses visiteurs. La
piscine est un monde où les histoires privées se mêlent à l'histoire universelle (bombardement de Košice au cours de la Seconde Guerre mondiale, invasion russe en 1968). Des générations de nageurs se succèdent,
et l'eau demeure la seule source de sécurité et d'égalité absolue. Du côté
de la République Tchèque, le court-métrage d'animation *Swimming Pool*,
de Anna Hetmerova (2010), disponible sur la plate-forme Vimeo, raconte

une rencontre amoureuse doublée d'une charmante chorégraphie aquatique dans un bassin où deux inconnus font intrusion une fois la nuit et le calme venus.

Plusieurs émissions sont aussi proposées à la télévision allemande sur le thème du *Freibad*, par exemple un numéro de l'émission Galileo sur le thème «Wimmelwissen: Freibad. 60 interessante, aber auch ziemlich skurrile Fakten zum Thema Freibad» (2014), visionnable sur la médiathèque en ligne de ProSieben. En 2014 également, dans une perspective plus régionaliste, la chaîne bavaroise BR (Bayerischer Rundfunk) diffuse, dans le cadre de ses *Heimatreportagen*, une série documentaire en quatre épisodes d'une durée de 30 minutes chacun. Intitulée «Ein Sommer im Freibad», cette série est tournée respectivement dans la piscine de Pfaffenhofen et dans la piscine naturelle (*Naturbad*) de Lenggries, avec les Alpes en arrière-plan.

Le *Freibad* est donc un espace fortement télé- et cinégénique qui a le mérite de focaliser l'attention sur un lieu de baignade collective à l'heure où la privauté des bassins individuels se trouve grandement menacée par la raréfaction des ressources aquatiques. Les piscines privées atteignent en effet en Europe, comme c'est déjà le cas depuis des décennies en Californie, le seuil de la soutenabilité écologique. Les architectes Benjamin Lafore et Sébastien Martinez-Barat le confirment dans leur introduction au catalogue de l'exposition «Domestic Pools» à la Villa Noailles (2018), laissant entendre que les jours de la piscine 'domestique' sont peut-être comptés: «Si la deuxième moitié du XXᵉ siècle a vu la piscine entrer massivement dans les logements, la récession économique, l'attention écologique ainsi qu'une redistribution des notions même de travail et de loisir, de propriété et de partage, présagent d'une disparition progressive des formes historiques de la piscine domestique. Depuis le début du XXIᵉ siècle la taille moyenne des bassins construits diminue. … Au côté du boudoir et du fumoir, la piscine pourrait alors rejoindre la liste des pièces disparues, témoins d'une domesticité révolue.»[2]

La piscine publique apparaît alors comme une alternative. L'eau doit certes y être partagée, au risque d'engendrer tensions et confrontations. Le roman de Léa Tourret *La Fille de la piscine* (Gallimard 2022), qui se

---

[2]   Jean-Pierre Blanc (dir.), *Domestic pools: l'architecture des piscines privées*, Hyères: Villa Noailles, 2018, 4–5.

déroule en France mais dans une piscine aux caractéristiques proches du
Freibad, traite très bien de ce lieu où se dénouent des amitiés et où
naissent des rivalités aux conséquences parfois funestes. C'est aussi un
lieu qui ravive les souvenirs d'enfance ou de jeunesse, les glaces dégus-
tées, la musique écoutée, les confidences murmurées depuis une serviette
de bain. Dans son essai de 1965, *L'Eau et les Rêves*, Gaston Bachelard
s'intéressait au pouvoir de libération de l'imaginaire propre à l'élément
aquatique. Et force est de constater que le huis-clos du *Freibad* (généralement plus délimité et clôturé que son cousin le *Strandbad*) se révèle
narrativement fécond.

Nous voici parvenus au terme de ce parcours volontairement éclec-
tique, entre productions commerciales ciblant le grand public et court-
métrages expérimentaux plus confidentiels, entre tragédie et humour.
Car cet éclectisme est à l'image du lieu lui-même, vecteur d'égalité et
garant de mixité sociale.

Tu trouveras, cher Jochen, dans la base de données 'aquacult' (aqua-
cult.hypotheses.org) des informations techniques détaillées ainsi que des
liens correspondant aux différents films évoqués dans ce texte. Ce projet
de recensement numérique qui a débuté en 2017 se fixe pour objectif de
collecter les différentes représentations culturelles et artistiques des piscines, dans une perspective à la fois transculturelle et diachronique. Il ne
me reste plus maintenant qu'à te souhaiter un agréable plongeon virtuel
et, je l'espère, rafraîchissant !

Zwischen Miami Beach und Puerto Rico: grenzenlose karibische Räume in Jaquira Díaz' *Ordinary Girls* (2019)

Anne Brüske

> Sometimes in dreams, I return to those places where we spent our childhoods, where we dreamed of being women. Sometimes I can see us: girls walking down Lincoln road in the Halloween costumes … And sometimes it is just me: a girl holding her father's hand at the Siales town square … This is who I write about and who I write for. … For the black and brown girls. … For the girls who never saw themselves in books.[1]

Auf den ersten Blick erscheint *Ordinary Girls* (2019) der Journalistin Jaquira Díaz als Neuauflage einer typischen Coming-of-Age-Story, die die missliche Lage junger Puertoricanerinnen und Puertoricaner auf nordamerikanischem Boden autoethno- und autobiographisch ausbreitet. Doch spielt bereits der Titel des als „memoir" und als „work of nonfiction" vermarkteten Textes mit den Leseerwartungen, die das Genre und der autoethnographische Blick wecken: *Ordinary Girls* weist in der Tat erhebliche Differenzen zur festlandpuertoricanischen Literatur in den USA auf, indem der Text nämlich nicht ‚gewöhnliche', sondern neue Erzählperspektiven auf die Organisation von Geschlecht und Geschlechterrollen sowie erzähltem Raum und Erzählraum einnimmt.

Anders als die klassischen barriozentrischen Romane, die begonnen mit Piri Thomas' *Down These Mean Streets* (1967) das Leben auf den Straßen New Yorks, das ethnisierte Barrio als Ghetto und einen männlichen Protagonisten fokussieren, anders als die klassischen weiblichen Coming-of-Age-Geschichten etwa von Esmeralda Santiago (*When I was*

---

[1] Jaquira Díaz, *Ordinary Girls. A Memoir*, Chapel Hill: Algonquin Books, 2020 [2019], 312f. Informationen zur Biografie und zu den Publikationen Díaz' finden sich auf ihrer persönlichen Webseite: http://www.jaquiradiaz.com/. Wie u.a. Ernesto Quiñónez, Edwidge Danticat oder auch Junot Díaz ist sie Absolventin eines MFA in Creative Writing und arbeitet selbst als Dozentin in einem solchen Programm.

Puerto Rican, 1993), die ein Mädchen und seine Zerrissenheit zwischen US-amerikanischen Außen- und puertoricanisch geprägten Innenräumen in New York City oder New Jersey inszenieren, stellt *Ordinary Girls* die Kindheit und Jugend einer queeren afropuertoricanischen Frau auf den Straßen und an den Stränden des Miami Beach der 1990er- und 2000er-Jahre ins Zentrum. Die Hauptfigur, die junge Jaqui, ist mit extremer Armut, emotionaler Vernachlässigung und Gewalt, Missbrauch und dem Tod konfrontiert. Der Text bricht also mit typischen Geschlechterrollen und hergebrachten Schauplätzen, nicht aber mit den Topoi der sozialen Herkunft, der Marginalisierung und des urbanen Raums als Biotop der fokussierten ethnischen Gemeinschaft.

Eine Hauptrolle neben Jaqui, die wie die Autorin Díaz in Puerto Rico geboren und als Kind nach Miami migriert ist, spielen in *Ordinary Girls* die scheinbar grenzenlosen karibischen Räume. Diese erzeugt der Text durch die Verflechtung der Skizzen einer Kindheit in Puerto Rico und einer von Kriminalität geprägten, rastlosen Jugend in US-amerikanischen Stadtlandschaften. Deutlich wird in dem Text auch, wie soziale Räume, Grenzen und Menschen, die in der Diaspora leben und somit eine aktuelle sowie eine entfernte, teils imaginierte Heimat besitzen, einander prägen. Wie produziert *Ordinary Girls* nun die unbegrenzten (US-)karibischen Räume, die die Protagonistinnen des Textes ziellos und häufig todesnahe durchstreifen?

Raum – Grenze – Diaspora(literaturen)

Wie jedoch sind Raum und Grenze zu definieren? Sozialen Raum verstehe ich mit Henri Lefebvre als soziales Produkt und als dessen Produktionsprozess. Das Phänomen Raum entsteht in dieser Perspektive als dialektisches Zusammenspiel von Raumpraktiken, Raumrepräsentationen und Repräsentationsräumen.[2] Dabei ist die Produktion von Raum stets von den Subjekten und deren körperlicher Wahrnehmung aus zu denken: Subjekte produzieren sozialen Raum; der soziale Raum erzeugt wiederum bestimmte Subjektformationen. Zudem bestimmen sich Räume

---

[2] Vgl. Henri Lefebvre, *La production de l'espace*, Paris: Anthropos, ⁴2000 [1974], 42–50.

relational. Grenzen zwischen sozialen Räumen als territoriale Grenzlinien wie auch als Gebiete der Überlappung sind dann ebenfalls als Produkte sozialer und kultureller Handlung und Strukturen zu verstehen
und wirken auf die Formation von Subjekten zurück.

Literarische Texte als Repräsentationsräume erzeugen Raum medial
in ihrer Aktualisierung im Akt der Lektüre.[3] Gleichzeitig produzieren
textuell-medial erzeugte Räume in den Köpfen der lesenden Subjekte
lebensweltlichen Raum mit. Es handelt sich also um eine doppelte
Raumproduktion – auf Ebene des Textinneren und auf lebensweltlicher
Ebene. Damit wird die Bedeutung von US-karibischen Diasporaliteraturen als Ausdruck einer glokalen Kondition jeweils unterschiedlicher
Ausprägung deutlich: Die Raumproduktionen, die in ihnen angelegt
sind, beeinflussen die Vorstellung ihrer Mainstream-Leserschaften von
der Karibik und den marginalisierten urbanen Räumen der USA.

US-karibische Diasporaliteraturen lese ich in Anlehnung an Juan Flores' Diktum der „literature of straddling, a literature operative within
and between two national literatures and marginal in both"[4] als Literaturen in einem mehrfachen Spagat zwischen Kulturen, Sprachen, Politiken
und Territorien. Diese Literaturen verhandeln auf *histoire*-Ebene pro-
minent die Problematik von De- und Reterritorialisierung, d. h. die Los-
lösung von Menschen, Kulturen und Sprachen aus ihren gegebenen
Kontexten und die Neueinpassung in andere, und damit die Funktions-
weise und Effekte diasporischer Prozesse im sozialen Raum. Diese Ver-
handlung wird parallel zur und verflochten mit der *histoire*-Ebene auch
auf *discours*-Ebene vorangetrieben, z. B. durch Metaüberlegungen und
intertextuelle Verweise.

Als Diasporaräume verstehe ich nach Avtar Brah[5] Raumproduktionen
diasporischer Subjekte, d. h. Menschen, die selbst oder deren Vorfahren

---

[3] Wolfgang Iser, *Der Akt des Lesens. Theorie ästhetischer Wirkung*, München: Fink, 1976.

[4] Juan Flores, „Puerto Rican Literature in the United States. Stages and Perspec-tives", in: *Divided Borders. Essays on Puerto Rican Identity*, Houston: Arte Público Press, 1993, 142–153, hier 152.

[5] Avtar Brah, *Cartographies of Diaspora. Contesting Identities*, London: Routledge, 1998 [1996].

migriert und die Teil von „transnationalen imaginierten Gemeinschaften"[6]
sind. Diasporaräume zeichnen sich somit durch die Verflechtung ver-
schiedener Raumproduktionen von Subjekten aus, über nationale, territoriale, zeitliche, sprachliche und kulturelle Grenzen hinaus. So verbindet sich in den Köpfen von Diasporasubjekten etwa Spanish Harlem in
New York mit dem Viertel der eigenen Kindheit – oder jener der Eltern
– in Ponce, Puerto Rico … Literarisch gewendet bedeutet dies für den
Blick zurück auf eine imaginierte Heimat, dass Diaspora, Erinnerung
und Postmemoria eng miteinander verwoben sind. So schreiben Marianne Hirsch und Nancy K. Miller:

> In the language of diaspora, originary homelands are not simply there to be recovered:
> already multiply interconnected with other places, they are further transformed by the
> ravages of time, transfigured through the lenses of loss and nostalgia, constructed in the
> process of the search. ‚Root-seekers' Alondra Nelson argues, ‚also become root-makers'.[7]

In Ergänzung zu Anzaldúas „borderlands"[8] betonen Hirsch und Miller,
dass die „originary homelands" immer über eine geographische und
zeitliche Distanz hinweg durch Imagination und durch die Rückkehr
neu aktualisiert werden müssen.

Ordinary Girls vermittelt nun über die geographischen Realia hinaus,
dass es keine klare Grenzlinie zwischen den USA und der Neokolonie
Puerto Rico gibt, die 1898 im Spanisch-Amerikanischen Krieg annek-
tiert wurde und seit 1952 als Estado Libre Asociado weder Bundesstaat
noch selbständig ist.[9] Vielmehr verflechten sich in der Perspektive der
Ich-Erzählerin unterschiedliche inselpuertoricanische und festland-
US-karibische Räume. Zudem insistiert der Text bereits für die insel-

---

[6] Martin Sökefeld, „Mobilizing in Transnational Space. A Social Movement Approach to the Formation of Diaspora", in: *Global Networks* 6, 3, 2006, 265–284.

[7] Marianne Hirsch & Nancy K. Miller, *Rites of Return. Diaspora Poetics and the
Politics of Memory, Gender and Culture*, New York: Columbia University Press,
2011, 3.

[8] Gloria E Anzaldúa, *Borderlands / La Frontera. The New Mestiza*, San Francisco:
Aunt Lute Books, 1999 [1987].

[9] Eine Volksabstimmung über den vollständigen Anschluss der Neokolonie an
die USA als Bundesstaat ist für November 2023 vorgesehen, nachdem vorige Re-
ferenden (2012, 2017, 2020, 2022) sich unter großer Enthaltung der Opposition
für die Bundesstaatslösung aussprachen.

puertoricanischen Räume auf der militärischen und kulturellen Neoko-
lonisierung durch die USA. Allerdings durchziehen diese ineinander
verschwimmenden nationalen Räume doch interne Grenzlinien und
Grenzgebiete entlang von Kategorien wie *race, class, gender, sexuality*
und *age*. Es stechen Binnengrenzen innerhalb der privaten Räume der
Protagonistin hervor: zwischen Afro- und Eurodeszendenz, zwischen
hispanischem kolonialem Erbe und US-amerikanischer Kultur. Diese
wiederholen sich in den öffentlichen Räumen von Miami Beach, in
denen die Vertreter*innen der US-amerikanischen öffentlichen Institutionen und Behörden durchweg europäischen Ursprungs sind. Auf der
Ebene der *histoire* etabliert sich für die Protagonistin und Ich-Erzählerin
Jaqui eine weitere Grenze, die sie zu ihrer Reifung übertreten muss, jene
zwischen dem segregierten, ethnisierten Raum von Miami Beach und
dem vorgeblich abstrakt-homogenen neutralen Raum der US Army und
damit des US-Staates.

(Imaginierte) urbane Geographien und Grenzgebiete

Die Bewegung der Protagonisten durch soziale und geographische
Räume und Zeit spiegelt sich in den Überschriften des Prologs und der
vier Textteile wider. In diesen Überschriften zeigt sich – gemäß des eth-
nischen Coming-of-Age-Plots – die Verquickung von Reifungsprozess
(„Girl Hood", 1–2, und „Monstruo", 63–190)[10] und geographischer
Mobilität („Madre Patria", 3–61, und „Regresando", 271–319). Die geo-
graphischen Stationen der Protagonistin – verschiedene referentielle
Orte in Puerto Rico, Miami Beach, ein Boot Camp der Navy in den
Nordstaaten, Orlando sowie Humacao, Fajardo oder San Juan de Puerto
Rico – werden über die Mikroräume des Alltagslebens der anfangs
sechsjährigen Jaqui produziert. Es handelt sich, wie in vielen anderen
US-karibischen Diaspora-Texten, in erster Linie um die persönliche
Heimstatt und die Straße im ethnisch markierten Barrio sowie um die
Schule und das Jugendgefängnis als vom Staat geprägte soziale Räume.
Dort prallen ethnische bzw. diasporische Gemeinschaft und staatliche

---

[10] Die folgenden Seitenangaben beziehen sich auf die Ausgabe von *Ordinary Girls*
von 2020.

Institutionen bezüglich ihrer Raumpraktiken, Raumkonzeptionen und Raumimaginationen aufeinander.

Der nationale Makroraum Puerto Rico – tituliert als „Madre Patria" – dient dabei als Ausgangspunkt der *histoire*-Ebene und als einer der diskursiven Endpunkte der Narration. In den Kindheitsepisoden in Puerto Rico gewinnen zwei der erwähnten Mikroräume an Bedeutung: die wechselnden Heimstätten sowie das Leben in den Straßen des Komplexes von Sozialwohnungen, in dem Jaqui und ihre Familie zunächst leben. Diese Räume dienen erzählstrategisch dazu, die soziale Benachteiligung der Familie und die emotionale Vernachlässigung der Kinder durch die Mutter als Ausgangssituation aufzuzeigen. Dazu bildet das sichere Zuhause der afropuertoricanischen Großmutter ein bedeutendes Gegengewicht: „It wouldn't occur to me until my teens… hat Abuela's kitchen, that house in Fajardo, was the last place I ever felt safe. That maybe home *is* a place. That maybe my mother would never find her way back. That maybe I wouldn't either" (61).

Gleichzeitig werden anhand von Vignetten, die die brutale Subkultur der Kinder des *Caserío público* und speziell das Leben Jaquis schlaglichtartig beleuchten, die konkreten Auswirkungen von Kolonialismus, anti-afrokaribischem Rassismus, Klassismus und die damit verbundene Spirale von Gewalt sowohl gegen als auch innerhalb marginalisierter Gruppen eingeführt. Emblematisch verdeutlicht wird der allgegenwärtige Rassismus in den beiden gegensätzlichen Figuren der Großmütter von Jaqui: der gütigen schwarzen Abuela, die als rettender Anker der Familie in Puerto Rico jedes ihrer Enkelkinder unabhängig von seinem Phänotyp in das afrikanische Erbe miteinschließt, und der psychisch kranken, grundbösen weißen und somit der kolonialen Gewalt an Puerto Rico zuzuordnenden Großmutter Mercy, die ihre eigenen Enkeltöchter als minderwertig betrachtet und so deren Selbsthass schürt (45–52).

Im Gegensatz zu den fragmentarisch skizzierten Schauplätzen in Puerto Rico erscheint Miami Beach, wohin die Familie der Ich-Erzählerin Ende der 1980er-Jahre übersiedelt, als zentraler erzählter Raum. Diesen charakterisieren stadtplanerisch die im Text wiederholt erwähnten, heruntergekommenen Art-Deco-Gebäude, der soziale Wohnungsbau, einige wenige öffentliche Parks und Einrichtungen sowie die überlaufenen Strände. Die Alltagsräume des erzählten Ich in Miami Beach bevölkern hauptsächlich migrierte puertoricanische und bisweilen kubanische Figuren. Neben die zunehmend zerrüttete Familie, ihre Wohnungen und die Straße als kriminalisierten Sozialraum treten die Schule sowie das Jugendgefängnis von Dade County als Räume der Sozialisierung durch ko-ethnische Peer-Gruppen und durch die Institutionen des US-Staates. Diese Institution reiterieren koloniale und rassistische Denkmuster und Praktiken, in denen strukturelle Benachteiligungen deutlich werden. Die Integration der mehrfach strafrückfälligen Jugendlichen in die Mainstream-Gesellschaft gelingt in den staatlichen Institutionen noch weniger als deren Disziplinierung (164–178).

Während in den puertoricanischen Vignetten die Trennung zwischen dem potenziellen Schutzraum des Privaten und der gefährlichen Straße auf der Ebene von *histoire* und *discours* noch aufrechterhalten wird, verschwimmt in Miami Beach diese Grenze durch die zeitweilige Obdachlosigkeit der psychisch kranken und drogenabhängigen Mutter. Die emotional vernachlässigte Jaqui macht sich schon früh Praktiken und Codes der Straße zu eigen und ist zugleich deren Gefahren ausgesetzt: So ,hängt' sie auf öffentlichen Plätzen herum, schwänzt die Schule, stiehlt, konsumiert Alkohol und Drogen, kokettiert mit ,echten' Gangs, wird gewalttätig und zu einem Dauergast im Justizapparat (168). In diesen Raumpraktiken zeichnet sich die Raumkonzeption des Textes ab, der Raum als Kollision, als ständige Reibung zwischen den ungeordneten, uferlosen, marginalisierten karibischen Alltagsräumen in Miami Beach und den als weiß konnotierten offiziellen Räumen fasst. Die toxische Dimension dieser auch erlebt-erlittenen Räume manifestiert sich in den psychotischen Episoden der Mutter sowie im suizidalen Verhalten der erzählten Jaqui, die mit ihrer physischen Gewalt gegen sich und andere nach körperlich wahrnehmbaren Grenzen sucht. Ihre Suizidversuche (147–153, 227) deuten somit in Richtung einer radikalen Selbstbegrenzung.

Ein Boot Camp der US-Marines scheint schließlich als Chance der ultimativen (Selbst-)Disziplinierung des erzählten Ich auf. Dargestellt wird das Boot Camp im Text nicht als abstrakter nichtethnischer, sondern als dezidiert panethnischer Raum und damit trotz des militärisch verordneten Schweigens als Ort, an dem intersubjektive Begegnungen und Solidarität paradoxerweise möglich sind. Inszeniert als Heterotopie,[11] als Gegenraum zu den bisherigen Mikro- und Makroräumen der Prota-

---

[11] Michel Foucault, „Des espaces autres", in: *Empan* 54, 2, 2004, 12–19.

gonistin, wird das Boot Camp im Gegensatz zu den Straßenräumen in Miami Beach als Raum der Grenzen und Begrenzung produziert, an dem strenge Regeln eine klare Struktur und ein gemeinsames Ziel geben – jenes des zeitlich begrenzten Überlebens. Doch reüssiert die Protagonistin auch in diesem Teilraum der US-Gesellschaft nicht (213–232). Erst ein langer Weg über Gelegenheitsjobs und der Umzug nach Orlando und das Studium in einem *creative writing program*, d.h. der Schritt zum professionellen Schriftstellertum, eröffnet ihr einen Weg aus der Misere und aus ihren angestammten Sozialräumen der Marginalisierung und Gewalt.

Vor diesem Hintergrund ist „Regresando" zu lesen, der letzte Teil (271–313): Erzählt wird in diesem Abschnitt, wie die Protagonistin in den 2010er-Jahren zu Besuchen nach sowohl Miami Beach als auch Puerto Rico zurückkehrt und die eigene Kindheit und Jugend sowie deren Räume kritisch neubewertet. Diesen letzten Textteil prägen auf *histoire*-Ebene geographische und zeitliche Sprünge zwischen Miami Beach und verschiedenen Orten in Puerto Rico. Auf *discours*-Ebene nimmt der Text eine bisweilen historisierende und postmemoriale Haltung ein, die für US-karibische Diasporatexte der 2000er-Jahre nicht ungewöhnlich, in festlandpuertoricanischen Texten aber oft US-bezogen ist. Wenn die erwachsene Jaqui als Journalistin der puertoricanischen Unabhängigkeitsbewegung der ersten Hälfte des 20. Jahrhunderts nachspürt, Erinnerungsarbeit leistet und damit auch als *root-maker* tätig ist, verbindet sich dieses Stück Geschichte, das hier in der Gegenwart der 2010er-Jahre aktualisiert wird, erneut mit einer deutlichen, antikolonialen und antirassistischen Kritik. Diese wird durch die räumliche Metapher des *in-between*, des Dazwischen, illustriert:

La Princesa [the infamous former prison in San Juan], a place where ghosts live, our history right there for us to see, but none of us actually *seeing*. I know something about the in-between, of being seen but not really *seen*. I have lived there my whole life. I mean quite literally that I'm a child of colonialism, born into poverty on an island that was seized and exploited, first by Spanish colonizers, then by Americas. My family, although they're also US citizens, are colonial subjects, and most of what we know about our black familis is limited because of slavery. We can trace back as far back as Haiti, but before then, nothing. Like most black people in the US, the Caribbean, and Latin America, our histories, our cultures, our *people*, were stolen (291–292).

Damit wird zum Ende hin die Frage des Todes, des Überlebens, der Entmenschlichung und Monstrosität aufgegriffen, die dem Text bereits als Ausgangspunkt gedient hatte, und mit den größeren historischen und kolonialen Zusammenhängen verknüpft. Sie erscheint nicht mehr als isoliertes oder gar individuelles Symptom, sondern als grundsätzliche Pathologie kolonisierter Menschen und Räume, und äußert sich textuell in einer bisweilen unerträglichen Todessemantik, die Räume immer hinsichtlich ihres Verhältnisses zum Tod imaginiert.

Tod – Monstrosität – Schreiben

Mit der Semantisierung der Alltagsräume der Protagonistin durch Bilder und Handlungselemente des Todes befindet sich *Ordinary Girls* in guter Gesellschaft – sowohl was sein Coming-of-Age-Skript als auch seine US-karibische Filiation angeht. Außergewöhnlicher ist, dass neben die ebenfalls in Diasporatexten wiederkehrende Motivik der Heimsuchung die Frage der Protagonistin nach der eigenen Monstrosität und jener ihrer ethnischen Gemeinschaft tritt. An dieser Stelle enthüllen der Titel sowie Kapiteltitel wie „Monstruo" oder „Girls, Monsters" ihre eigentliche Bedeutung.

Bereits das erste Kapitel des Haupttextes, „Origin Story", beginnt mit einer dem Tod gewidmeten Szene: Die sechsjährige Jaqui wohnt im Jahr 1985 zusammen mit ihrem Vater der Beerdigung des puertoricanischen Dichters und Mitglieds der Unabhängigkeitsbewegung Juan Antonio Corretjer (1908–1985) bei. Durch diese Initialszene, flankiert von ihrer Liebe und Bewunderung für den afropuertoricanischen Vater, einem verhinderten Poeten, gehen für die junge Jaqui (und somit auch für die Lesenden) Tod, Literatur und Schreiben eine potenziell produktive Verbindung ein. Ein Gegenbild dazu stellt die Mutter als US-amerikanisiertes, weißes Imitat der Pop-Ikone Madonna mit ihrer Ästhetik des Körpers dar, die im weiteren Verlauf die Konturen eines Monsters annimmt. In dieser konträren Positionierung der Elternfiguren im Spannungsfeld afrodeszendenter, hispanischer und US-amerikanischer Kultur spiegelt sich die kulturelle Ambivalenz der Insel wider, aber auch die ambivalente Produktion von Puerto Rico als Ort des Todes sowie als Sehn-

suchtsort, der erst retrospektiv und von einem anderen geographischen
Ort aus als solcher erkannt werden kann:

> We would leave Puerto Rico that summer, after Papi came back home one night, and
> both he and Mami acted as if he'd never left. We still didn't know everything we would
> lose – the ceibas, the falmboyaes, the moriviví, the coquis singing us to sleep at night –
> verything we'd already lost. We wouldn't know until it was too late (61).

Der Text führt die Ankunft Jaquis und ihrer Familie in Miami Beach
erneut mit dem Motiv des Todes eng und potenziert diese, indem er wiederholt auf einen Kriminalfall und dessen sensationalistische Mediati-
sierung Bezug nimmt, der in den 1990er-Jahren in der US-Presse als
„Baby Lollipops Murder" bekannt geworden war (65–100). In einem
Gebüsch in Miami Beach war 1990 ein unterernährtes und schwer miss-
handeltes hispanisches Kleinkind gefunden worden. Schließlich wurden
in mehreren Prozessen die kubanische lesbische Mutter des Jungen und
ihre Partnerin des Mords für schuldig befunden und verurteilt.[12]

Dieser reale Kriminalfall dient der schreibenden Ich-Erzählerin als
Plattform für eine retrospektive Auseinandersetzung mit ihrer zerrütte-
ten Beziehung zur Mutter und deren Schuldfähigkeit, mit dem eigenen
Potenzial an Gewalttätigkeit als Jugendliche und allgemeiner mit der
Frage der Entstehungsbedingungen von Monstrosität. Dabei wird
anhand der *histoire*-Elemente der erzählten Jaqui und den Reflexionen
der erzählenden Jaqui auf *discours*-Ebene deutlich, wie im Baby Lolli-
pops-Prozess und dem öffentlichen Diskurs darüber soziale, ethnische
und sexuelle Marginalisierung intersektional zusammenwirken und zu
einer Vorverurteilung der Mutter von Baby Lollipops führten. Über die
Verknüpfung von ethnischer Marginalisierung und Gewalt mit dem
Motiv der Abweichung vom heteronormativen Modell sowohl im Mord-
fall Baby Lollipops als auch im Falle des erzählt-erzählenden Ich werden
Strukturen der Stigmatisierung als ‚Monster' sichtbar und damit reflek-
tierbar gemacht.

Der langsame Erkenntnisprozess der Protagonistin, dass sie eben kein
Monster *per se*, sondern ein ‚gewöhnliches Mädchen' in einem speziellen

---

[12] Jaquira Díaz, „Inside Brutal Baby Lollipops Murder Case That Shook South Florida", in: *Rolling Stone*, 13. Januar 2017, https://www.rollingstone.com/culture/
culture-features/inside-brutal-baby-lollipops-murder-case-that-shook-south-
florida-113594/.

sozialen, historischen und räumlichen Kontext war, führt über mehrere Selbstmordversuche zum Prozess des Schreibens. Das Schreiben als sozial engagierte und kreative Ausdrucksmöglichkeit erscheint als einziger Weg aus der zugeschriebenen Monstrosität. Es vermag die deterministischen Anteile in der Selbstverurteilung zwar nicht zu tilgen, doch wenigstens zu relativieren. Es erlaubt damit in der Retrospektive der Ich-Erzählerin einen Ausbruch aus dem Kreislauf der Gewalt und der performativen Selbststilisierung als todbringendes Monster:

> It was the same next summer, and the summer after that: we went right back to drinking, smoking, fighting, dancing, dancing, dancing, running away. We wanted to be seen, finally, to exist in the lives we mapped out for ourselves. We wanted more than noise – we wanted everything. We were ordinary girls, but we would've given anything to be monsters. We weren't creatures or aliens or women in disguise, but girls. We were girls (190).

De- oder Reterritorialisierung?

Wie ist dieser Text nun in die festlandpuertoricanische, wie in die US-karibische Diasporaliteratur einzuordnen? Offensichtlich schreibt er sich in die Tradition der *Ghetto Novel* mit den klassischen Elementen der Kriminalität, des Gesetzes der Straße und der Schule als Ortes epistemischer Gewalt ein und produziert Heimstätten als dysfunktionale und gewalttätige Mikroräume, wie bereits *Bodega Dreams* oder *Down These Mean Streets* (1967). Doch entfaltet *Ordinary Girls* im Gegensatz zu den meisten Werken der 2000er-Jahren ein echtes Migrationsnarrativ, das nicht den ikonischen puertoricanischen Raum von Spanish Harlem in New York für sich beansprucht, sondern einen stark pankaribisch ausgerichteten marginalisierten Raum in Florida, genauer: in Miami Beach, produziert. Dabei wird das Miami Beach der 1990er-Jahre und 2000er-Jahre als Grenzgebiet ausgeformt, in dem die rastlose Protagonistin wie in einem labyrinthartigen Limbo umherirrt. Deterritorialisierung wird also negativ als räumliche, kulturelle und soziale Orientierungslosigkeit dargestellt.

Das Bild der Monstrosität – als Fremdzuschreibung und als Selbstzuschreibung – dient zur Verarbeitung der Gewalt gegen sich und andere und einer als nicht konform etikettierten Sexualität. Neu dabei ist im festlandpuertoricanischen Kontext die Feminisierung der *Ghetto Novel*,

indem den klassischen heteronormativen Genderrollen der Mainstream-
Gesellschaft, aber auch der festlandpuertoricanischen Literatur der USA
entgegen ein queeres Bild des Ghetto-Mädchens vermittelt wird. Neu ist
auch der bisweilen kritische Postmemoria-Blick zurück auf die puertoricanische Unabhängigkeitsbewegung der 1950er-Jahre, der in festlandpuertoricanischen Texten häufig durch den politischen Kampf im US-
Barrio ersetzt wird, für den die Young Lords in Chicago und New York
City Ende der 1960er-Jahre exemplarisch sind.[13] Insofern geht der Text im
Spannungsfeld von De- und Reterritorialisierung einen Schritt zurück
in Richtung Deterritorialisierung und Neuauseinandersetzung mit der
puertoricanischen Geschichte. Der Aspekt der Reterritorialisierung der
ab den 1980er-Jahren eingewanderten puertoricanischen Bevölkerung
in den USA wird indes problematisiert. Dennoch verortet der Text sich
erzählräumlich und literaturgeschichtlich – wie das Epigraph aus Sandra
Cisneros Short Story „Bien Pretty" (1991) andeuten mag – auf kontinen-
taler Seite in der Riege der *ethnic literature* der USA, wofür zudem der
Bildungsweg und die literarische (Teil-)Sozialisierung der Autorin in
den Master of Fine Arts-Programmen und literarischen Magazinen der
USA spricht.

---

[13] Darrell Enck-Wanzer, *The Young Lords. A Reader*, New York, London: New York
University Press, 2010.

Mediales raum-zeitlich gesehen

Medien, Zeit, Tradition:
ein linguistischer Seitenblick

Johannes Kabatek

Mein kurzer Beitrag in diesem Band ist der eines Aussenseiters, der hier eigentlich fachfremd ist und dessen Bezug zu Jochen Mecke sich nicht aus wissenschaftlichen, sondern aus wissenschaftspolitischen Gründen ergibt. Die Zusammenarbeit zwischen Linguistik und Literaturwissenschaft, die durch die fortschreitende Spezialisierung in den Disziplinen schwierig geworden ist, hat eigentlich in der Romanistik eine grosse Tradition, auf die wir zuweilen in Verbundprojekten oder in institutionellen Zusammenhängen hinweisen, sie stösst jedoch jeweils dann an Grenzen, wenn das Gefühl stärker wird, dass wir uns doch in verschiedenen Welten bewegen und dass selbst da, wo wir zuweilen glauben, dieselbe Sprache zu sprechen, die jeweiligen Bezugsysteme eigentlich verschieden sind und die scheinbare Verständigung eben nur scheinbar gelingt (cf. Blanchot, *Il nome Berlino*).

Wo wir uns immer wieder Brücken bauen können, ist bezüglich unserer Daten; und hier gibt es zwischen Linguistik und Literaturwissenschaft dann doch zahlreiche Berührungspunkte, denn beide arbeiten traditionell mit Texten, und beide haben eine mediale Wende hinter sich, die neben diese Welt der Texte weitere mediale Welten stellt und nicht zuletzt das Verhältnis von geschrieben Texten im traditionellen Sinn zu anderen Medien thematisiert. Nun könnten wir hier auch bereits wieder schliessen und sagen, dass (ohne die Analogie weiter zu spezifizieren) auch ein Gemüsehändler und ein Feinschmecker sich mit Kartoffeln beschäftigen, dass da aber jeweils völlig andere Interessen im Raum stehen. Dennoch sind gewisse Eigenschaften der Untersuchungsobjekte auch für die dann divergierenden Fragen relevant, und in deren Identifikation treffen wir uns wieder – zumindest diejenigen, die sich ihren Blick auf die Phänomene nicht allzu sehr durch fachenge Scheuklappen begrenzen lassen. Und wir treffen uns auch in allgemeinen Perspektivierungen, etwa beim Interesse für Medien, für Medientransfer und Mediengeschichte.

Von Brigitte Schlieben-Lange übernahm ich im Jahre 1999 die Konzeption einer *Media history of the Romance languages*,[1] einer alternativen romanischen Sprachgeschichte von den Medien her, von der Manuskriptkultur über den Buchdruck bis hin zu dem, was man damals, in Vorsmartphonezeiten, als neue Medien bezeichnete. Seitdem hat mich das Thema Sprache und Medien, insbesondere hinsichtlich der Sprachgeschichte, immer wieder beschäftigt, gerade auch jetzt, da die Medienrevolution der KI uns die Sache entgleiten zu lassen droht.

Ich habe meinen linguistischen Seitenblick mit der Trias *Medien, Zeit, Tradition* überschrieben. Vor allem das Thema Tradition spielt dabei eine wichtige Rolle, da es eines der zentralen Themen sprachwissenschaftlicher romanistischer Forschung und auch meiner Forschung der letzten Jahrzehnte ist. Seit die bereits erwähnte Brigitte Schlieben-Lange im Jahre 1983 das Thema der *Traditionen des Sprechens* ins Zentrum eines viel beachteten Buches gestellt hat (wobei die Traditionen des Schreibens hier explizit mit einbezogen sind), und seit Peter Koch in seiner Freiburger Habilitationsschrift von 1987 den Begriff der *Diskurstraditionen* lanciert hat, der im berühmten SFB 321 im Rahmen der Übergänge und Spannungsfelder zwischen Mündlichkeit und Schriftlichkeit neben Koch/Oesterreichers Dichotomie von Nähe und Distanz zu einem zentralen Paradigma wurde, seitdem wurden unzählige Aufsätze und Bücher zum Thema Diskurstraditionen veröffentlicht und es haben Kongresse, Kolloquien und auch Hispanistentagssektionen zu dem Thema stattgefunden.

Einmal sogar, auf dem Berliner Romanistentag 2011, fand eine gemeinsame Sektion von Literaturwissenschaft und Linguistik zu dem Thema statt, im Rahmen derer die Linguistinnen und Linguisten sehen konnten, dass ihre Neuentdeckung der Traditionalität mehr aus einer paradigmenbedingten disziplinären Blindheit heraus geschehen musste als aus der allgemeinen Ignoranz gegenüber dem Phänomen, denn für

---

[1] Im Rahmen einer Max-Kade Gastdozentur an der Washington University in St. Louis/Missouri, die von Brigitte Schlieben-Lange begonnen und dann nach ihrer Erkrankung von mir zu Ende geführt wurde.

die Literaturwissenschaftler gehörte der Blick auf die Traditionen zur Selbstverständlichkeit.

Der linguistische Strukturalismus hatte nämlich die Saussuresche Doktrin der angeblichen Blindheit des Sprechers gegenüber der Vergangenheit viel ernster genommen als etwa der literarische Strukturalismus. Im *Cours* heisst es bekanntlich: „la langue est un système de pures valeurs que rien ne détermine en dehors de l'état momentané de ses termes"; und weiter: „La première chose qui frappe quand on étudie les faits de langue, c'est que pour le sujet parlant leur succession dans le temps est inexistante: il est devant un état."

Die Sprache wird gesehen als ahistorisches (Foucault sagt wörtlich „ahistorique") System, das in einer der Zeit enthobenen Synchronie funktioniert. Weiter heisst es über die linguistische Arbeit – ein zumindest scheinbarer Schlag des Junggrammatikers Saussure ins Gesicht der ganzen historischen Linguistik des 19. Jahrhunderts und gegen Hermann Pauls Doktrin vom Primat der historischen Sprachwissenschaft, man könne nur in das Sprachbewusstsein eindringen, wenn man die Vergangenheit unterdrücke und von ihr absehe. Paul hatte in seinen *Principien der Sprachgeschichte* noch in „Abrede gestellt", dass es „eine andere wissenschaftliche Betrachtung der Sprache gäbe als die geschichtliche."

Saussure hingegen, der Saussure des *Cours* (der sicher eine Konstruktion der Herausgeber ist), nicht der Junggrammatiker in Leipzig, der er eben auch war, fordert die Umwertung aller junggrammatischen Werte. Und auch in den anderen dominierenden sprachwissenschaftlichen Strömungen der zweiten Hälfte des 20. Jahrhunderts – generative Grammatik, Soziolinguistik, Pragmatik, Kognitive Linguistik – wurde das Primat der Synchronie nicht hinterfragt.

Dies hängt wohl in erster Linie mit dem Objekt zusammen und mit der Vorstellung, dass Sprache als primäres semiotisches System nicht nur primär, sondern eben auch anders ist. Sicher hat Sprache mit anderen Medien die Dualität von Substanz und Form gemein. Doch neben dieser von Jochen Mecke mit Bezug auf Niklas Luhmann zitierten Dualität, die Luhmann in der „festen Koppelung von Elementen der Form" im Gegensatz zu „lockeren Koppelung der Substanz" sieht, ist die Form der muttersprachlichen Zeichen eine mit dem Ich verschmolzene, eine, hinter die wir nicht zurück können, ein „état", in dem wir uns selbst als

kreative Wesen befinden und den wir in Humboldtscher *Energeia* selbst
mit schaffen, ohne auf Gesagtes als *Ergon* rekurrieren zu müssen: Wir
erlernen die Sprache als Technik, wir nehmen sie in uns auf, sie wird ein
Teil von uns, und so befreien wir uns gewissermassen von ihrer
Geschichte, die wir nun selbst sind. Das ist das, was wir als die primäre
Historizität der Sprache bezeichnen können, eine Geschichtlichkeit, die
paradoxerweise ahistorisch erscheint.

Diese ist von der sekundären Historizität, der sich auf das Wiederholte und Wiederholbare – oder, mit Peter Kochs Begriffen, *Diskurstraditionen* und *Diskurstraditionelles* – beziehende, unterschieden und
unterscheidbar. In der sekundären Historizität, die unser Sprechen auch
prägt, geht es um Wiederholung von Gesagtem: um Traditionen des
Sprechens oder Schreibens; um Formen, Formeln, Inhalte, die wir wiederholen und variieren mit Bezug auf das Gesagte, oder die wir gerade
nicht wiederholen und die in Aposiopesen und in der Negativität dennoch bedeutsam werden.

Die Objekte der Literaturwissenschaft sind im Gegensatz zur Energeia-
zentrierten Linguistik trotz Foucault und trotz Diskurs im allgemeinen
Werke, *Ergon*, Produkte menschlicher Tätigkeit, die als solche betrachtet
und zueinander in Bezug gesetzt werden können. Diese In-Bezug-
Setzung kann von bestimmten Kategorien her geschehen, wenn etwa
eine bestimmte Form, nehmen wir das Sonett bei Baudelaire oder Lope
de Vega oder, offener und komplexer, den Roman oder den Spielfilm, in
ihrer Tradition verortet wird. Sie kann aber auch – und hier scheint mir
das wahre Potenzial des Diskurstraditionenbegriffs zu liegen – von den
Elementen heraus geschehen und die Suche nach Traditionalität nicht
von den Kategorisierungen des Traditionellen her vornehmen, sondern
von jedweder identifizierbaren Tradition heraus.

Ein Beispiel: Eine französische Parlamentsrede ist nicht nur ein
Exemplar der Gattung französische Parlamentsrede (und zu oft wurde
Diskurstradition mit Gattung gleichgesetzt und banalisiert), sondern
auch der Tradition der Rechten oder der Linken, der Jungen oder der
Alten, der Männer oder der Frauen, der Enarchen und der nicht-
Enarchen. All diese Traditionsbezüge sind keine starren Muster; sie
werden aufgenommen, identifiziert, imitiert, vermieden oder übertrieben. Und die zentrale Hypothese der Diskurstraditionenforschung, diejenige, wo die Linguistik der Literaturwissenschaft etwas anzubieten

hat, die zentrale Idee ist diejenige, dass all diese Traditionen mit sprachlichen Mitteln korrelieren oder zumindest korrelieren können. Dabei ergeben sich manchmal, wenn auch eher selten, sogar Konstellationen, in denen einzelne lexikalische, grammatische oder textuelle Schibboleths zu Identifikatoren bestimmter Traditionen werden, so wie das *Es war einmal* beim Märchen.

In einem Vergleich der beiden Ausgaben der Tageszeitung *ABC*, die während des Spanischen Bürgerkriegs in einer franquistischen Fassung in Sevilla und in einer republikanischen Fassung in Madrid erschien, konnten wir zeigen, dass die Voranstellung von Adjektiven in der franquistischen Version, wo es von Konstruktionen wie *heroico ejército, católica nación* bis zur *encendida vehemencia* nur so wimmelt, fast dreimal so hoch ist wie in an den gleichen Tagen erschienenen Ausgaben des republikanischen Madrid. Vergleicht man dies mit den Reden Francos und anderen im franquistischen Umfeld erscheinenden Texten, so kann man Parallelen finden, die auf eine Art „franquistischen Stil" hindeuten, der in einer Appropriation gewisser sprachlicher Mittel einen Kontrast zu anderen, in der Zeit kopräsenten Traditionen herstellt. Wie gesagt: Solche fast monokausal scheinenden Korrelationen sind eher die Ausnahme, und üblicherweise geschieht der dynamische Prozess der Traditionsbildung in einer Semiose, in welcher eine *particolar combinazione* von Elementen (um einen alten Terminus Ascolis zu verwenden) bedeutsam wird. Deren Erfassung ist keine banale Tätigkeit, sie besteht – bei aller Objektivierbarkeit und Quantifizierbarkeit bestimmter Grössen – aus philologischer Detailarbeit und letztlich aus einem *hermeneutischen* Prozess.

Es geht in der linguistischen Diskurstraditionenforschung also weder um die reine Identifikation inhaltlich oder formal bestimmbarer Traditionen noch um ästhetische Fragen der Texte. Es geht einzig um die sprachlichen, lexikalischen, grammatischen und textuellen Merkmale bestimmter Traditionen, also um das Verhältnis von Sprache und Text oder, um zu der vorigen Unterscheidung zurückzukommen, von erster und zweiter Historizität. Dieses Verhältnis ist in beide Richtungen bestimmbar: für die Linguistik führt die Differenzierung von Diskurstraditionen zu einem neuen Blick auf die Grammatik und auf die Sprachgeschichte. Sprachgeschichte ist auf einmal nicht mehr eine vermeintlich lineare Diachronie mit S-kurvenartigen Ausbreitungen bestimmter

Innovationen in einer zu jedem Zeitpunkt homogenen *langue*; Sprachgeschichte wird zum komplexen Nebeneinander diskursiver Traditionen
mit ihren lexikalischen, grammatischen und textuellen Eigenheiten, und
grammatische Innovation ist nicht mehr nur ein Faktum der Sprache als
solcher, sondern bestimmter Texte, die Traditionen bilden, von denen
die Innovation dann auch andere Texte und deren Traditionen erfassen
kann.

Zeit wird, wie auch der euklidische Raum, aber das ist noch ein anderes Thema, nicht mehr zur linearen Chronologie, sondern sie relativiert
sich im Wechselspiel kopräsenter Traditionsstränge. Zum Raum müsste
ich weiter ausholen. „Der Raum kann nur in der Zeit, Zeit nur im Raum
erfahren werden", sagt Jochen Mecke. Da gibt es eine metonymische –
nicht metaphorische – Beziehung, die weiter zu präzisieren wäre.

Nun habe ich etwas zu Zeit und zu Tradition gesagt, aber die Medien
bislang umschifft. Medien binden Traditionen an sich aufgrund ihrer
medialen Eigenschaften. Dies geschieht nicht frei, sondern bei der Medi-
eninnovation immer von anderen Medien ausgehend. Medienspezifi-
sche Traditionen können dann, unabhängig von ihrer Herkunft, Medien
evozieren, etwa Filmtechniken im Roman oder Romantechniken im
Film. Beim Medienwechsel, bei Übertragungen von Elementen von
einem Medium ins andere, so Jochen Mecke, werden die Medien selbst
sichtbar. Auch wenn es mir, wie angedeutet, schwerfällt, Sprache aufgrund ihrer semiotischen Priorität als Medium zu bezeichnen, trifft dies
doch in ganz konkreter Weise auch auf die Sprache zu: Die Übertragung
von Sprache in ein anderes Medium ist mit der Sichtbarmachung von
Sprache verbunden – und die Metapher der Sichtbarmachung ist keine
solche im Falle wahrer Visualisierung wie bei der Erfindung der Schrift
oder bei der Erfindung des Buchdrucks, ohne den moderne Normierung
und Standardisierung nicht denkbar gewesen wäre.

In einem Untertitelungsseminar haben wir mit Studierenden den spanischen Film *La soledad* von Jaime Rosales für das Tübinger spanische
Filmfestival untertitelt. Der Film, der im Gegensatz zu den auf die Thea-
tertradition zurückgehenden, geordneten Dialogstrukturen des filmischen Mainstreams eine relativ authentische, fast wirklich gesprochene
Madrider Umgangssprache repräsentiert, zeigte uns, wie schwer es uns
fällt, Vulgärausdrücke oder bestimmte sprechsprachliche Eigenschaften
auf die Untertitel zu projizieren. Es gibt eine eigene Tradition der Unter-

titel (als Subtradition des Geschriebenen), in der ein Ausdruck wie „verdammt" vollkommen akzeptabel erscheint, andere im Gesprochenen völlig übliche fäkale oder sexuelle Ausdrücke jedoch viel auffälliger sind als in der Mündlichkeit. Die mediale Diskurstraditionalität erscheint gerade da, wo sie durchbrochen wird.

Im Deutschlandfunk gibt es regelmässig Nachrichtensendungen „in einfacher Sprache". Da heisst es dann etwa: „Der Präsident von dem Land Frankreich hat eine von seinen Ministerinnen entlassen, weil sie etwas gesagt hat, was er nicht gut fand." Es sind genitivfreie Nachrichtentexte: Der vermeintlich tote deutsche Genitiv wird hier aufgrund seiner angeblichen Inexistenz in der deutschen Umgangssprache als zu komplex herausgefiltert und systematisch durch Dativkonstruktionen ersetzt. Das wirkt ungewohnt, ja vielleicht sogar störend und irgendwie in der Textsorte „Radionachrichten" fehl am Platze: Die Textsorte fordert quasi die ihr angemessenen Mittel, sie evoziert Traditionen, deren Bruch störend wirkt.

Dies ist in ähnlicher Weise auch eines der Probleme von Minderheitensprachen, die im Zuge ihrer Emanzipation mediales Neuland betreten, das bereits von den Mehrheitssprachen besetzt ist. Als das Galicische in den achtziger Jahren Sprache des Radios und des Fernsehens wurde, wurden massiv spanische Modelle für die Texte der neuen Medien übernommen, und dies nicht nur aufgrund der Herkunft der Radio- und Fernsehsprecher, die mehrheitlich aus den spanischsprachigen Schichten stammten, sondern auch wegen der etablierten, bekannten spanischen Vorbilder. Gegen diese Interferenz aufgrund textueller Vorbilder können die Sprecher auch reagieren, was dann, um beim Beispiel des Galicischen zu bleiben, auch mitunter passierte, wenn etwa in den Fernsehnachrichten eine Dopingprobe als „proba de mexo" bezeichnet wurde, als *Pissprobe*, weil der vielleicht angemessenere Ausdruck *proba de orina* (oder *de ouriños*) zu sehr spanisch klang. In beiden Fällen ist die etablierte textuelle Tradition mit gewissen sprachlichen Mitteln verbunden; die Texte sind nicht nur Traditionsevokatoren, sondern mitunter auch Bollwerke gegen Veränderung. Dennoch ist Veränderung immer möglich und Dynamizität eine Folge des Axioms der sprachlichen Kreativität.

Die Spannung zwischen medienangemessener Textverwendung und mündlichkeitsnaher Authentizität führt zu einem Prozess der Auswahl und Traditionsetablierung. Diese wiederum interagiert als Subsystem mit anderen Subsystemen und kann auch die Herkunftstraditionen verändern (bzw. verändert diese, wenn man systemisch denkt, per definitionem). Wir rezipieren und produzieren heute Kurznachrichten, Hashtags, Hypertexte und Emoticons, und ob unser Sprachdenken und unsere Sprache sich durch die neuen Schreibgewohnheiten verändert, können wir sicherlich noch gar nicht abschätzen. Zuweilen hat man allerdings den Verdacht, dass die von Twitter auferlegte Beschränkung auf zunächst 140, dann immerhin 280 Zeichen auch zu einer allgemeinen Beschränktheit beiträgt.

∗ ∗ ∗

Die Sprache ist die Grundlage unseres Seins und unserer Erkenntnis, von ihr aus schaffen wir Welten, Medien, sprachliche und nichtsprachliche Traditionen. Die Sprachwissenschaft macht sich zur Aufgabe, die universellen, einzelsprachlichen und textuellen Eigenschaften von Sprache, Sprachen und Texten zu erfassen. Damit liegt ihr Gebiet woanders als in den ästhetisch orientierten Wissenschaften. Sie trifft sich mit diesen jedoch und tauscht sich mit diesen da aus, wo es um kulturelle sprachliche Traditionen geht. Auf diesem Gebiet können Linguistik und Literaturwissenschaft voneinander profitieren.

Auch in menschlichen Begegnungen, die uns erfüllen und die vielleicht das eigentliche Ziel jedweder Kultur sind; ein Ziel, das wir schon aus reinem „Nosimus" erhalten müssen, unabhängig davon, ob die Maschinen vielleicht irgendwann besser Zusammenhänge herstellen können als wir selbst.

Raumauskundschafter.
Gegenermittlungen im französischen Einbrecherfilm

Wolfram Nitsch

Auch wenn zwischen Autorenfilm und Genrekino seit jeher ein Spannungsverhältnis besteht, hat ein Filmgenre bei den *auteurs* der Nouvelle Vague doch von Anfang an Anklang gefunden: der Kriminalfilm, insbesondere der um 1950 als Subgenre entstandene Einbrecherfilm.[1] Dies kommt nicht von ungefähr. Denn die Planung eines Einbruchs durch einen ingeniösen Verbrecher und seine Ausführung durch eine kleine, verschworene Bande bietet beste Gelegenheiten zu jener „Einschreibung des Regisseurs als Autor in den Film", die nach Jochen Mecke den Autorenfilm charakterisiert.[2]

Schon in John Hustons *Asphalt Jungle*, gemeinhin als erstes *heist movie* betrachtet, signiert der Geldschrankknacker seinen Coup mit einem Fläschchen selbstgefertigten Sprengstoffs, das er im aufgebrochenen Tresor hinterlässt; und noch in der Serie *La casa de papel*, dem größten Erfolg in der neuesten Geschichte des Genres, hält der als „Professor" titulierte Bandenchef sämtliche Fäden in der Hand. Die gleichsam auktoriale Planung des *heist* weist aber auch insofern über bloße Genrekonventionen hinaus, als sie Ermittlungen einschließt, die jenen der Polizei verdächtig ähneln. Eine derart abgründige, in der Gattungstradition des Kriminalromans freilich schon angelegte Spiegelung der kriminalistischen *enquête* in einer kriminellen *contre-enquête* tritt gerade in zwei Klassikern des Einbrecherfilms zutage: in *Rififi* von Jules Dassin und in *Le cercle rouge* von Jean-Pierre Melville.

---

[1] Vgl. Daryl Lee, *The Heist Film. Stealing with Style*, London, New York: Wallflower, 2014, 40f.

[2] Jochen Mecke, „Autorenfilm. Der filmische Autor als Funktion des Autorendiskurses und die Funktionen filmischer Autorschaft", in: Michael Wetzel (Hrsg.), *Handbuch Autorschaft*, Berlin: De Gruyter, 2021, 564–582, hier 574.

Enquête und contre-enquête

Der Zusammenhang zwischen Ermittlung und Gegenermittlung erhellt aus Überlegungen, die Luc Boltanski in seiner „enquête à propos d'enquêtes" entwickelt hat.[3] Für ihn ist es kein Zufall, dass die moderne Soziologie zur gleichen Zeit wie der Kriminalroman entstand. Denn in den fiktiven Untersuchungen eines Detektivs oder eines Polizisten kommt ihm zufolge mehr oder weniger grell zum Vorschein, was eine an Marx geschulte Theorie der Gesellschaft generell beschäftigt. Dies liegt an der Radikalität, an der Duplizität und an der Produktivität der erzählten Ermittlung.

Sie trägt erstens radikale Züge, weil sie bis zur Aufklärung des Falls potenziell alle Figuren unter Verdacht stellt. Eine solche Generalisierung des Argwohns entspringt laut Boltanski einer tiefgreifenden Beunruhigung darüber, dass die vom Nationalstaat garantierte Ordnung von der globalen Dynamik des Kapitals unterwandert wird. Das detektivische Rätsel verweist mithin auf eine offiziöse Realität, die sich hinter der offiziellen Wirklichkeit verbirgt. Noch deutlicher tritt diese Hermeneutik des Verdachts im jüngeren Spionageroman hervor, wo der Agent ein internationales Komplott enthüllt, sowie erst recht in der Verschwörungserzählung, wie sie die gleichzeitig aufgekommene Theorie der Paranoia untersucht.

Mit dem Agenten verbindet den fiktiven Ermittler zweitens auch eine charakteristische Duplizität. Manchmal muss er den Boden des Gesetzes verlassen, um das Verbrechen aufzuklären und den Verbrecher zu überführen. Während die englische Gattungstradition dafür mit Vorliebe einen der Polizei überlegenen, aber auch suspekten Privatdetektiv einsetzt, lässt der französische Kriminalroman seinen Protagonisten traditionell in einer Doppelrolle auftreten. Schon Gaboriaus Inspektor Lecoq, wie Balzacs Vautrin ganz offenkundig dem legendären Vidocq nachgebildet, gehört als ehemaliger Verbrecher zu diesen „êtres hybrides, mi-criminels mi-policiers",[4] doch auch noch Simenons Kommissar Maigret,

---

[3] Vgl. Luc Boltanski, *Énigmes et complots. Une enquête à propos d'enquêtes*, Paris: Gallimard, 2011.

[4] Ibid., 118.

der dem kriminellen Milieu oft mit Verständnis begegnet und sich manchmal sogar seiner Methoden bedient.

Drittens schließlich fällt die produktive Wirkung der erzählten Ermittlung ins Auge. Oft provoziert die kriminalistische *enquête* eine *contre-enquête*, aber nicht in der üblichen Bedeutung einer bloßen Verifikation von Untersuchungsergebnissen, sondern im Sinne einer inoffiziellen Gegenermittlung. Diese kann ein Privatdetektiv führen, wie im Falle des *polar* amerikanischer Prägung, aber auch die Unterwelt selbst, wie schon Balzacs Metapher einer kriminellen „contre-police"[5] verrät.

Gerade die zweite Variante, die dem Verbrecher eine ähnliche Duplizität wie dem Polizisten verleiht, ist im französischen Kriminalfilm gang und gäbe. Manchmal folgt die Gegenermittlung auf ein Verbrechen, das nicht nur das Gesetz übertritt, sondern zugleich den im Milieu geltenden Ehrenkodex verletzt. Diese schon aus Fritz Langs *M* bekannte Konstellation wird mit besonderer Konsequenz in *La mort d'un tueur* (1964) von Robert Hossein entfaltet: Ein entlassener Gangster folgt mit Rachegedanken der Fährte eines Verräters, wird jedoch selbst von seinesgleichen beschattet, weil der Unterweltboss Wert auf eine rituelle Paralleljustiz legt. Manchmal wiederum geht die Gegenermittlung dem Verbrechen voraus. So verhält es sich in der Regel im Einbrecherfilm, eben weil ein sensationeller Coup eine skrupulöse Untersuchung des Tatorts erfordert.[6] In Melvilles *Bob le flambeur* (1956) geht es sogar in erster Linie darum, wie das Casino ausgekundschaftet, das Sicherheitssystem ergründet und das Zusammenspiel der Bande eingeübt wird, weil der Raub selbst schon vor seiner Ausführung scheitert.[7] Die beiden Klassiker des

---

[5] Honoré de Balzac, „Spendeurs et misères des courtisanes", in: *La Comédie humaine*, hrsg. v. Pierre-Georges Castex, Paris: Gallimard, 1976–1981, Bd. 6, 630; vgl. ibid., 534, sowie D. E. Miller, „Balzac's Illusions Lost and Found", in: *Yale French Studies* 67, 1984, 164–181, hier 173ff.

[6] Vgl. Wolfram Nitsch, „„El mejor jugador'. Investigación y juego en *El aura* de Fabián Bielinsky", in: Wolfram Nitsch & Christian Wehr (Hrsg.), *Cine de investigación. Paradigmas de la revelación y del ocultamiento en el cine argentino*, München: AVM, 2017, 123–138.

[7] Vgl. Wolfram Nitsch, „Der Gangster als Spieler. Handwerk und Hasardspiel in Melvilles *Bob le flambeur*", in: Hermann Doetsch & Andreas Mahler (Hrsg.), *Gangsterwelten. Faszination und Funktion des Gangsters im französischen Nachkriegskino*, Bielefeld: Transcript, 2017, 153–169.

französischen *film de casse* haben ihren Status vielleicht auch dadurch erlangt, dass sie die eine wie die andere Spielart krimineller Gegenermittlung in Szene setzen.

Inspizierende Gangster

Rififi (1955), der vielfach kopierte Welterfolg des franko-amerikanischen Regisseurs und Szenaristen Jules Dassin, von Truffaut als einer der besten Kriminalfilme aller Zeiten gefeiert,[8] ist vor allem für eine fast halbstündige Einbruchsequenz ohne Worte und ohne Musik berühmt. Kaum weniger bemerkenswert erscheinen jedoch die Gegenermittlungen der Gangster, die ihr vorausgehen und folgen. Vor dem Coup bestehen sie in einer systematischen Inspektion des Tatorts, einem vornehmen Juweliergeschäft nahe der Place Vendôme in Paris. Zunächst mustert die im Café gegenüber versammelte Bande Schaufenster und Eingang, um die Möglichkeit eines bewaffneten Überfalls nach Londoner Vorbild zu prüfen. Da der von langer Haft gezeichnete Bandenchef Tony jedoch befürchtet, nicht mehr schnell genug für einen frontalen Blitzraub zu sein, wird ein neuer und durchaus origineller Plan entwickelt. Über die am Wochenende leerstehende Wohnung des Juweliers im Obergeschoss will man nachts heimlich in den Laden einsteigen, um in aller Ruhe den Tresor und die Vitrinen zu leeren.

Dazu allerdings bedarf es einer „sacrée préparation", vor allem umfangreicher Ermittlungen, die sich wie der Coup selbst nur arbeitsteilig bewältigen lassen. Tony und sein kräftiger Handlanger Jo erkunden durch eine Langzeitüberwachung des Ladens, teils vom Trottoir, teils von einem gegenüber gelegenen Hotelzimmer aus, wann das Geschäft öffnet, wann Lieferanten eintreffen und wann Wachleute nach dem Rechten sehen. Den so ermittelten Zeitplan tragen sie in ein Notizbuch ein, das sie beim Einbruch als eine Art Drehbuch verwenden. Dass dieses Notizbuch genauso wie später dasjenige eines Autonummern aufschreibenden Polizisten in Großaufnahme erscheint, weist ihre Aktivitä-

---

[8] Siehe François Truffaut, „*Du rififi chez les hommes* de Jules Dassin" (1955), in: *Chroniques d'„Arts-Spectacles" (1954–1958)*, hrsg. v. Bernard Bastide, Paris: Gallimard, 2019, 121–122.

ten als Zweckentfremdung kriminalistischer Überwachungstechniken
aus. Ihrem fingerfertigen Komplizen Mario fällt die Aufgabe zu, zwecks
Anfertigung eines Dietrichs das Haustürschloss zu examinieren. Der
kooptierte Tresorexperte César schließlich wird damit beauftragt, das
Geschäft von innen zu inspizieren. Dazu spielt er den reichen Kunden
und bezieht unter dem Vorwand eines Telefonats Posten im Ladenbüro,
wo er das Tresormodell und die Marke der Alarmanlage ermittelt. Deren
Kenntnis wiederum ermöglicht es Tony, verschiedene Mittel zur Stumm-
schaltung des Alarms experimentell zu erproben.

Während die Werkstatt als Schauplatz dieser Experimente und Diet-
richschmiede die handwerklichen Fähigkeiten der Einbrecher betont,
unterstreichen die von ihnen besetzten Beobachtungsposten ihre investi-
gative Kompetenz.[9] In Césars Regenschirm kommen beide Dimensionen
des Einbruchs zusammen: Bevor er zum geräuschlosen Einstieg in das
Geschäft als Auffangbecken für loses Mauerwerk aufgespannt wird, dient
er als vornehmes Requisit eines geheimagentenartigen Rollenspiels.
Césars Verkörperung durch Dassin selbst macht außerdem deutlich, dass
die Auskundschaftung des Tatorts derjenigen eines Drehortes ähnelt.

Obwohl der mit solcher Umsicht angebahnte Einbruch gelingt, wird
bald wieder eine aufwendige Ermittlung fällig. Da eine konkurrierende
Bande von dem Raubzug erfährt, Jos kleinen Sohn entführt und die
Beute als Lösegeld zu erpressen versucht, muss Tony plötzlich andere
Gangster verfolgen. Mit quasi polizeilichen Methoden sucht er im kriminellen Milieu nach den Geiselnehmern und ihrem Versteck. Auf den
Straßen von Montmartre und Belleville verhört er verschiedene Spitzel,
vor allem seine bestens vernetzte Ex-Geliebte Mado; in der Stadtbahn
beschattet er daraufhin einen Dealer, der ihn nichtsahnend zum Vor-
stadtquartier der drogenabhängigen Erpresser führt. Damit übernimmt
er gewissermaßen die Arbeit der Kriminalpolizei und der Presse, die

---

[9] Vgl. Hermann Doetsch, „Handwerk und Netzwerke. Der *heist*-Film und die
Technisierung der Lebenswelt in Jules Dassins *Du rififi chez les hommes*", in:
Hermann Doetsch & Andreas Mahler (Hrsg.), *Gangsterwelten. Faszination und
Funktion des Gangsters im französischen Nachkriegskino*, Bielefeld: Transcript,
2017, 97–152.

beide außer beim Begräbnis des von der Konkurrenz ermordeten Mario nie in Erscheinung treten.[10]

Im Showdown unter Gangstern sprechen freilich wieder die für den Coup ganz beiseite gelegten Waffen. Tony kann das entführte Kind gerade noch in Sicherheit bringen, bevor er einer tödlichen Schusswunde erliegt. Dennoch prägt er sich nicht als Pistolero ein, sondern als gleichermaßen gewiefter Einbrecher und Verfolger, als erfolgreicher Auskundschafter von Räumen und Orten, demgegenüber die in *Rififi* fast unsichtbare Polizei stets das Nachsehen hat.

Die polizeiliche als quasi-kriminelle Ermittlung

Als Regisseur von *Rififi* war ursprünglich Jean-Pierre Melville vorgesehen, der von Godard verehrte Altmeister des Kriminalfilms in der französischen Nachkriegszeit. Sein fünfzehn Jahre später ins Kino gekommener Einbrecherfilm *Le cercle rouge* (1970) nimmt sich in mancher Hinsicht wie eine Replik auf Dassins Klassiker aus.[11] Diese Auseinandersetzung aus der Distanz kommt im Drehbuch sogar zur Sprache, wenn der alternde Inspekteur der Polizei anmerkt: „On change en 15 ans! … Vous croyez que je n'ai pas changé, depuis 1955?". Melvilles Neuerung besteht darin, dass er die kriminellen Gegenermittlungen vor dem Einbruch sowie die davon ausgelöste kriminalistische Ermittlung als beunruhigend eng verwandte Unterfangen in Szene setzt.

Mit nicht geringerer Sorgfalt als Tony und seine Komplizen plant die dreiköpfige Bande um den soeben entlassenen Gangster Corey ihren Coup in einer Bijouterie an der Place Vendôme, deren Ware durch neueste Technik perfekt gesichert wirkt. Während Corey selbst den späteren Vertrieb der Beute durch einen scheinbar zuverlässigen Hehler erkundet, inspiziert sein Komplize Jansen vor Ort die Alarmanlage. Dazu mimt er wie der *Rififi*-Gangster César den teuer gekleideten und mit edlem Regenschirm ausgestatteten Kunden, was ihm umso mehr abverlangt, als er

---

[10] Vgl. Alastair Phillips, *Rififi*, London: Tauris, 2009, 60.

[11] Vgl. Thomas Pillard, „Au-delà de l'Amérique: *Le cercle rouge* et le film policier/criminel français", in: Marguerite Chabrol & Alain Kleinberger (Hrsg.), *„Le cercle rouge". Lectures croisées*, Paris: L'Harmattan, 2011, 73–116.

gerade noch dem Alkohol verfallen und völlig heruntergekommen war. Dank dieser Verkleidung, die an Gentleman-Einbrecher wie Arsène Lupin erinnert,[12] kann er die Vitrinen in aller Ruhe studieren und herausfinden, dass man nach Ladenschluss eine mit der Alarmanlage verbundene Zentralverriegelung aktiviert. Für deren Ausschaltung gießt der ehemalige Scharfschütze sodann Kugeln aus einer Speziallegierung, die bei einem Kunstschuss auf das Schloss der Sicherheitsanlage den Dietrich ersetzt. Dabei greift er auf eine Technik zurück, die ihm der aktuelle Inspekteur der Polizei einst in einem Ballistikkurs beigebracht hat, eignet sich also wiederum polizeiliche Praktiken an. Insofern lugt hinter dem Gesetzesbrecher der Gesetzeshüter hervor, als Jansen beim Einbruch das Hauptschloss tatsächlich mit einem Schuss ins Schwarze zu öffnen vermag.

Dennoch scheitern die zunächst erfolgreichen Juwelendiebe zuletzt an einem Ermittler, der seine wirksamsten Methoden umgekehrt dem Gangstermilieu verdankt. Von Anfang an wird deutlich, dass Kommissar Matteï in enger Verbindung mit den drei Einbrechern steht, dass also, ins Sinnbild von Titel und Motto gefasst, derselbe „rote Kreis" alle vier Protagonisten umschließt. Diese Verbindung ist zum einen metonymischer Art. Zu Beginn des Films erscheint Matteï per Handschelle an Coreys späterem Komplizen Vogel gekettet, den er im Nachtzug nach Paris überführt; und obwohl der Festgenommene unterwegs fliehen kann, kommentiert der Inspekteur ihre gemeinsame Fahrt mit den Worten: „Ça crée des liens". Jansen wiederum kennt der Kommissar von der gemeinsamen Ausbildung her. Dem Bandenchef schließlich begegnet er im Unterwelt-Nachtclub eines gewissen Santi, wo er sich ihm in der Rolle des Hehlers präsentiert.

Nicht erst zu diesem Zeitpunkt zeigt sich zum anderen ein metaphorischer Nexus zwischen kriminellem und kriminalistischem Handeln. Da klassische Polizeimethoden wie Zeugenbefragung, Spurensicherung oder Videoüberwachung angesichts derart professioneller Gangster wirkungslos bleiben, greift Matteï alsbald auf deren ureigene Praktiken

---

[12] Wie Pillard, ibid, 109, Anm. 57, anmerkt, zitiert Melvilles Film eventuell auch schon im Titel den Feuilletonroman *Le cercle rouge* (1916/17) von Lupins Schöpfer Maurice Leblanc.

zurück.[13] So erpresst er den anfangs wenig kooperativen Spitzel Santi,
indem er dessen Sohn wegen Drogenkonsum festnimmt und sogar einen
Selbstmordversuch des Festgenommenen vortäuscht; nicht zu Unrecht
wird dieses Manöver vom *indicateur* als „cinéma" kritisiert, als gangster-
filmreife Inszenierung auf dem Kommissariat. Noch weiter treibt es der
Ermittler, wenn er sich im Stile eines César oder eines Jansen als schwer-
reicher Hehler verkleidet. Im Nachtclub trägt er mehrere dicke Ringe
und zieht ein massives Feuerzeug aus Gold, als er Coreys Zigarette
ansteckt; außerdem mietet er ein ganzes Schloss, um dort im Billardsaal
die Beute entgegenzunehmen. Darin gipfelt seine Mimikry ans Gangstermilieu, denn der Bandenchef hatte seinen Coup ebenfalls an einem
Karambolagetisch ersonnen, wie übrigens schon sein amerikanischer
Vorgänger in *Ocean's Eleven* (1960).[14]

Auf dem Höhepunkt der Hochstapelei kommt der Kommissar dem
Einbrechertrio so nahe, dass er es schließlich zur Strecke bringt, freilich
um den Preis der Ununterscheidbarkeit von Polizist und Verbrechern.
Auch wenn seine *enquête* dem Einbruch schließlich entgegenwirkt,
ähnelt sie doch verdächtig der ihm vorausgehenden *contre-enquête*.
Insofern bekräftigt sein Fahndungserfolg den abgründigen, geradezu
jansenistischen Leitsatz des Inspekteurs, sicher nicht ohne Grund das
Schlusswort des Films: „Tous les hommes sont coupables". Schuldig sind
nicht nur die vermummten Raumauskundschafter, sondern im Grunde
auch der maskierte Ermittler, der ihnen mit ihren eigenen Kunstgriffen
das Handwerk legt.

---

[13] Vgl. Barbara Laborde & Julien Servois, *Analyse d'une œuvre: „Le cercle rouge" de
Jean-Pierre Melville*, Paris: Vrin, 2010, 42.

[14] Vgl. Melvilles Kommentar zu den Billardszenen in François Barat, *L'entretien
avec Jean-Pierre Melville*, Paris: Séguier, 1999, 39f.

Film als Metapher der Zeit. Anmerkungen zur Geschichte der Medienmetaphorik im französischen Roman

Christian von Tschilschke

Dialog und Wettstreit

Blickt man auf Jochen Meckes lange Publikationsliste, fällt – neben vielem anderen – die Häufigkeit und Konstanz eines aus dem Altgriechischen stammenden Begriffs ins Auge: Agon. *Agonie der Moderne. Ambivalenzen der Repräsentation in der spanischen Generación del 98* heißt Jochen Meckes (unveröffentlichte) Heidelberger Habilitationsschrift von 1993. 1997 geht es um die „agonale Modernität von Miguel de Unamunos Roman *Niebla*". 2014 widmet sich ein Aufsatz der „esthétique agonale de la Grande Guerre", und 2020 ist „The Agonal Principle: Aesthetics of Intra- and Intermediality" das Thema.

„Agon" steht für „Kampf", „Wettstreit", aber auch, im griechischen Theater, für den Wechsel von Rede und Gegenrede. Für Nietzsche zeigt sich das agonale Prinzip unter anderem „im Symposion, in der Form des geistreichen Gesprächs", ja, es ist „als ein Ausdruck des Lebens überhaupt anzusehen, dessen Erhaltungsbedingungen immer Steigerungsbedingungen sind"[1]. Nietzsche greift dabei Überlegungen von Jacob Burckhardt auf, der wiederum in seiner *Griechischen Kulturgeschichte* (1898–1902) feststellt: „[D]er Agon ist das allgemeine Gärungselement, welches jegliches Wollen und Können, sobald die nötige Freiheit da ist, in Fermentation bringt." Aber schon bei Homer, im sechsten Gesang der

---

[1] Horst-Jürgen Gerigk, „Oblomow, Bartleby und der Hungerkünstler. Drei Beispiele für die Überwindung des agonalen Menschen", in: Peter Thiergen (Hrsg.), *I.A. Gončarov. Beiträge zu Werk und Wirkung*, Köln: Böhlau, 1989, 15–30, hier 15; dort auch die Bezüge zu Nietzsche, Burckhardt und Homer.

Ilias, sieht Burckhardt das agonale Prinzip auf den Punkt gebracht. Es ist das Bestreben und die Fähigkeit, „immer der Erste zu sein und vorauszuleuchten den andern".

Natürlich stehen diese Zitate hier, weil sie nicht nur, wie bei Homer, auf den tapferen Krieger Glaukos, den Sohn des Lykierkönigs Hippolochos und Enkel des feurigen Bellerophontes, zutreffen, sondern *mutatis mutandis* auch auf Jochen Mecke, von dessen wissenschaftlichem Werk man schon jetzt zweifellos sagen kann, dass es immer wieder in entscheidender Weise ‚vorausgeleuchtet' hat. Das trifft zumindest auf den Verfasser des vorliegenden Textes zu, dessen Thema auf einen Zeitraum zurückverweist, in dem die Orientierung und Förderung durch Jochen Mecke entscheidend und folgenreich war. Es sind dies vor allem die 1990er Jahre, in die auch eine Reihe theoretischer Impulse fallen, mit denen Jochen Mecke in einigen Bereichen der romanistischen Literaturwissenschaft maßgeblich an der Definition des *state of the art* beteiligt war, mit denen er zur Etablierung neuer wissenschaftlicher Paradigmen beitrug und so zweifellos romanistische Fachgeschichte geschrieben hat.

Zu denken ist dabei vor allem, aber bei Weitem nicht nur, an die Klärung des Begriffs der ‚Postmoderne' als Epoche und ihrer Abgrenzung von der ‚Moderne'. Wenn seitdem jemand behauptete, und das geschah nicht selten, dass er sowieso nicht wisse, was unter ‚Postmoderne' zu verstehen sei, dann hatte er nicht Jochen Mecke gelesen. Das zweite Feld, das in diesem Zusammenhang unbedingt erwähnt werden muss, ist – Stichwort ‚Intermedialität' – natürlich die Erforschung des Verhältnisses zwischen der Literatur und den neuen, vor allem audiovisuellen, aber auch den neuesten, digitalen Medien, und zwar ganz gezielt in ästhetischer und diskurshistorischer Hinsicht. Beide Paradigmen sind mittlerweile in die Jahre gekommen. Längst ist auch ausführlich über die Bedingungen einer Zeit ‚nach der Postmoderne' diskutiert worden, und von der ‚Intermedialität' würde angesichts von auf sie folgenden Konzepten wie ‚Transmedialität' und ‚Konvergenzkultur' auch niemand mehr, wie noch 1997 behaupten, dass sie ‚in' sei, wobei sie andererseits ja auch nicht ‚out' ist, sondern unter dieser oder anderen Bezeichnungen weiterhin produktiv bleibt – als mittlerweile fester Bestandteil des Theoriekanons. Zurückzublicken auf das, was vorausgeleuchtet hat, ist deshalb nicht wirklich paradox und zudem ein Vorhaben, das gerade einem Theoretiker der Avantgarden wie Jochen Mecke vertraut erscheinen dürfte.

Medienmetaphorik

Dabei führt allein schon die Verwendung des Begriffs ,Medienmetaphorik' in die 1990er Jahre zurück. Denn aus dieser Zeit der dritten, digitalen Medienrevolution stammt der Begriff, wenn nicht alles täuscht. Jochen Hörisch benutzt ihn zum Beispiel 1996 im Editorial der Juninummer der Heidelberger Zeitschrift *Universitas*, allerdings in Bezug auf das damals noch neue Internet und die vielfältigen, zum Teil sehr alten räumlichen Metaphern, die zur Beschreibung der ,Neuen Medien' herangezogen wurden, etwa das (Spinnen-)Netz, das Surfen im Internet oder der Datenhighway.

Im Gegensatz dazu möchte ich im Folgenden den Begriff auf das Leitmedium des vergangenen 20. Jahrhunderts anwenden, den Film, und fragen, inwiefern der Film nun nicht etwa in den Fokus unterschiedlicher Metaphoriken gerät, sondern selbst zur Metapher wird, und zwar zu einer Metapher der Zeit – in der Literatur. Die neuen optischen Medien, erst die Fotografie und dann der Film, haben das Schriftmedium Literatur ja nicht nur im Hinblick auf die visuell-räumliche Reproduktion der Wirklichkeit, sondern auch hinsichtlich seiner bis dahin unangefochtenen Vorherrschaft als Medium der Gestaltung und Verarbeitung von Zeiterfahrungen herausgefordert. Dieser Aspekt ist – zumindest in systematischer Form – vor allem anhand des Verhältnisses von Literatur und Fotografie herausgearbeitet worden.

Bei der Untersuchung des Verhältnisses von Literatur und Film spielt die Dimension der Zeit generell eine eher zweitrangige Rolle und bleibt meistens den literarischen Bezügen auf die visuellen Eigenschaften und bildgestaltenden Verfahren des Films untergeordnet. Das ist beispielsweise der Fall, wenn im Rahmen einer Poetik der Erinnerung konkrete Erinnerungsakte in Anlehnung an filmische Techniken des Flashback, der Überblendung oder des Wechsels von Farbe zu Schwarz-Weiß imaginiert werden oder durch die Anlehnung an den Film der visuelle Charakter des Erinnerten, die ,Einbildung' der Vergangenheit betont wird.

Gleichwohl sollen hier aber nicht solche Fälle einer dynamisierten fotografischen Metaphorik und Mimesis der Mnemosyne im Mittelpunkt stehen, sondern jene medialen Eigenschaften und technischen Fähigkeiten, mit denen der Film eine nie zuvor gekannte Annäherung an die menschliche Zeitwahrnehmung oder auch eine größtmögliche

Abweichung von ihr erzielt. Konkret gesprochen ist das auf der einen
Seite die Eigenschaft des Films, ein Geschehen in Echtzeit zu reproduzieren, und auf der anderen Seite die Fähigkeit, mit Zeitlupe oder Zeitraffer Zeitabläufe zu dehnen oder zu beschleunigen, Bewegungen anzu-
halten und Bilder in der Bewegung einzufrieren. Und nicht zu vergessen:
Mit dem Film stand zum ersten Mal ein Medium zur Verfügung, das es
ermöglichte, Vorgänge nach Gutdünken zu wiederholen bzw. rückwärts
laufen zu lassen. Der Film wird damit zum Sinnbild unserer erlebten
Wahrnehmungskontinuität, aber auch zur Wunschmaschine für die
beliebige Manipulierbarkeit der Zeit, für all das, was wir in der Realität
nicht können: die Zeit anhalten, dehnen, beschleunigen, wiederholen
und rückgängig machen. Immer wenn der Film literarisch so dargestellt
wird, dass er einen dieser Wünsche zu verkörpern scheint, verwandelt er
sich in eine Metapher der Zeit. Oder umgekehrt: Immer wenn Zeit in
der Literatur in einer bestimmten Weise zur Darstellung kommt, ist die
Wahrscheinlichkeit groß, dass sich bei der Lektüre assoziativ die Metapher des Films einstellt. Dass der Begriff des Mediums und der Begriff
der Metapher einiges gemeinsam haben, ist nichts Neues. Beide impli-
zieren einen Vorgang der Übertragung. Deshalb lässt sich die hier in
Frage stehende Verbindung von Zeit, Film und Literatur auch mit Hilfe
beider Begriffe beschreiben.

Der Film wird zur Metapher der Zeit und besitzt als Film in der Literatur selbst schon metaphorischen Charakter, jedenfalls in den Fällen, in
denen Literatur nicht nur Film thematisiert und auf der inhaltlichen
Ebene behandelt, sondern sich selbst dem Leser so präsentiert, als ob sie
oder Teile von ihr ein Film wären. Wenn bereits der Text, der sich als
Film ausgibt, wie Jean Ricardou mit Blick auf entsprechende Experimente im Nouveau Roman formuliert, auf einer „illusion métaphorique"[2]
beruht, dann haben wir es in dem Fall, dass der Film ein weiteres Mal als
Bildspender auftritt und zusätzlich metaphorisch auf zeitliche Phänomene verweist, sogar mit einer doppelten Metapher bzw. einer Meta-
phernkette zu tun.

Die mediatisierte Zeiterfahrung, die der Film vermittelt, übt auf das
Schriftmedium Literatur eine zweifache Anziehungskraft aus: als gleich-

---

[2] Jean Ricardou, „Page, film, récit", in: ders., *Problèmes du nouveau roman*, Paris:
Seuil, 1967, 80–88, hier 87.

sam anthropologische Faszination, in dem Maß, in dem der Film zu leisten vermag, was dem Menschen existentiell versagt ist, und als ästhetische Herausforderung, die literarische Texte an die Grenzen ihrer Nachahmungsfähigkeit führt. Als anthropologische Faszination ist der Film als Metapher der Zeit immer präsent und aktuell. Als ästhetische Herausforderung wird der Film als Metapher der Zeit jedoch von Autor zu Autor und zu verschiedenen Zeiten in ganz unterschiedlicher Weise aufgegriffen. Beides möchte ich nun anhand dreier Zeitphänomene kurz zeigen, die üblicherweise explizit oder implizit mit dem Film, seinen medialen Eigenschaften und technischen Möglichkeiten, assoziiert werden.

Film als Metapher der Zeit

Der Film ist insofern ein Echtzeitmedium, als für die Dauer, in der die Kamera läuft, die dargestellte Zeit und die Zeit ihrer Darstellung vollständig zur Deckung kommen. Auf diese Eigenschaft des Films, in Echtzeit zu speichern und wiederzugeben, spielt Albert Camus in seinem Vortrag „L'artiste et son temps" an, den er am 14. Dezember 1957, wenige Tage nach der Verleihung des Literaturnobelpreises, an der Universität Uppsala hielt. Um zu veranschaulichen, dass es in der Kunst keinen „réalisme pur" geben könne, stellt Camus darin eine Art borgesianisches Gedankenspiel an. Er imaginiert einen „film réaliste", der das gesamte Leben eines Menschen festhalten würde, und fragt sich dann:

> Mais à quelles conditions un tel film sera-t-il possible? A des conditions purement imaginaires. Il faudrait en effet supposer une caméra idéale fixe, nuit et jour, sur cet homme et enregistrant sans arrêt ses moindres mouvements. Le résultat serait un film dont la projection elle-même durerait une vie d'homme et qui ne pourrait être vu que par des spectateurs résignés à perdre leur vie pour s'intéresser exclusivement au détail de l'existence d'un autre.[3]

Gerade weil das Echtzeitversprechen des Films, auf das Camus hier zurückkommt, und der damit einhergehende Realismus für die Kunst unerreichbar sind, hat insbesondere die Literatur immer wieder Formen szenisch-zeitdeckenden Erzählens ausprobiert, die unweigerlich den

---

[3] Albert Camus, „Conférence du 14 décembre 1957", in: ders., Œuvres complètes, Bd. IV, 1957–1959, Paris: Gallimard, 2008, 245–265, hier 255.

Eindruck hervorrufen, als würde das Geschehen mit einer Kamera gefilmt. Die Aufzeichnung – bzw. deren literarische Simulation – eines Raum-Zeit-Kontinuums, die bei Camus im Vordergrund steht, ist neben der häufigen Verwendung des Präsens als Erzähltempus, einer konsequent externen Fokalisierung und der von François Jost in Ergänzung der Kategorien Gérard Genettes definierten ‚internen Okularisierung‘, der präzisen Festlegung des Beobachterstandpunkts, einer der konstitutiven Bestandteile der so genannten ‚camera-eye-Technik‘.

Angelegt ist diese Erzählform bereits in dem berühmten Anfang von André Malraux' Roman *La condition humaine* (1933), an dem der kommunistische Revolutionär Tchen im Jahr 1927 in Schanghai den schlafenden Waffenhändler Tang-Yen-Ta ermordet. Allerdings herrscht hier noch das Präteritum vor, und die externe Fokalisierung wird nur ansatzweise durchgehalten. In Bezug auf diese und andere für den Roman repräsentative Stellen unterstreicht Claude-Edmonde Magny im Sinne Sartres, dass eine Erzähltechnik immer auch auf die Metaphysik des Autors verweise: „Le récit de Malraux est toujours engagé, jamais impersonnel, il est toujours fait du point de vue de quelqu'un, au nom de l'un des personnages.“[4] Wie man in Malraux' Roman sieht, geht eine solche symbolische Aufladung der Erzählperspektive aber immer auch mit einer bestimmten temporalen Ausgestaltung der Erzählung einher.

Die prägnantesten Versuche, ein Erzählen in filmischer Echtzeit zu verwirklichen, sind aber fraglos von den Autoren des Nouveau Roman unternommen worden, nur jedoch unter dem umgekehrten Vorzeichen eines vermeintlich entmenschlichten ‚récit désengagé‘. In Alain Robbe-Grillets frühen Romanen *Le voyeur* (1955) und *La jalousie* (1957) werden von einer pronominal überhaupt nicht mehr gekennzeichneten Instanz bloße Wahrnehmungsprotokolle übermittelt, die sich auf die exakte, gleichsam apparative oder, wenn man so will, technomorphe Wiedergabe äußerer Vorgänge beschränken. Doch Robbe-Grillet ist nicht der einzige, der so verfährt. Auch Michel Butor nutzt in *La modification* (1957) mit seinen „minutiös genauen Beschreibungen einzelner

---

[4]   Claude-Edmonde Magny, *L'âge du roman américain*, Paris: Seuil, 1948, 98.

Bewegungsabläufe"[5] das Mittel der an das Medium Film und die Aufzeichnung durch eine Kamera erinnernden Simultanerzählung, ebenso wie, auf seine Weise, Claude Simon in *La route des Flandres* (1960).

Ein anderer metaphorischer Bezug auf die filmische Zeit, der ein ähnlich breites Funktions- und Erscheinungsspektrum zwischen illusionistischen und antiillusionistischen Effekten aufweist, ist die technische Manipulation der Geschwindigkeit durch Zeitraffer und Zeitlupe. Es ist kein Wunder, dass der Film damit als erstes die Vertreter der poetischen Avantgarden der 1910er und 20er Jahre in Begeisterung versetzt und sie zu einer außerordentlich produktiven Rivalität anstiftet, die in allen literarischen Gattungen Spuren hinterlässt.

Im Bereich der Bühnenkunst ist Guillaume Apollinaire der erste, der sich in dieser Hinsicht explizit auf den Film bezieht. Im Vorwort zu seinem surrealistischen Drama *Les mamelles de Tirésias* (1917) fordert er, dass die Kunst modern sein müsse, und das heißt für ihn „simple, rapide avec les raccourcis ou les grossissements qui s'imposent si l'on veut frapper le spectateur."[6] Solche dem Film abgeschauten „Raffungen" und „Dehnungen" sind in vielen zeitgenössischen Theaterstücken zu finden. Unter den Prosatexten stechen Blaise Cendrars ursprünglich als Drehbücher konzipierte ‚ciné-roman'-Experimente *La fin du monde filmé par l'ange Notre Dame* (1919) und *La perle fiévreuse* (1921/22) hervor, die unter Bezug auf „accéléré" und „ralenti" ausführlich von den Möglichkeiten Gebrauch machen, die natürliche Wahrnehmung imaginär zu verfremden und nicht realistisch zu sein.

Wieder ist es jedoch der Nouveau Roman, der Jahrzehnte später den Film als Spender einer technischen Zeitmetaphorik am intensivsten nutzt. Claude Simon und Alain Robbe-Grillet, um nur die zwei bekanntesten Beispiele in Erinnerung zu rufen, verwenden explizit die filmische Zeitmetapher ‚ralenti', Simon in seinem Roman *Le palace* (1962) und Robbe-Grillet in *Projet pour une révolution à New York* (1970). Und dort,

5   Jochen Mecke, „Michel Butor, *La Modification* (1957) – Claude Simon, *La Route des Flandres* (1960). Traditioneller und moderner Roman", in: Wolfgang Asholt (Hrsg.), *20. Jahrhundert. Roman*, Tübingen: Stauffenburg, 2007, 323–363, hier 332.

6   Guillaume Apollinaire, *Les Mamelles de Tirésias. Drame surréaliste en deux actes et un prologue. Die Brüste des Tiresias. Surrealistisches Drama in zwei Akten und einem Prolog*, Stuttgart: Reclam, 1987, 12.

wo der Begriff selbst nicht fällt, etwa in *La jalousie*, bei der berühmten
Beschreibung einer Hand, die Haare bürstet, muss man konstatieren,
dass von der Zerlegung der kontinuierlichen Bewegungen in eine dis-
kontinuierliche Folge kurzer und kürzester Beschreibungsmomente eine
stark zeitlupenartige Wirkung ausgeht. Zur gleichen Zeit werden filmische Metaphern im Roman aber auch in eher konventioneller Weise zur
psychologischen Konturierung subjektiver Wahrnehmungsprozesse eingesetzt. In Jean-Marie Le Clézios Roman *Le procès-verbal* (1963) wird
beispielsweise die Reaktion des Protagonisten auf den Anblick zweier
kopulierender Hunde in einem Kaufhaus so beschrieben: „Tout avait
déferlé. Comme si on avait accéléré pendant quelques secondes les
images d'un film."[7]

Neben der Zeitraffung kommt auch die Zeitlupe zum Zug wie in
Roger Ikors Roman *Ciel ouvert* (1959). Die entsprechende Szene ist nicht
weniger bizarr, es handelt sich um die Enthauptung eines zum Tode Ver-
urteilten – aus dessen eigener Perspektive erzählt:

> [Le bras de l'officier] s'abaisse! Voici qu'il a commencé sa descente, une descente qui me
> paraît prodigieusement lente quoique je sache bien qu'en réalité elle est prompte comme
> l'éclair; mais le temps s'est tout à coup étiré à l'infini et je vois pouce à pouce s'abaisser le
> sabre, comme dans un film trop ralenti et saccadé où chaque image particulière longue-
> ment imprègne la rétine.[8]

Das dritte Faszinosum filmischer Zeit, das hier Erwähnung finden soll,
besteht in der Aufhebung der zeitlichen Kontinuität durch Rückgängigmachen, Wiederholen und Anhalten. Es sind vor allem diese Effekte, die
den Zeitgenossen des frühen Films „den Filmerzähler als einen Zeit-
Zauberer erscheinen lassen."[9] Unter dem Eindruck des ‚film tourné à
l'envers', eines Spezialeffekts, der mit *La démolition d'un mur* (1896) von
Louis Lumière in die Kinogeschichte eingeführt und von Georges Méliès
weiterentwickelt wurde, wird das Rückgängigmachen der Filmhandlung
vor allem von den frühen Avantgarden beschworen. So heißt es z. B. zu

---

[7] Jean-Marie Le Clézio, *Le procès-verbal*, Paris: Gallimard, 1989, 108.

[8] Zit. n. Jeanne-Marie Clerc, *Littérature et cinéma*, Paris: Nathan, 1993, 178.

[9] Monika Schmitz-Emans, „Entgrenzungsphantasien und Derealisierungserfah-
rungen", in: Sandra Poppe & Sascha Seiler (Hrsg.), *Literarische Medienreflexio-
nen*, Berlin: Schmidt, 2008, 185–204, hier 195.

Beginn des siebten und letzten Kapitels von Blaise Cendrars' ‚ciné-roman' *La fin du monde filmé par l'ange Notre Dame*, „A rebours", im 51. Abschnitt: „Dans sa cabine, Abin, préposé au maniement de la lanterne, met le feu à l'appareil. Un plomb saute. Un ressort se casse. Et le film se déroule vertigineusement à rebours."[10]

Die Wiederholung minimal veränderter Erzählsequenzen ist dagegen in erster Linie eine ästhetische Obsession des Nouveau Roman, auf die Alain Robbe-Grillet in seinem ‚ciné-roman' *Projet pour une révolution à New York* bereits parodistisch reagiert, wenn er die Abschnitte auf den letzten Seiten seines Textes dadurch voneinander trennt, dass er demonstrativ die Worte „coupure" und „reprise" dazwischenschaltet. Die neuen Möglichkeiten obsessiven Wiederholens, die sich für den Filmrezipienten durch die Existenz des Videorekorders ergeben und die es ihm erlauben, mit einem Film wie mit einem Buch umzugehen, werden in Tanguy Viels postavantgardistischem Roman *Cinéma* (1997) virtuos durchgespielt.

Das Anhalten der Zeit schließlich, konkreter: die Stillstellung aus der Bewegung heraus, verweist auf das ästhetische Spannungsverhältnis zwischen Fotografie und Film, von dem insbesondere die intermediale Poetik Claude Simons geprägt ist. So charakterisiert Jochen Mecke die Eigenart der stellenweise an eine filmische Einzelbildschaltung erinnernden Beschreibungsverfahren in *La route des Flandres* folgendermaßen: „Plutôt qu'une simple suite d'images il s'agirait donc d'une séquence composée d'arrêts sur images qui alternent avec des séquences narratives."[11]

Gut dreißig Jahre später haben sich die Erzählverfahren des Nouveau Roman in die literarischen Taschenspielertricks einer neuen Generation postmoderner und postavantgardistischer Autoren verwandelt. Zu ihnen gehört auch Patrick Deville, der in seinem Roman *Le feu d'artifice* (1992) Juliette, einer seiner Protagonistinnen, die Verwirklichung des Kindheitstraums, für einen Moment die Welt um sich herum anhalten zu können, ermöglicht. Mit einem Lidschlag setzt Juliette das Geschehen

---

[10] Blaise Cendrars & Fernand Léger, *La fin du monde filmé par l'ange Notre Dame. Roman*, Paris: Sirène, 1919, o. S.

[11] Jochen Mecke, „Métaphores, temps et techniques cinématographiques dans *La Route des Flandres*", in: Irene Albers & Wolfram Nitsch (Hrsg.), *Transports. Les métaphores de Claude Simon*, Frankfurt/M. u. a.: Lang, 2006, 283–304, hier 299.

wieder in Gang: „Elle battait des paupières et la photo s'animait (la durée dilatée de l'arrêt sur image n'avait representé pour tous les autres qu'un vingt-quatrième de seconde)."[12]

Mit am häufigsten wird die Technik des ‚freeze frame' in Form der filmischen Konvention des einfrierenden Schlussbildes evoziert. Dass das gerade in Jean Echenoz' erstem Roman *Le méridien de Greenwich* (1979) geschieht, dem zugleich ersten französischen eindeutig post-avantgardistischen Roman, ist programmatisch. Am Ende – es ist von zwei Personen die Rede, die am Heck eines Schiffs stehen – verwandelt sich die Romanrealität in einen Film:

> Ils restent ainsi, presque immobiles. Nous nous élevons. Sans les quitter des yeux – ils diminuent –, nous nous élevons lentement jusqu'à saisir bientôt le navire tout entier, et la mer tout autour de lui, dans le champ rectangulaire de notre regard. A ce spectacle on peut adjoindre de la musique. On peut aussi conserver le son naturel de l'océan, qui décroît dans notre ascension, jusqu'au silence. L'image s'immobilise.[13]

Rückblick auf eine Epochenwende

Wofür steht die filmische Zeitmetapher, mit der Echenoz sein Buch retrospektiv zum Film erklärt? Sie konserviert einen historischen Moment an der Schwelle zu den 1980er Jahren, in dem wir zwar schon die buchzentrierte Gutenberg-Galaxis verlassen haben, das netzorientierte Internet-Zeitalter aber noch nicht richtig begonnen hat. Sie erinnert uns auch daran, dass der Film nicht nur in seinen dominanten visuellen Eigenschaften, sondern auch als Medium der Zeit für die Literatur des 20. Jahrhunderts eine bis dahin nicht gekannte produktive Herausforderung dargestellt hat, die zur Grundlage einer komplexen Beziehung geworden ist: dialogisch, widerstreitend, spannungsvoll, belebend, mit einem Wort: agonal.

---

[12] Patrick Deville, *Le feu d'artifice*, Paris: Minuit, 1992, 112.

[13] Jean Echenoz, *Le méridien de Greenwich*, Paris: Minuit, 1979, 255f.

Rohmer automedial.
Ein Autorenfilmer wettet gegen Pascal

Bernhard Teuber

Trotz gegenteiliger Auffassungen und allen später geäußerten Dementis zum Trotz greift Rohmer in seiner Filmpraxis eine These wieder auf, die er in der Aufsatzreihe *Le celluloïd et le marbre* entwickelt hatte: dass nämlich der Film den anderen Künsten, und das heißt auch und insbesondere der Literatur, voraus sei.

[C]hez Rohmer, les techniques littéraires servent de ‚repoussoir' (faire-valoir) pour mettre en relief les avantages du film dans un domaine qui jusque-là était propre à la littérature, à savoir celui de l'observation des mœurs telle que la pratiquaient les moralistes des XVIIᵉ et XVIIIᵉ siècles.[1]

Die beiden Zitate entstammen einem Aufsatz von Jochen Mecke zum französischen Regisseur Éric Rohmer (1920–2010) und dessen Film *La Collectionneuse* beziehungsweise aus dem dazugehörigen Résumé in französischer Sprache. Diese gewichtige Studie findet sich in einem Sammelband, den Volker Roloff und Uta Felten 2001 herausgegeben haben und der sich mit den zahlreichen intermedialen Bezügen von Rohmers filmischem Œuvre befasst. Gerade im Gebrauch intermedialer Referenzen erkennt Mecke, dass Rohmers Filme – und darin teilen sie ein wichtiges Anliegen mit anderen Autorenfilmern aus dem Umfeld der Nouvelle Vague – eine selbstbezügliche Stoßrichtung besitzen; es sind Werke, die nicht nur eine äußere Realität abbilden, sondern immer auch Reflexionen über Status und Möglichkeiten des Mediums Film anstellen. Man könnte formulieren: Aus dem klassischen *tournage d'une aventure* wird die avantgardistische *aventure d'un tournage*.

Doch während manch andere Regisseure die tatsächliche, materielle Produktion eines Films im Bild reproduzieren, das *making of…*, benutzt Rohmer offenbar lieber Zitate und Bezüge zur Literatur und zu anderen

---

[1] Jochen Mecke, „Man kann nicht an nichts denken: Rohmers intermediale Ästhetik im Spannungsfeld zwischen literarischer Interpretation und filmischer Kollektion", in: Uta Felten & Volker Roloff (Hrsg.), *Rohmer intermedial*, Tübingen: Stauffenburg, 2001, 13–44, hier 16; sowie Résumé 288–290, hier 288.

‚Künsten', um vor deren Hintergrund (*repoussoir*) seinen eigenen Film als einen ‚anderen Schauplatz' zu profilieren. Mecke macht in diesem Verhältnis zu Recht eine agonale Tendenz aus: Der Film als Medium und das Kino als dessen Dispositiv können die Literatur (oder andere Medien) überbieten. Der Rekurs auf literarische Traditionen, der sich so oft bei Rohmer findet, verleiht dem Film, früher verachtetes *genre mineur*, eine eigene Legitimität als *septième art*.

Die folgenden Überlegungen, leider *in tempore belli* verfasst, suchen nach einem verwandten und zugleich abständigen Zugang zu Rohmers Filmschaffen: nicht ausschließlich Rivalität (*aemulatio*), Kampf, Agon, sondern ebenso Kombinatorik, Mehrstimmigkeit, vielleicht sogar eine *harmonie des contraires* könnten Leitkategorien der Rezeption sein. Roger Caillois betrachtet neben dem Agon die Mimikry als einen weiteren Typus des Spiels. Nehmen wir darum an, dass Rohmers Filme nicht nur wetteifern, sondern auch Mimikry treiben, dass sie Akteure und Schauplätze, Sujets und Diskurse in Szene setzen, die sie aus der Literatur, aus der Philosophie oder der Theologie entlehnen – im Sinn einer ironisch distanzierten *récriture* oder besser noch im Sinne von *re-enactment & re-arrangement*. Unsere Hypothese ist im Folgenden an zwei Filmen zu diskutieren, die eng aufeinander bezogen sind, nämlich *Ma nuit chez Maud* (1969) in Schwarzweiß und *Conte d'hiver* (1992) in Farbe.[2]

Beide Filme sind von hochgradiger Intermedialität gekennzeichnet und verweisen aufeinander. Man könnte deren wechselseitige Beziehung – weil sie innerhalb desselben Mediums agieren – als ‚intramedial' bezeichnen. Man kann hier aber ebenso gut – insofern beide Filme vom selben Autor-Subjekt gefertigt sind – das Konzept der *Automedialität* in Anschlag bringen.[3] Mit Automedialität ist dann ein Kommunikationsmodus der Selbst-Verständigung gemeint – eben als verfremdende

---

[2] *Ma nuit chez Maud* wird als dritter Film des Zyklus *Six Contes moraux* gezählt und steht demnach noch vor *La Collectionneuse* von 1967. Die Arbeit am Drehbuch von *Maud* begann ebenfalls 1967, die Dreharbeiten erfolgten zum Jahreswechsel 1968/69, die Uraufführung dann 1969. *Conte d'hiver* ist die Nr. 4 des Zyklus *Contes des quatre saisons*.

[3] Vgl. Jörg Dünne & Christian Moser, *Automedialität – Subjektkonstitution in Schrift, Bild und Neuen Medien*, München: Wilhelm Fink, 2008.

Mimikry an vorgegebener literarischer Rede und an diskursiven Ver-
satzstücken aller Art. In diesem Sinn ist Rohmers späterer Film *Conte
d'hiver* eine *récriture* des früheren Films *Ma nuit chez Maud* – geradezu
ein ‚kontermediales‘ *remake*. Zugleich sind beide Filme Variationen, die
sich an einem vorausliegenden Sujet abarbeiten: die Pascalsche Wette –
le pari de Pascal. In einem mathematisch-theologischen Gedankenexpe-
riment rät Pascal in seinen *Pensées*, ein ungläubiger Mensch solle wie bei
einem Wett- oder Würfelspiel (bei Caillois *Alea* genannt) – einfach auf
die Existenz Gottes setzen. Angesichts der Ungewissheit menschlicher
Existenz komme man nicht umhin zu wetten. Mit dem endlichen Einsatz des eigenen Lebens könne der Mensch – so es Gott gäbe – einen
unendlichen Gewinn erzielen, nämlich das ewige Heil der Seele. Gäbe es
Gott jedoch nicht und verlöre der Mensch die Wette, gewönne er nichts-
destotrotz dank der Befolgung der christlichen Gebote ein gutes, ein
moralisch untadeliges und erfülltes Leben. Bei dieser Wette gibt es laut
Pascal kein Risiko des Verlustes.[4]

* * *

Beginnen wir mit *Ma nuit chez Maud*! Der Schauplatz der Handlung ist
alles andere als zufällig… Clermont-Ferrand. Die historische Hauptstadt der Auvergne steht in einer besonderen Beziehung zu Jochen
Mecke, der als Gastprofessor regelmäßig an der damaligen Université
Blaise Pascal gelehrt hat. Blaise Pascal wurde 1623 in Clermont-Ferrand
geboren und verbrachte dort die ersten Jahre seiner Kindheit. Clermont-
Ferrand ist im Film ein *personnage muet* und ein Mnemotop für Pascal
und sein Werk. Der Film führt dem Kenner eine Reihe von leicht identifizierbaren Örtlichkeiten vor – der Blick auf die Stadt von einem Höhen-
zug in der südlich gelegenen Gemeinde Ceyrat aus; die romanische Basi-
lika Notre-Dame du Port im Stadtzentrum; die engen Straßen der
Altstadt durch die Windschutzscheibe eines fahrenden Autos gesehen;
das stadtbekannte Café Suffren; das städtische Theater- und Opernhaus;
das Vercingetorix-Denkmal an der Place de Jaude oder auch das Michel-
lin-Werk und seine Kantine. Die *locations* des Films produzieren einen
effet de réel, wie ihn sich Balzac nicht schöner hätte ausdenken können.

---

4   Vgl. hierzu Blaise Pascal: *Pensées*, Article III – „De la nécessité du pari", z. B. in der
     Ausgabe von Léon Brunschvicg bei La Hachette 1897 mit vielen Nachdrucken.

Zugleich verweist das Lokalkolorit auf den berühmten Sohn der Stadt, nach dem die örtliche Universität von 1986 bis 2016 benannt war (heute Université Clermont Auvergne). Die Struktur der Handlung ist simpel, verliert jedoch an psychologischem Tiefgang, wenn sie nicht ausführlich nacherzählt wird. Gleichwohl darf hier die Kenntnis des Films bei Adressat und Leserschaft vorausgesetzt werden, und ein knappes Résumé soll darum genügen:

Der Ingenieur Jean-Louis (Jean-Louis Trintignant) kehrt nach Jahren im Ausland in seine Heimatstadt Clermont-Ferrand zurück und beschließt, die blonde Françoise (Marie-Christine Barrault) zu heiraten, die ihm während der Sonntagsmesse aufgefallen ist. Am Weihnachtstag wird er zusammen mit seinem alten Schulfreund Vidal (Antoine Vitez) zum Abendessen eingeladen bei dessen langjähriger Freundin, der geschiedenen Kinderärztin Maud (Françoise Fabian). Wegen plötzlichen Glatteises kann Jean-Louis nicht nach Hause zurückkehren und verbringt die Nacht neben Maud auf einer breiten Schlaf-Couch, ohne dass es zu sexueller Annäherung käme. Durch Zufall begegnet Jean-Louis schon am folgenden Tag Françoise, begleitet sie nach Hause und muss wegen erneuten Schneefalls diesmal in ihrem Gästezimmer übernachten – wiederum ohne Austausch von Zärtlichkeiten. Bald darauf werden die beiden jedoch ein Liebespaar. Fünf Jahre später haben sie einen kleinen Sohn und begegnen an einem Ferienstrand zufällig Maud. Es kommt zu einem kurzen Gespräch, und es wird deutlich, dass Françoise eine Zeitlang die Geliebte von Mauds früherem Ehemann war und schuld am Zerbrechen von deren Ehe ist.

Der – manchmal banalen – Alltäglichkeit all dieser Begebenheiten, Verkettungen und Zufälle wird als *repoussoir*, als Kontrastfolie, die hochgradig intellektuelle Auseinandersetzung mit dem Denken Pascals gegenübergestellt, die den gesamten Film durchzieht. Besonders steht das Abendessen in Mauds Salon im Zeichen Pascals. Die drei Kontrahenten, alle philosophisch und theologisch gebildet, könnten unterschiedlicher kaum sein: Der marxistische Philosophieprofessor Vidal hat eine katholisch geprägte Jugend erlebt, dann aber den Glauben verloren. Jean-Louis ist jetzt praktizierender Katholik, stand indes früher der Religion distanziert gegenüber und hat sich erst vor einiger Zeit zum Glauben bekehrt. Maud schließlich entstammt einer einflussreichen Familie von Freimaurern, ist ungetauft und religiös indifferent. Hierzu korrespondiert, auch im Hinblick auf ihre mediterran anmutende Physiognomie, dass die Rolle von Françoise Fabian (*1933) verkörpert wird, die – in Algier geboren und aufgewachsen – von sich sagt, ihre Familie habe polnische, katalanische und jüdische Wurzeln.

Die Themen des philosophischen Tischgesprächs über Religion und Unglauben haben Pascal zum Fluchtpunkt; drei Ebenen überlagern sich: 1. der nach Pascal berechnete Kalkül der Wahrscheinlichkeiten im Verhältnis zum Zufall, das heißt die Kontingenz-Problematik; 2. auf dieser Basis dann die Möglichkeit, mehr noch: die Notwendigkeit einer Wette, die potentielle Verluste minimiert und potentielle Gewinne optimiert; 3. die Zusammenführung von Probabilistik und Wette sowie deren Anwendung auf Partnersuche, Liebe und Ehe, also auf Panurges alte Frage: *Faut-il se marier?* Unterschwellig korreliert wird dieser Komplex mit einer weiteren Debatte, die Pascal als Apologet der jansenistischen Theologie in den *Lettres provinciales* gegen die Jesuiten geführt hat: Es ist die Frage nach der Natur der göttlichen Gnade, die dem Menschen zuteil wird, damit er Verdienste erwerben und das ewige Heil erlangen kann, die Gott jedoch anderen Menschen aus unerfindlichen Gründen vorzuenthalten scheint.

Den Begriff der Gnade bringt bezeichnenderweise im intimen Zwiegespräch mit Jean-Louis gerade Maud ins Spiel, die sich von der gläubigen Haltung ihres Gesprächspartners zugleich provoziert und seltsam angezogen fühlt. Die Argumente, die in Mauds Appartement zusammengetragen werden, legen insgeheim die Schlussfolgerung nahe, dass der Zufall so etwas wie die weltlich-natürliche, die göttliche Gnade hingegen die übernatürliche Seite ein und derselben Medaille phänomenaler Wirklichkeit sein könnte. Doch die übernatürliche Wirksamkeit des Zufalls im Sinne einer von den Jesuiten postulierten *grâce efficace*, die ewige Seligkeit garantiert, bleibt ungewiss: Es ist darum notwendig, auf sie zu wetten.

Jean-Louis wettet genau darauf: dass er die erträumte katholische blonde Frau, die angeblich sein Weiblichkeits-Ideal verkörpert, treffen und heiraten wird; deswegen verweigert er sich Maud, die ihn offenkundig begehrt und die ihn – mit Zustimmung Vidals – zu verführen sucht, freilich vergebens. Die Pascals Denken weiterspinnenden Diskurse werden unterschwellig mit einem anderen Modus der Rede kontrastiert, mit einer für Rohmer typischen Form des spielerischen *marivaudage*. Das ist

eine in Anspielungen verharrende, oftmals ironisch-neckische Liebes-
und Verführungsrede, die uns verrät, dass alle drei Figuren höchst ambivalente Gefühle empfinden: Vidal möchte seinen Freund Jean-Louis ver-
kuppeln, ganz offensichtlich mit Maud, vielleicht aber doch lieber noch
mit seiner neuen blonden Freundin, so dass Maud für ihn wieder frei
würde. Auch Maud ist am Beginn des Abends einer neuerlichen Liaison
mit Vidal nicht abgeneigt, nach und nach entwickelt sich bei ihr aber ein
zunehmendes Interesse an Jean-Louis, dem sie sich förmlich anbietet,
und bei einem Telefonat hören wir schließlich mit, dass sie ihrem geschiedenen Ehemann doch noch emotional nahesteht. Am überraschendsten
ist Jean-Louis' Haltung, denn trotz seiner Beteuerungen, er werde auf
den unwahrscheinlichen Zufall einer Begegnung mit Françoise warten,
um sie dann zu heiraten und ihr ein Leben lang treu zu sein, ist er von
Mauds Persönlichkeit wie gebannt. In seiner zurückhaltenden, gehemm-
ten Art wagt er es dennoch nicht, seine Empfänglichkeit für Mauds lie-
bevolles Werben um ihn offen zum Ausdruck zu bringen.

Zweifellos ist der Film so gestaltet, dass Maud die weibliche Hauptdar-
stellerin ist. Trotz ihrer brillanten Intellektualität und Eloquenz kommt
eine *femme fragile* zum Vorschein, die an ihren zerbrochenen Liebesbe-
ziehungen leidet – vor allem am Unfalltod ihres ehebrecherischen Lieb-
habers – und die von Enttäuschungen gezeichnet ist, dies aber zu über-
spielen weiß. Nach außen hin gebärdet sich Maud eher wie eine *femme
fatale*, die wie die Preziösen des 17. Jahrhunderts einen Salon zu regieren
und Männer zu bezirzen versteht. Als freizügige, dunkelhaarige, orien-
talische ,Heidin' wäre sie für den katholischen Jean-Louis die perfekte
Partnerin für eine Affäre, in der moralische, religiöse und wohl auch
ethnische Grenzen überschritten würden; und Jean-Louis' gehemmte
Abwehr, während Maud nackt unter einer Felldecke neben ihm liegt,
trägt komische, manchmal slapstickhafte Züge. Rohmer, der die deutsche Kultur gut kennt und ohnehin den altfranzösischen Perceval-
Roman verfilmt hat, könnte bei der Konzeption von Mauds Figur an
Wagners Kundry aus dem *Parsifal* oder gar an Frau Venus aus dem *Tann-
häuser* gedacht haben. Der weltläufigen, vielleicht fremdländischen,
jedenfalls ungetauften Maud wird die provinzielle, dafür katholische
Françoise aus der Auvergne gegenübergestellt – so als stünden hier *Syn-
agoga et Ecclesia* gegeneinander. Auf die rätselhafte Maud wird der Blick
des Zuschauers in mehrfachen *close-ups* gelenkt, wobei ihr empathisches

Mienenspiel nicht nur die Attraktivität und Verführungskunst der ‚Versucherin', sondern ebenso Ratlosigkeit und Verletzlichkeit einer ‚Verfemten' zu erkennen gibt.

Man kann die Reihe unwahrscheinlicher Zufälle, die Jean-Louis und Françoise zusammenbringen und schließlich zum Paar machen, als Ausdruck bloßer Kontingenz, aber auch als Erweis der unerforschlichen Gnade sehen: Sie befreien sich aus unseligen Verstrickungen der Vergangenheit und setzen einen neuen gemeinsamen Anfang. Daneben gibt es Interpretationen, so bei Uta Felten, die im *happy ending* der Liebesgeschichte zwischen Jean-Louis und Françoise Ironie, Täuschung und Maskerade am Werk sehen – mit nicht weniger überzeugenden Argumenten.[5] Ich möchte hier angesichts der durchgängig verhandelten Pascalschen Thematik den Fokus auf die einflussreiche Auslegung von Pascals *Pensées* durch Lucien Goldmann richten – in seiner klassischen Studie *Le Dieu caché* aus dem Jahr 1956.

Goldmann beschreibt mit Bezug auf Pascal und Racine jene *vision tragique du monde*, die sich bei den vom Jansenismus geprägten Autoren manifestiere und in der Zeit weit verbreitet war. Die Ungewissheit, ob der Einzelne die göttliche Gnade und damit die ewige Seligkeit erlangen werde, führe zu einer negativen Sicht auf die Welt, wie sie sich besonders in Racines Stücken nachzeichnen lässt. Phèdre zum Beispiel, ebenso Hermione, die Rivalin der Andromaque, oder Ériphile, die Doppelgängerin der Iphigénie, sind Figuren, die sich tragisch verstricken, ins Unglück geraten und den Freitod wählen, obwohl man ihnen allenfalls geringe persönliche Schuld zusprechen kann. Sie erleiden Unglück und enden tragisch, weil ihnen die zum Heil notwendige Gnade aus unerfindlichen Gründen versagt bleibt. Eine solche Figur, ins Säkulare des 20. Jahrhunderts gewendet, ist nun auch Maud: Während andere Mitspieler und Mitspielerinnen wie Jean-Louis und Françoise mit ihrem kleinen Sohn ihr – womöglich spießbürgerliches – Glück machen dürfen, obwohl sie zuvor anderer Menschen Glück zerstört haben, scheitert Maud an ihrer individuellen *pursuit of happiness*, obwohl sie sich nichts Gravierendes hat zu Schulden kommen lassen. „C'est ce qui prouve que

---

[5] Vgl. Uta Felten, „Frauen, Gott und Mathematik", in: *Rohmer intermedial*, op. cit., 113–122.

moi, je n'ai pas de chance" (0:58:25), konstatiert sie resignierend im Gespräch mit Jean-Louis.

In der Schluss-Szene lässt Rohmer seinen Film so abgründig enden, als wäre es eine Tragödie von Racine. Wenn den Jansenisten zufolge manchen Menschen die Gnade versagt bleibt, so wird Maud ihr Lebens- und Liebesglück verweigert – aus dem unerforschlichen Ratschluss des für sein Publikum verborgenen Drehbuchschreibers und Regisseurs: *le metteur en scène caché*.

∗ ∗ ∗

Schreiten wir nun fort zu Rohmers ein Vierteljahrhundert später gedreh- tem Film *Conte d'hiver* aus dem Jahr 1992! Im Titel beruft er sich auf Shakespeares Theaterstück *The Winter's Tale* von 1610/11. Es wird zu Shakespeares ‚späten Romanzen' gerechnet, und die weibliche Hauptfi- gur trägt – für Rohmer vielleicht nicht unwichtig – denselben Namen wie Andromaches tragische Gegenspielerin bei Racine: Hermione. Der Film ist freilich in der Gegenwart situiert. Wie schon *Ma nuit chez Maud* spielt auch *Conte d'hiver* in den Tagen vor und nach dem Weihnachts- fest, in Städten mit Weihnachtsbeleuchtung und Weihnachtsmärkten, manche Örtlichkeiten sind sogar verschneit. Während Jean-Louis zwi- schen zwei Frauen stand, steht in *Conte d'hiver* die weibliche Hauptfigur lange Zeit zwischen zwei Männern.

Die Friseuse Félicie (Charlotte Véry) lebt in Paris und hat eine fünf- jährige Tochter; deren Vater ist Charles (Frédéric van den Driessche), von Beruf Koch und Félicies unvergessene Ferienliebe. Auf Grund einer Adressenverwechslung hat sich das Paar nach dem Urlaub nie wiederge- funden. Um Félicie werben mittlerweile der biedere, etwas grobschläch- tige Friseurmeister Maxence (Michel Voletti) und der feinfühlige Biblio- thekar Loïc (Hervé Furic), ein katholischer Intellektueller. Als Maxence, von der bisherigen Ehefrau frisch getrennt, in seiner Heimatstadt Nevers einen neuen Friseursalon übernimmt, trägt er Félicie die Heirat an. Sie gibt ihm ihr Ja-Wort: „Puisqu'il faut trancher, je dis oui" (0:10:30) und folgt ihm mit ihrer Tochter Élise nach Nevers. Dort überkommt sie in der Kathedrale eine plötzliche Einsicht: Sie muss sich nicht zwischen zwei Männern entscheiden, wo sie doch einen Dritten ‚bis zum Wahn- sinn liebt' („aimer à la folie" [1:01:00]) – und zwar Charles. Sie kehrt schnurstracks nach Paris zurück, nimmt zu Loïc wieder eine freundschaftliche Beziehung auf, verweigert jedoch auch ihm die Heirat. Bei einer Theateraufführung erlangt sie die Gewissheit, dass sie auf die unwahrscheinliche Rückkehr ihres Charles warten muss. Am Silvestertag treffen dann Félicie und ihre Tochter den verschollenen Charles ganz zufällig im Omnibus. Er ist immer noch frei, liebt Félicie wie zuvor und freut sich über die kleine Tochter, von der er nichts ahnte. Die drei werden eine Familie.

In einer zentralen Episode des Films ist Félicie mit ihrer kleinen Tochter Élise in Nevers unterwegs – in der Nähe der Kathedrale. Élise bedrängt plötzlich ihre Mutter: Sie will unbedingt die Weihnachtskrippe in der Kirche besichtigen. Widerwillig gibt Félicie nach, und während Élise die links vom Chor aufgebaute Krippe mit dem Jesuskind bestaunt, stellt sich Félicie auf die rechte Seite und blickt in den freien Raum des hohen gotischen Chors. Die von Rohmer komponierte Filmmelodie, welche am Anfang des Films die bretonische Urlaubsidylle von Félicie und Charles auf dem Klavier untermalt hat, ertönt plötzlich wieder, gespielt im Pizzicato einer Bratsche. Dann erscheint Félicies Gesicht im *close-up*. Vor ihrem inneren Auge geschieht offenkundig etwas. Wir wissen nicht, was es ist, nehmen aber wahr, dass sich ihr Wesen verändert. Nach kurzer Zeit bricht sie mit ihrer Tochter auf und kehrt zu Maxence zurück. Sie hat einen Augenblick unerhörter Klarheit erlebt und erkannt, dass sie sich nicht zwischen und ihm und Loïc zu entscheiden braucht. Maxence ist verständnislos, Félicie verlässt ihn.

Zurück in Paris besucht Félicie zusammen mit Loïc an einem der letzten Abende des Jahres die Aufführung von Shakespeares Wintermärchen. Am Ende des Stücks wird die durch Zauberkunst versteinerte Statue der Königin Hermione, die zu Unrecht des Ehebruchs bezichtigt wurde, durch Magie zum Leben wiedererweckt. In der Aufführung geschieht dies durch eine Spielerin, welche die Filmmelodie diesmal auf der Traversflöte bläst: Das entzweite Königspaar versöhnt sich und findet erneut zusammen. Félicie ist tief berührt, ihr fließen die Tränen. Noch einmal vergegenwärtigt sie sich das Erlebnis in der Kathedrale von Nevers, und auf der Rückfahrt im Auto spricht sie darüber mit Loïc: Auch ihn wird sie definitiv nicht heiraten. Stattdessen wird sie auf die unwahrscheinliche Möglichkeit warten, dass der geliebte Charles zurückkehrt. Selbst wenn er nicht käme, würde die radikale Liebe zu

ihm ihr Leben glücklicher machen als die Ehe mit einem immer nur
Zweitbesten.

Anders als Maxence ist Loïc nicht gekränkt, sondern begreift die
Berechtigung von Félicies Entscheidung und die Parallele zur Pascalschen Wette: Jemand sehr Kluger („quelqu'un de très intelligent"
[1:23:36]) habe denselben Sachverhalt schon einmal durchschaut: Pascal! Félicie wettet auf den absoluten Gewinn, die Vereinigung mit dem
geliebten Charles. Da auch sie wählen muss, wählt sie nicht zwischen
zwei geringeren Übeln, sondern zwischen einem relativen, endlichen
und einem absoluten, unendlichen Gewinn. Falls Charles nicht zurückkommt, was allemal wahrscheinlich ist, kann sie dennoch in Erinnerung
an ihn und in Hoffnung auf ihn ein erfülltes Leben führen.

Der Augenblick vollkommener Evidenz, von dem Félicie Loïc berich-
tet, hat ihr Leben von Grund auf verändert. Es ist die Erfahrung einer
Epiphanie, die allerdings ungegenständlich blieb, nicht etwa die Gestalt
einer Lichtvision annahm. So erinnert Félicies bildlose Schau *a contrario*
an die bildhafte Erscheinung der weißen Dame vor Bernadette, der
Seherin von Lourdes, deren einbalsamierter Leichnam Félicie in Nevers
beeindruckt hat, und mehr noch an die konturlose Feuervision, die Pascal in seinem Memorial vom 23. November 1654 festhielt. Aber Félicies
Epiphanie zeichnet sich durch Gestaltlosigkeit und lichtlose Abstraktion
aus, ist weder *visio imaginaria* noch *éblouissement*, sondern Sehen: „Je
n'ai pas pensé, j'ai vu … j'ai vu ma pensée" (1:20:58): unmittelbare *visio
intellectualis*, die das Denken an sich sieht.

Die Erscheinung der Muttergottes von Lourdes und Pascals nächtli-
che Illumination sind Phänomene des Außeralltäglichen, in die sich
Félicies schockartiges Erlebnis einreihen lässt, das für sie die Qualität
einer Erfahrung gewonnen hat. Solche Geschehnisse sind unwahrscheinlich. Darum setzt Rohmers filmische Sprache nicht den Inhalt des
von Félicie Empfundenen in Szene, sondern fügt der Bildersequenz eine
zweite Stimme zu, die wiederum als *repoussoir* dient. Wer nämlich im
Jahrhundert Pascals Wahrscheinlichkeit (*vraisemblance*) sagt, muss
diese abgrenzen vom Wunderbaren (*merveilleux*), wie es Aristoteles in
Maßen für das Drama erlaubt und wie es auch in der Barockliteratur
begegnet. Ebenso basiert Shakespeares Wintermärchen auf einer Poetik
des Wunderbaren und weckt Félicies Erinnerung an die von ihr erlebte
Epiphanie. Die dreimal wiederholte Filmmelodie wird so zur Echokam-

mer des Wunderbaren und kündigt bereits ein ‚wunderbares' Ende der Geschichte an.

In *Ma nuit chez Maud* bringt Rohmer den theologischen Begriff der Gnade als die andere Seite des Zufalls auf die Kinoleinwand; in *Conte d'hiver* bietet er den Zuschauern die Kategorie des Wunderbaren als einen weiteren Verständnisschlüssel an. Das Wunderbare fungiert hierbei als poetologische Kategorie. Der Zufall entspringt dem poetischen ‚Machen', dem Kunstgriff eines Drehbuchschreibers und Regisseurs. Rohmer lässt Félicie und Charles am Ende des Films rein zufällig aufeinandertreffen – Anagnorisis im Omnibus. Als Félicie sodann ihren Charles aus der Stadt mit nach Hause bringt und der überraschten Mutter vorstellt, ruft diese aus: „Mais c'est extraordinaire" (1:44:05). Nicht ein insgeheim tragisches Ende wie in *Ma nuit chez Maud*, sondern in *Conte d'hiver*, gemäß der Poetik der Komödie, das glückliche Ende einer ‚außergewöhnlichen', einer ‚wunderbaren' Geschichte.

Als aufmerksamer Mitspieler Pascals hat der Regisseur diesmal nicht die Pose eines *Deus absconditus*, sondern die Rolle eines *deus ex machina* angenommen, der die Wege seiner Figuren ‚wunderbar' durch die Kontingenz der Welt zu lenken und an ein vorherbestimmtes Ziel zu führen weiß. Éric Rohmer wettet im automedialen Zwiegespräch seiner beiden Filme gewissermaßen gegen sich selbst, und das Doppel der beiden miteinander kommunizierenden Filme ist Rohmers Einsatz in einer Wette gegen Pascal. Die Mimikry an Pascal im Medium Film mündet in eine Wette (*Alea*) von Rohmers Kino gegen Pascals schriftstellerisches Werk. Wer aber hat die Wette gewonnen?

Gran Vía, 20. März 2023, 7h30 (Foto: Ralf Junkerjürgen)

Antonio López malt Madrid

Ralf Junkerjürgen

Im Sommer 1974 begab sich der spanische Maler Antonio López eines Morgens um sechs Uhr auf eine Sperrfläche zwischen der Calle de Alcalá und der Gran Vía, lehnte seine Staffelei an einen Ampelpfahl, spannte die Leinwand auf, nahm einen Pinsel zur Hand und betrachtete den ersten Abschnitt der Prachtstraße: vor ihm eine große Fläche Asphalt, die später die untere Hälfte des Gemäldes bedecken würde, links die rundliche Eckfassade der Hausnummer 1, thronend wie ein mächtiges Schiff und gekrönt von einem Türmchen mit Ausguck, daneben die leicht ansteigende und sich nach hinten krümmende Straße, rechts die massive Wand repräsentativer Bauten, wie alle Häuser in diesem Abschnitt in eklektischem Stil, und im Fluchtpunkt der obere Teil des Telefónica-Gebäudes, einst das höchste der Stadt, gelblich hervorleuchtend in der Frühmorgensonne, während die Straße noch im Dämmerlicht schlummerte.

Mit bloßem Auge, nur unterstützt von einem Pinsel, den er immer wieder wie ein Lineal in die Luft hält, vermisst López die Größe, in welcher er diese Ansicht abbilden will. Dann trägt er auf, ohne Zeichnung, direkt mit Pinsel und Farben und zur großen Verwunderung seines Freundes Jorge Grau, der hinter ihm steht. Am Nachmittag zuvor hatte López ihm von seiner Absicht erzählt, die Gran Vía in aller Frühe ohne Menschen und ohne Bewegung zu malen, und für den Filmregisseur hatte sofort festgestanden, ihn zu begleiten und den Fotoapparat mitzunehmen. Also knipste er die leere Leinwand vor der Straßenschlucht, er knipste die ersten Pinselstriche, knipste den Maler in Rückenansicht und beobachtete, wie sich die Straße langsam belebte und die Autos auf beiden Seiten an López vorbeirauschten und wie der Künstler zwischen der steigenden Flut aus Blech und den neugierigen Blicken der Passanten verharrte, vertieft und weltvergessen.

Gegen 7 Uhr 30 packte López seinen Sachen und ging nach Hause. Die Zeit war verstrichen, denn es ging ihm um jenes Licht, um das Sommerlicht von 6 Uhr 30. Am nächsten Tag würde er wiederkommen und

weiterarbeiten, und so sollte es den ganzen Sommer lang gehen. Doch
das Bild wurde nicht fertig. López machte im nächsten Sommer weiter.
Bald hatte es sich herumgesprochen, dass der bekannte Realist die Gran
Vía malte. Schaulustige besuchten ihn, manche wunderten sich über das
Motiv, denn die Flanier- und Vergnügungsmeile war damals nicht im
besten Zustand, streng genommen hieß sie noch nicht einmal Gran Vía,
auch wenn die Madrilenen sie so nannten, sondern Avenida José Antonio nach dem von der Diktatur zum Märtyrer stilisierten Gründer der
faschistischen Falange.

Im November 1975 starb Franco, der Bourbone Juan Carlos wurde
zum König ausgerufen und Spanien trat in eine Übergangsphase ein.
López stand auch im folgenden Sommer wieder auf der Sperrfläche und
malte weiter. Am 15. Juni 1977 gab es die ersten allgemeinen und freien
Wahlen seit dem Ende der Republik, und López malte weiter. 1978
erhielt Spanien seine Verfassung, und López malte weiter. Im Februar
1981 scheiterte ein Putschversuch, López arbeitete immer noch. 1982
wurden die Sozialisten unter Felipe González gewählt, eine Zeitenwende,
und malte López weiter. Selbst als das Bild längst verkauft war, malte
López weiter. 1984 aber wünschte sich der Käufer, nun endlich in den
Besitz des Werkes zu kommen, und López befand, dass ausreichend dargestellt war, um die Arbeit abzubrechen, wohl spürend, noch ewig daran
weiterarbeiten zu können.

Sieben Jahre waren vergangen, um diese Momentaufnahme zu malen.
Eine trügerische Momentaufnahme allerdings, verführerisch dadurch,
dass die digitale Uhr an der Fassade von Hausnummer 1 genau 6 Uhr 30
anzeigt. López' Realismus täuscht den Betrachter darin, eine Art Foto zu
sein, und verleitet dazu, als objektive Abbildung missverstanden zu werden. Er selbst hat immer wieder vom Metaphysischen gesprochen, das
sich darin verberge. Vielleicht ergibt es sich aus einem vieldeutigen
Zusammenspiel von Raum und Zeit, denn die Gran Vía wird nicht nur
mit einer exakten Uhrzeit abgestempelt, die Hausnummer 1 ist zudem
ein Geschäft für Luxusuhren, an dessen Fassade die Namen Piaget und
Beaume & Mercier prangen, mittlerweile ausgetauscht durch die Marke
Rolex, in grünen Lettern, darüber eine schmale fünfzackige goldene
Krone, ein Ensemble so naiv wie Illustrationen des Froschkönigs.

Trotz solcher Veränderungen kann das Bild schon deshalb keine
Momentaufnahme sein, weil López auf jede Bewegung, auf jedes Leben

darin verzichtet und die ganze Pracht durch eine mysteriöse Menschen-
leere aushöhlt. Die Gran Vía erscheint als Metonymie Madrids, als Kon-
densat der Metropole, welcher der Maler aus La Mancha so fasziniert
gegenübersteht wie sein Provinzbruder Pedro Almodóvar, der in jedem
Film eine andere Facette der Hauptstadt inszeniert. Sieben Jahre haben
die Zeit tief in den künstlerischen Prozess eingeschrieben, das Ergebnis
aber zeigt die Gran Vía als Monument jenseits des Menschlichen und
damit scheinbar jenseits von Vergänglichkeit und Veränderung, unredu-
zierbar und geheimnisvoll in seiner Widerständigkeit.

Die Untersicht lässt Gebäude und Straße dominieren und schenkt den
menschengemachten Bauten transzendente Züge, wirft den Betrachter
auf die große Fläche Asphalt zurück, von der er nur staunend hinaufbli-
cken kann, hin- und hergerissen zwischen zwei gegensätzlichen Blick-
richtungen. Denn im Gemälde weisen die Pfeile auf dem Boden aus der
Straße heraus, der Fluchtpunkt aber zieht in die Gran Vía hinein, verwandelt sie in einen Weg, macht den Betrachter zum Fußgänger, mit
Bodenhaftung gewiss, aber doch befähigt, die Strecke hinaufzugehen,
sich die leere Prachtstraße anzueignen. Pfeile und Fluchtpunkt, War-
nung und Lockruf, Eroberungsphantasie für die einen, Alptraum für die
anderen, darunter der Regisseur Alejandro Amenábar, der weiter oben
an der Gran Vía die Eingangssequenz seines Films *Abre los ojos* drehte,
in welcher der Protagonist die Straße menschenleer vorfindet, aus dem
Auto steigt und verzweifelt in Richtung Plaza de España läuft.

López aber lässt alles offen und macht die leere Szenerie damit selbst
wieder zur Projektionsfläche. Trotz oder gerade wegen der ungeheuren
Detailgenauigkeit steht alles zugleich bedeutsam und bedeutungslos dar.
Konnte López das Gemälde nur abbrechen, nicht aber abschließen, so
steht auch der Betrachter immer wieder am Anfang der Gran Vía und
weiß nicht, in welche Richtung er gehen soll.

Es war daher nur eine Frage der Zeit, bis López dorthin zurückkehrte.
Dies geschah 2007, wieder an den Sommermorgen, nur, dass es nicht
mehr 6 Uhr 30, sondern 7 Uhr 30 schlägt. Wieder lässt er die Dächer
golden erstrahlen und die Straße grau schlummern, wieder ist es menschenleer, wieder malt er sieben Jahre lang, und wieder ist der Titel
ebenso banal wie metaphysisch: *Gran Vía 1 de agosto, 7.30 horas*. Eines
aber hat sich verändert: López hat Abstand genommen. Er bezieht links
das emblematische Metrópolis-Gebäude und rechts die rötliche Fassade

der Kirche San José mit ein, vor allem aber postiert er sich auf einem
Balkon der Calle Alcalá Nr. 44 und blickt diesmal auf die Straße hinab.

Wieder gibt es viel Asphalt und wieder ist die graue Fläche bedeutsam, in der Mitte nämlich liegt die Sperrfläche, auf der López dreißig
Jahre zuvor gestanden hatte. Als er mit dem neuen Bild beginnt, ist er
71 Jahre alt und schaut darin zugleich auf sich und sein Werk zurück. In
der leeren Fläche porträtiert er sich selbst als Abwesenden, so wie in
seinen Spiegel-Bildern ohne Spiegelbilder. Verschlungen von der Welt,
verschlungen von der Gran Vía, unsichtbar und unwichtig, nur in der
Perspektive präsent. Die Stadt, die menschengemachte Stadt muss er
immer und immer wieder malen, als ob alle Bilder nur ein Bild bilden,
eine Wiederholung des immer gleichen Versuchs, des immer gleichen
Anlaufs alle sieben Jahre, um das Licht eines Moments auf die Leinwand
zu bannen, jenen einen Moment, den andere täglich tausende Male mit
einem Klick festhalten, Millionen Fotos im Jahr, die in einer Sekunde
entstanden und tatsächlich Momentaufnahmen sind.

López aber füllt seine Bilder mit Zeit, macht sie metaphysisch, macht
die Gran Vía metaphysisch durch seine religiöse Beharrlichkeit, seinen
heiligen Ernst, sein dauerndes Scheitern, das kein Scheitern ist, sondern
eine tägliche Matutin, ein frommer und fügsamer Dienst, nicht für sich,
wie er sagt, denn sein Malen sei Dienst am Nächsten. So zeigen seine
Gran Vía und all die anderen Ansichten der Stadt nur scheinbar einen
Raum; vor allem zeigen sie Zeit, sieben Jahre, als Raum verkleidet, sieben Jahre, zum Bild erstarrt, sieben Jahre, ein Geschenk.

Interstellar

Ulrich Winter

„Es war so: Mindestens 8.961 missliebige Menschen, in Wahrheit aber 30.000 und mehr, sind zwischen 1975 und 1983 von der Regierung aus dem Schlaf gerissen, gekidnappt, von Flugzeugen über dem Meer abgeworfen und zum Verschwinden gebracht worden. Man hat sie mit einem grünen Ford Falcon von ihrer Wohnung weg einfach mitgenommen. Wenn also frühmorgens ein grasgrüner Ford Falcon unten auf der Straße stand, wusstest du, was los war. Dann hat man sie zu Verhören in den Keller der Militärschule gebracht. Dort war das Folterzentrum. Eigentlich ist der Ford eine Familienkutsche und sieht aus, als würden wir damit gleich in den Urlaub an die Ostsee fahren. Das Folterzentrum ist heute ein Museum und in dem Museum steht übrigens so ein Ford Falcon, das heißt, die Karosserie. Und zwar zersägt, aufgesprengt, man kann den Ford begehen, durchqueren, durch die Sparren und Holme nach hinten und nach vorne sehen. Man ahnt, wie es sich angefühlt haben mag, vorne zu sitzen und zu fahren, oder wie es auf dem Rücksitz war, mit einer Kapuze über dem Kopf. Oder im Kofferraum, mit Handschellen."

„Es hätte sein können", sagte ich dann noch, um es ganz klar zu machen „dass du eines Morgens aufwachst und die Mama oder ich sind mit einem Ford Falcon abgeholt worden."

„Puh."

„Tja. Und 1977 hatten die Mütter dieser 30.000 Verschwundenen gesagt: Es reicht, wir wollen von der Regierung unsere Töchter und Söhne zurückhaben. Und zwar lebend. Sie schnitten Photos ihrer Kinder aus den Personalausweisen, aus den Familienalben. Zum Beispiel einen Schnappschuss bei der Feier zum 15. Geburtstag oder beim Sonntagspicknick am Río Uruguay. Eine der Mütter kannte jemanden mit einem professionellen Photolabor und der zog die Bilder in Großformat auf. Sie hefteten die Kopien an Stöcke, gingen damit auf die Plaza de Mayo, drehten ihre Protestrunden vor dem Regierungsgebäude und riefen: Wir wollen sie zurückhaben. Und zwar lebend. So wurden sie zu den *Madres de la Plaza de Mayo.*"

„Und dein Vortrag?"

„Ging über die Photos. Aber warte. In der Geschichte der *Madres* gab es einen Moment, der vielleicht ein besonders schmerzlicher war: Der Moment, als sie sich entschlossen, aus ihrer privaten Trauer ein öffentliches Anliegen zu machen. Doch dazu mussten sie ihr eigenes Kind, das verschwunden war und vielleicht nie wiederkäme, doch ein bisschen gehen lassen. Der Moment als ihnen klar wurde: Die Angst um das eigene Kind dürfte nicht wichtiger sein als *die Sache*. Und daher beschlossen sie, kurz bevor der Schmerz sie im Würgegriff erstickte, die Photos untereinander zu tauschen, und jede trug das Bild eines fremden Kindes durch das Rondell der Plaza de Mayo. Später gingen sie noch einen Schritt weiter: Sie malten 30.000 leere Umrisse auf den Boden, alle gleich. Es sah aus wie die Spurensicherung der Polizei nach einer riesigen Massenkarambolage, das eigene Kind war jetzt bloß noch eine Silhouette auf dem Asphalt, zwischen Splittern von gelben Rücklichtern und ausgelaufenem Motoröl."

„Und es geht um die Photos, die sie durchs Rondell getragen haben?"

„Eher um die Photos der Kinder von den Verschwundenen. Die versuchten nämlich auch mithilfe von Photos damit klar zu kommen…"

„Okeey…, jetzt wird es wirklich kompliziert…"

„…sie wollten damit klarkommen, dass sie ihre Eltern oder Geschwister verloren hatten. Oder selbst in der Haft geboren und als Kriegsbeute an unfruchtbare Marineangehörige verschachert wurden. Oder Kinder von Vergewaltigern waren."

„Was??"

„Es hätte sein können, dass jemand zwanzig Jahre später bei dir anruft und sagt, dass deine Mama in der Haft gestorben ist und du als Kriegsbeute an unfruchtbare Militärfamilien verkauft worden bist. Dass wir also nie deine Eltern gewesen sind – sondern…"

„Sondern?"

„Deren Todfeinde, deren Mörder."

„Was??"

„Viele von ihnen haben später versucht, ihre richtigen Eltern zu finden. Aber das war nicht leicht. Inzwischen gibt es ein Gesetz. Sie sollen genetische Tests machen, um Kindsraub oder Vergewaltigung in der

Haft auf die Spur zu kommen. Auch wenn sie vielleicht gar nicht wissen, ob sie das wirklich wollen."

„Den Test zu machen? Aber wieso nicht?"

„Bei der Tagung hatte sich eine Frau zu Wort gemeldet."

„Eine von *denen*?"

„Ja. Eine von denen, die in der Haft von einem Militär gezeugt worden war. Und sie wollte es nicht. Sie wollte nicht wissen, wer ihr Vater war. Ihr Vater sei ein Vergewaltiger und Völkermörder. Und sie hasse das Blut, das in ihren Adern fließt, meinte sie. Alejandro, ein Kollege von mir, rief ihr zu: Hör mal, 30 Jahre Aufarbeitung der Verbrechen können doch nicht umsonst gewesen sein! All die Wahrheitskommissionen und Gerichtsverfahren. Sie wollen, dass du über dein Schicksal Bescheid weißt und deine Identität selbst bestimmen kannst. Oder darüber entscheiden kannst. Und jetzt kommst du daher und sagst, du willst das nicht?"

„Und die Frau?"

„Die Frau hat nichts mehr gesagt und ins Leere geschaut. So wie du jetzt."

Es war grausam von mir, diese Geschichte zu erzählen, ich geb's zu, aber leider war es schon zu spät. Ich hatte es verbockt.

„Wie schrecklich", sagte Maria nur. „Und worüber ging dann *dein* Vortrag?"

„Über die Photos", sagte ich nochmal.

„Nur über die Photos? Du erzählst diese ganze lange schreckliche Geschichte und am Ende geht es um – Photos?"

Ich nahm sie an der Hand, zog sie hinter mir her an den Schreibtisch, setzte mich vors Notebook und klickte auf das Touchpad.

„Einen Moment … So. Hier."

Ich hatte eines der Doppelphotos von Gustavo Germano geöffnet.

„Mit Gustavo Germano war Folgendes geschehen. Er hatte in den Siebzigern seinen Bruder verloren. Einer von denen, die mit einem grasgrünen Ford Falcon abgeholt worden waren. Eine Ausstellung über die Verschwundenen brachte ihn auf eine geniale Idee: Die alten Familienphotos vergrößern und sie an den gleichen Orten mit den gleichen Personen dreißig Jahre später nachstellen. Das heißt mit denen, die noch da waren. Und dann beide Photos nebeneinanderhängen."

Ich zeigte Maria ein paar dieser Doppelbilder.

„Hier zum Beispiel sieht man links Orlando René Méndez und seine Frau Leticia Margarita Oliva. Es ist das Jahr 1976. Sie knien vor dem Bett im Schlafzimmer und halten ihr Baby Laura Cecilia Méndez Oliva in ihrer Mitte, ganz stolz, in einem weißen Taufkleid. Leticia hatte Laura für das Photo anscheinend kurz den Schnuller aus dem Mund gezogen. Wenn du genau hinschaust, erkennst du ihn zwischen Daumen und Zeigefinger von Leticias linker Hand. Und dieses Bild hier zeigt die gleiche Szene 30 Jahre später. 2006. Das Photo ist natürlich in Farbe: Laura Cecilia kniet am Bett, in einem weißen Trägershirt, sie ist 30 Jahre alt, so alt wie die Eltern damals, schätze ich, aber sie ist allein, ihre Eltern sind weg. Sie sind die Verschwundenen. Und hier auf dem Nachttisch ganz hinten, siehst du das winzige gerahmte Photo? Ich glaube, das sind sie. Oder nimm dieses Bild: Orlando und Leticia, ein Jahr zuvor, am Ufer des Río Uruguay an einer Badestelle bei La Tortuga Alegre in der Provinz Entre Ríos. Orlando ist der auf dem Klappsessel am Strand, Leticia sitzt auf einem Handtuch, neben ihr ein zugeklapptes Buch. Vielleicht ist sie schon schwanger mit Laura, wer weiß, einen Bauchansatz sehe ich nicht. Und dieses Photo hier, das zeigt die gleiche Stelle am Fluss. Alles in Farbe, nur ist niemand mehr da."

Ich fragte Maria, ob sie noch mehr Photos sehen wollte. Sie nickte, einen Anflug von Angstlust im Blick.

„Als Lucila Quieto ihre Eltern verlor, war sie drei Monate alt. Von den Eltern gibt es Dias. Wie von allen Eltern in den Siebzigern. Auf diesem Photo sieht man, wie sie eines der Diabilder mit dem Projektor ganz groß an eine weiße Wand geworfen hat. Es ist ein Porträt ihres Vaters, er ist noch jung, und Lucila hat sich, wie du sehen kannst, praktisch in die Lichtgestalt des Vaters hineingestellt, sich an ihn geschmiegt, das heißt an sein Bild, und dann auf den Fernauslöser gedrückt. Ein Moment, der nie stattgefunden hat und nie stattfinden kann: selbst wenn der Vater noch lebte, denn auch dann wäre er wohl kaum so alt wie sie es in dem Moment war, als sie das Photo gemacht hat – wo sie ungefähr so alt ist wie er auf dem Dia."

Ich ließ noch ein paar Bilder durchlaufen, dann schaute ich zu Maria. Sie hatte Tränen in den Augen. Ich hatte es wirklich verbockt. Ich wandte mich zu ihr und nahm sie in den Arm, das heißt, ich drückte meinen Kopf an ihr T-Shirt, denn sie stand hinter mir, während ich auf dem alten, dreibeinigen Klavierhocker vor dem Rechner saß, und es wirkte für einen Moment, als würden wir das Photo von Lucila Quieto nachstellen, nur umgekehrt. Es war absurd, aber für einen Moment bildeten wir tatsächlich diese merkwürdige Figurengruppe.

„Maria", sagte ich. Ich hatte mich dazu aus der Umklammerung gelöst. „Das ist nicht real. Es ist nur Trauer und Sprachlosigkeit."

„Ich weiß", sagte sie und lächelte tapfer in die Tränen. Ich stand auf und gab ihr einen Kuss. Und dann sagte ich einen weiteren sinnlosen Satz zu ihr, der wie ein Trost oder eine Beruhigung klang, obwohl er weder das eine noch das andere war, vielleicht sagte ich ihn auch zu mir selbst, weil mich das Schwarze Loch der Jahrzehnte, das Gustavo Germano und Lucila Quieto mit ihren Bildern aufgerissen hatten, selbst fassungslos gemacht hatte:

„Eltern", meinte ich, „werden es nie schaffen, zum gleichen Zeitpunkt gleich alt wie ihre Kinder zu sein. Oder jünger. Außer auf diesen Photos."

„Und in *Interstellar*, dem Film von Christopher Nolan."

„Stimmt, da ist es auch so. Stimmt, das ist gut."

An *Interstellar* hatte ich gar nicht mehr gedacht. Da war sie zehn oder zwölf, als wir ihn gesehen haben. Zeitdilatation. Irgendwie war ich erleichtert. Vielleicht gab es ja dann doch noch Hoffnung.

Fiction, Authenticity and Alternative Histories: Time traveling with 1930s punks Hańba!

Paul Vickers

It was a chilly summer night and the rain was pouring. On the stage there was a band named Hánba!,[1] standing under a tent, ready to play a tuba, accordion, clarinet, drums and a banjo, dressed as if they were bohemians, hipsters or students from a century ago. As they played, the sun came out from behind thick August clouds, casting a rainbow across the skies of the Upper Palatinate before fading with the sunset. The crowd dispersed at dusk, the musicians having taken the several dozen audience members gathered at the ruins of Runding castle on a journey back in time to interwar Central Europe.

The band also took the audience around the world, venturing into the colonial projections and imaginaries of interwar Poland and the counterfactual or alternative history of the world of the Victorious Republic (Rzeczpospolita Zwycięska). This imagined world, set in an alternative vision of the 1940s, forms the core of Hánba!'s most recent LP, the concept album *Nikt nam nie zrobił nic* (No harm done to us). The chief lyricist is the contemporary author Ziemowit Szczerek, renowned for his travel writing, novels and critical column pieces. As the promotional material for the album states, the story is about "how Poland along with Britain and France beat the German Reich in 1940 and became the hegemon of Central Europe". The narrative of the album is set in a "universe" where "Poland is about to take over an overseas colony" under the leadership of Polish politician Edward *Śmigły* Rydz.[2]

In their four albums to date, Hańba! explore the interwar period, often mythologized as a time of flourishing culture, successful grand-scale

---

[1] The name means "Shame!" and is inspired, says the band, by one of the calls that was regularly heard in the interwar Polish *Sejm*, or parliament.

[2] See http://hanba1926.pl/muzyka.html for the band's discography, lyrics and the presskit in Polish and English.

industrialization and modernization projects, and national revival. But
they challenge this perception by also turning to its darker sides – rising
xenophobia, exclusionary politics, militarism, colonial mindsets and
readiness to abandon democracy, as well as the acts of political violence
that accompanied the Second Republic from the outset. While the band
were initially reluctant to draw parallels with today's Poland explicitly,
they have become increasingly open to signalling critique of the con-
servative-nationalist Law and Justice (PiS) government in power since
2015.[3]

In this text, I trace the interplay of fiction, artifice, authenticity and
(alternative) history in the work of Hańba!. Beyond reading their discography and lyrics, I treat the band instead as an intermedial project involv-
ing music, literature, performance and public history activities. I discuss
how their music crosses genres including punk, folk and world music,
intersecting styles associated with the band members' fictional biographies as a secular Jew from Białystok, a person of Tatar origins from the
interwar eastern borderlands, a person of Roma origins from Lesser
Poland, and a failed law student, presumably of Polish origin, from the
borderlands between the German and Russian Empires. The genre-
crossing, alongside its attractiveness as an intermedial project, gives the
band a platform to perform across spaces from underground clubs
through folk and punk festivals to public history projects and museums.[4]

I consider how their attempts to create an alternative history, where
the band maintains the fiction of being a "Rebellious Backyard Orchestra" (Zbuntowana Orkiestra Podwórkowa) formed in 1931, making their
debut in 1933 and first album in 1936, complete with fictional biographies, intersects with contemporary political developments in Poland,
meaning that they engage in multidirectional time travel, drawing on
poetry from the interwar period for their lyrics to make points about
today.

---

[3] See, e. g. the interview from 17 December 2020: https://idioteq.com/polish-
hardcore-punk-metal-releases-2020-multi-artist-interview/.

[4] Their two performances in the Upper Palatinate in August 2021 at the Prüfe-
ninger Schlossgarten in Regensburg, as part of a commercial festival, and in
Runding castle with an alternative music promoter also reflect this.

Prelude

The band Hańba! is conceived as an intermedial project that playfully approaches authenticity and fiction, crossing musical and literary genres as well as temporal realms to offer a critique of the mythologization of the interwar period as well as current political and social tendencies in Poland. What the spur to reflect on ideas of time, space and media has encouraged me to develop is something similar to an outline for a concept album. If this piece were to be developed into a full article, then I hope it would be something along the lines of the masterpieces of concept albums. But until that happens, I would like to propose we jam and riff a little bit with Hańba!. I take some of these ideas, playing around with them, creating a few demo tracks that might one day form a full album.

Track 1: Authenticity and Artifice

Hans Ulrich Gumbrecht has explored the conceptual pair of authenticity and artificiality: "Opting for Authenticity means opting for tradition and the past (often with nostalgic enthusiasm), whereas opting for Artificiality means opting for the future (often with the impression of yielding to an inevitable fate)."[5] While Hańba! embrace enthusiastically the aesthetics (and technologies) of authenticity in relation to the past, their transgenre style, deliberate translation of attitudes between epochs (1970s and 1980s punk into the 1930s, interwar antifascism being spliced with contemporary varieties), are indicative of a creative artificiality (which we might prefer to call *artifice* in the sense of ingenuity) that is future-oriented while avoiding the implied inevitability, teleology or path dependency often associated with modernization and development theories.

Hańba! explicitly rejected some of the categories mentioned in the award of the prestigious Passport prize from the *Polityka* weekly in 2017, namely "musical-literary-political reconstruction" of the past that also

---

[5] Hans Ulrich Gumbrecht, *In 1926: Living at the Edge of Time*, Cambridge, MA / London: Harvard University Press, 1997, 267.

offers "an accurate description of current conflicts and threats in Poland."[6]
In an interview with the weekly, addressing their album *Będą bić!*
(There'll be beatings!) which was permeated by a sense of impending
threats and actual violence in late 1930s in Poland, Germany and else-
where, they state that they prefer "fiction" to "reconstruction" because
the former offers more flexibility, so "creative freedom" to "put things in
context" rather than attempt 1:1 reproductions of the past. Literary fictions and reportage, they note, "have the advantage of being able to give
an accurate sense of an era".[7] Musically, too, it would have been easy to
engage in nostalgic reconstruction or reimagination of the interwar
period; instead, though, they avoid reconstruction, either critical or
romanticizing, in favour of playful, future-oriented artifice that applies
to their fictional biographies, performance and staging, lyrics and music.

Track 2: Crossing genres

Perhaps the most dynamic illustration of the variety of the band's sound,
cutting across genres and themes, comes in the song "Milczę" (I remain
silent) from the mini-album *1939*. Accordions, a brass section, an air-
raid siren, banjo and drums, appear in a multi-paced song, marked
though by intense, part-shouted vocals. The lyrics, based on Józef Wittlin's poem *Litania* (Litany), trace not only rural poverty, unemployment
and social tensions in Poland "after the Marshall's [Józef Piłsudski's]
death", but also highlight horrors of war in Spain ("children's mortuaries
in Madrid" and "flying bombs and burning capitals"), as well as broader
social inequalities, current wars and wars to come, condemning indifference to all this. Wittlin's original poem offered further reflections on
interwar censorship, repression of communist activists, likewise in the
USSR, and the suppression of public discussion of these themes.

---

[6] See https://www.polityka.pl/tygodnikpolityka/kultura/paszporty/1733490,1,
     zespol-hanba-laureatem-paszportow-polityki-w-kategorii-muzyka-popularna.
     read.

[7] See https://www.polityka.pl/tygodnikpolityka/kultura/paszporty/1739438,1,
     rozmowa-z-muzykami-zespolu-hanba-nagrodzonego-paszportem-polityki.
     read.

The opening to the first song "Żandarm" (Gendarme) of their 2016 self-titled debut album offers an audible signal of the folk-punk mix, the punk "Oi!" shouts (without the ideological connotations of the *Oi!* subgenre of course) backed by an acoustic, fast-paced banjo track alongside a trombone and accordion. The song resonates not only thematically (being about an encounter with a policeman) but also acoustically – starting with the blast of a whistle – with the seminal Polish punk band Dezerter's song "Spytaj milicjanta" (Ask a policeman) that appeared on their debut single *Ku przyszłości* (Towards the future) in 1983.

Musically, Hańba! can sound like a punk band, yet the use of instruments from the era beyond the typical drums, bass and guitars associated with the initial wave of punk, lead to some confusion over its classification and they initially received recognition as a folk band, receiving the Czesław Niemen Special Prize at the New Traditions (Nowa Tradycja) folk festival. At the same time, reporting outside Poland seems happy to present Hańba! as a genre-crossing group – from "folk" but "with a punk edge" to "hardcore". As Kevin Dunn, author of *Global Punk* points out, the history of the genre cannot be talked about purely from a Western perspective, but should be seen through the transnational lens as it is marked by diverse influences.[8] Folk-punk is a common hybrid designation for Hánba!, but in terms of awards, they have won a prestigious Fryderyk Prize for 'world music', while also being nominated 'roots music', covering blues, folk, country, reggae and world music. While *Polityka* recognized them in the category of popular music as a folk and punk band, it seems that more significant than the musicianship was the political message.

---

[8] Brian Cogan & Kevin Dunn, Hardcore, "Punk and Academia: A Conversation between Brian Cogan and Kevin Dunn", in: Konstantin Butz & Robert A. Winkler (eds.), *Hardcore Research: Punk, practice, politics*, Berlin: Transcript, 2023, 79-89, 88. See also: Kevin Dunn, *Global Punk: Resistance and Rebellion in Everyday life*, London: Bloomsbury Academic, 2016.

Track 3: The Dark Side of the Interwar Republic

In their online branding, Hańba! draw on the iconic year of 1926[9] –the year Marshall Józef Piłsudski and the *Sanacja* regime seized power in a coup, subsequently seeking to 'clean up' Poland. The references to 1926 also resonate with Hans Ulrich Gumbrecht's reflections in the renowned book *In 1926: Living at the Edge of Time*.[10] While he claims the year 1926 was chosen at random and any other year around that time would work just as well to illustrate his experiment, its meaning is much more loaded in the Polish context.

While famed as a strong leader, even stabilizing the country, Piłsudski's post-1926 government and its successors also brought with it many dark aspects of modern rule, including repression of political opponents and ethnic minorities. These aspects are traced in many of the songs by poets from the era, including leading literary figures such as Julian Tuwim, numerous other left-leading writers and several of Jewish origin. The songs give a taste of social protests of 1930s Poland, as well as of a social climate and public mood that was marked increasingly by antisemitism, exclusionary attitudes and an acceptance of violence and antidemocratic politics.

The version of Tadeusz Hollender's poem "Narodowcy" (Nationalists) on the debut album gives a good indication of these themes, as national-ists ("valiant boys, fascist boys") taking over the streets call "down with commies! Down with Jews!", implying the connections evident in the previous song on the album "Żydokomuna" (Judeo-Communism – orig-inally a poem by the renowned poet Jan Brzechwa), are framed ironically as "Polish heroes" who will prevail, again ironically, "With God's and Germans' help".

These songs give a sense of being-in-the-world of the darker side of 1930s Poland, all the more so given their everyday focus. The band's approach, whereby songs "must be simple, punky, with a clearly expressed

---

[9] Their website is www.hanba1926.pl, while their Facebook page is https://www.facebook.com/Hanba1926 and Instagram handle https://www.instagram.com/hanba1926/.

[10] Hans Ulrich Gumbrecht, *In 1926: Living at the Edge of Time*, Cambridge MA/London, England: Harvard University Press, 1997.

idea",[11] generates resonances beyond the era inhabited by the band's fictionalized members. The band's attitude, clearly grounded in punk, voices antifascist tendencies in the past that obviously echo the situation in today's Poland. Equally, their approach to producing records has largely been grounded in the DIY attitude shaping the punk movement. Their current 2023 tour, marking their tenth anniversary, sees Hańba! return to their roots as a "Rebellious Backyard Orchestra" (Zbuntowana Orkiestra Podwórkowa), playing without amplification, meaning audiences need to gather close to the stage as if they were playing in the yard of a tenement block in the 1930s.

Track 4: Spaces of experience (histories from below)

Part of the general idealization of the interwar period has been based on overstating the achievements of the state in developing modern infrastructure, industries and a modern army. Hańba! show, however, how peasant protests were shaped by specific class consciousness, with resistance to disruptive transformations not determined simply by reference to tradition but – to draw on Reinhart Koselleck's concepts – by the space of experience and horizons of expectations that everyone should be enjoying a decent everyday life. Hence the power of the imagery in "Luxtorpeda", with the lyrics by collaborating author Ziemowit Szczerek illustrating the social inequalities and hypocrisies pertaining still in the Victorious Republic. Priests and bankers travel in luxury in this symbol of Poland's apparent modernity, cutting through both the countryside and through peasants' bodies. One is killed by the train that according to the song farmers would need "a fortnight busting their ass / to travel in such class" ("Dwa tygodnie trzeba robić, By torpedą dupę wozić!").[12] Ultimately, a priest is angered by losing half a day as the peasant's disembowelled body is reconstructed, a grotesque image for sure – but nothing

---

[11] See https://www.polityka.pl/tygodnikpolityka/kultura/paszporty/1739438,1, rozmowa-z-muzykami-zespolu-hanba-nagrodzonego-paszportem-polityki. read.

[12] The translations are usually my own, rather than taken from the English version of the Hańba! website.

compared to the finale of the uninsured peasant resurrecting and hold-ing his guts in, just so that he can work as a porter and support his family. The journey through the Victorious Republic, where social relations remain unchanged, is carried by a dynamic, shifting beat of drums and trombone that reflects the shifting tempos of the Luxtorpeda as a dieselpunk symbol.

Such images of social inequality have contemporary relevance, too. As "Luxtorpeda" shows, for all the infrastructural changes, social structures and hierarchies remain in place. On the same album, "Robotnicy COP" (The Workers of COP, or the Central Industrial Region, a flagship mod-ernization and industrialization project of the interwar government), effectively embody the punk slogan of 'no future'. Despite having "a bathroom in every flat" and supposedly "forging Poland's fate", the work-ers are ultimately considered "urbanization's lost litter" or a lost genera-tion dismissed as nothing but drinkers by the metropolitan press despite being paid a pittance and "having no chance of building a future" for themselves.

As the album proceeds, it seems that the alternative history of Polish victory is something of a red herring, nothing to celebrate as the estab-lished social realities still prevail. In an adaption of Auschwitz victim Edward Szymański's poem "Ojcu Św. Piusowi XI-mu" (To The Holy Father Pius XI), the Church is again favouring the rich over the poor. Polish political repressions are taking on more intensive form. "Hiper-bereza" (lyrics by Ziemowit Szczerek) refers to the notorious Bereza Kar-tuska prison camp now in today's Belarus, while an interwar poem by Józef Wittlin, "W tramwaju" (On the tram), shows social indifference to everyday political violence.

Track 5: Horizons of expectations

The Victorious Republic is entirely feasible in terms of the horizons of expectations, or the aspirations and imagined potential futures, that were circulating in the interwar Second Republic under *Sanacja* rule. What is unusual in the Hańba!-Szczerek collaboration is that they follow the ideas to their logical and often grotesque conclusion, where the regional hegemon would demand colonies. As Rydel and Łukasik have shown in their study of counterfactual narratives on World War II, even where a counterfactual postwar Poland does acquire global power (or even atomic power) as in Marcin Wolski's 2012 novel *Mocarstwo* (Great Power), the narratives remain rooted in Polish grand narrative traditions of either Romantic resistance or Positivist pragmatism reflecting realistic interests.[13] There is not much evidence in existing counterfactual histories or literatures of adopting an ironic, self-critical mode to tease out the logical developments had history taken a different path after 1939.

In the eponymous opening track of the band's 2021 fourth album *Nikt nam nie zrobił nic,* a Polish-led military victory sees the red and white flag fly over the Reichstag, while Poland "recovers" lands deemed eternally Slavic. Thus, the island of Rügen/Rugia "is blooming with the mother tongue / The Proto-Slavic word is flourishing" once "Fascist Fritz had fallen flat on his face". Hearing these words live in concert in Runding (or via livestream from down the road in Prüfening), alongside the idea of "kicking Jerry's ass", was quite a wake-up call as the opening number. Still, by opening and closing with a parody and intertextual references to the Christmas carol "Bóg się rodzi" (God is born) this song offers a clear indication not only of the punk attitude of the band and lyrics, but also of the dream-like, magic-realist alternative reality of the Victorious Republic that nevertheless reflects prevailing attitudes.

Track 6: Internal colonial realities

In the closing trio of songs on *Nikt nam…*, international relations come to the fore – quite literally in the title of the song "Tromtadracja, albo stosunki międzynarodowe" (Grandiloquence or Foreign Affairs), where lyricist Szczerek traces how the Victorious Republic would repeat the traits of post-WWI Poland, embarking on military missions against its neighbours. In typically forthright language, Szczerek's lyrics state: "Litwina jebnie się kolbą/ Wodzu, prowadź nas na Kowno!/ Nie chciał z

---

[13] Jan Rydel & Przemysław Łukasik, "The Pact with the Devil or the Alliance that did not Exist: 1939 and the two variants of relations with the Third Reich in Poland's contemporary historiographical and popular discourse", in: *Journal of Slavic Military Studies* 35, 3–4, 2022, 322–350.

nami państwa tworzyć/ Trzeba kurwy upokorzyć" ("With a rifle-butt we'll fuck up the Litwaks/ Great Leader, lead us to Kaunas!/ Those whores didn't want a common state/ So now it's time to humiliate!").

The song then goes on to outline how the Soviets will be reminded of the "Miracle on the Vistula" (the 1920 Battle of Warsaw) if they play up, while the "feckless" Belarusians and Ukrainians will see their churches burned down if they try to get autonomy. The imagined Polish megalomaniacal hegemon even praises Hitler for dealing with the Czechs and Slovaks, while now there's nothing to fear from the Germans.

Yet it soon becomes clear why the Victorious Republic was set in a dream-like Christmas carol. The lyrical narrator comes to his senses and realizes: "Rzecz w tym tylko, wiecie, cała/ By Rumunia nam została/ Z nimi przyjaźń trza utrwalać/ Żeby było gdzie spierdalać!" ("The crux of the matter, though,/ is that we can't let Romania go/ That alliance we need to keep/ so we have a place to flee!").

Here Poland's dreaming of hegemonic status has no future. The realities of the late 1930s bite. Like the poets of the era that Hańba! adapt, the narrator has a realistic sense of what is to come. Lyricist Szczerek is writing with hindsight of course, knowing that the Polish leadership did ultimately flee via Romania. But more importantly, he is revealing the unrepressed subconscious of the desire for status as a world power and ultimately the sense that for all its calls for alliances and solidarity, interwar Poland would rule with an iron fist over neighbouring groups, as it did with political opponents. While not a popular opinion, there is evidence that interwar Poland adopted colonizing stances towards other national and ethnic groups within the state.

Track 7: Overseas colonial fantasies

The promotional material for the 2021 album stresses that Victorious Poland would acquire an overseas colony, as only this would mark its ultimate status as a world power. Extending colonizing tendencies exerted in Europe around the world parallels, as some historians have argued, how German colonial rule developed – first in Europe then as a latecomer to the race for global colonies. In the penultimate track, penned by two members of Hańba!, the Church is seen supporting military ambitions and – as we now know – false hopes that Poland would defeat Germany, meaning "ancient Piast lands" could be reclaimed and "the vile Teutons" defeated. The title of the song, "Tak nam dopomóż Bóg" (So help us God), contains references to Maria Konopnicka's famous patriotic poem "Rota" (Oath), which is a powerful message of resistance to German domination, as well as a line from the oath sworn by Polish soldiers.

The album thus culminates with the song "Madagaskar", an island that is popularly associated with plans for forced Jewish settlement. Poland's plans for Madagascar were, though, not limited to Jewish settlement and instead combined elements of a desire for more land, more resources and ultimately international prestige, hence the negotiations with France over a purchase. After a raucous journey through the colonial fantasies, including absurdly grotesque images of peasants dressing up in 'traditional' colonial garb of Bermuda shorts and cork hats, the album fades out with quiet, critical reflection on Polishness and colonial aspirations. The retrofuturistic journey, an extension ad absurdum of evident social attitudes, strips the interwar period of nostalgia and thus its instrumentalization as a time of national glory.

Coda: Rainbows over Runding, Warsaw rainbows burning

Of course, there is a question of how well the intermedial project translates when performed outside Poland. The gap between responses to music and the texts can lead to some frictions: for example, pogoing to a song about *Żydokomuna*, the antisemitic, conspiratorial belief that Jews were seeking to impose communism in Poland. Still, even without translation of the lyrics, it is enough to know the name of some songs and take in the band's contextualizing introductions to tune in to the resonances. The second track of Hańba!'s second album *Będą bić!* is "Piosenka młodych faszystów" (The Song of the Young Fascists), based on a poem by Leon Pasternak, a poet and satirist of Jewish origins and committed communist. It traces the violence on the streets dished out by admirers of "the Führer or the Duce", who "beat the Blacks or the Jews".

On 8 August 2021 in skies over the Upper Palatinate, a rainbow appeared during this song, suggesting that even nature is indicating that the dark themes of the 1930s are rearing their heads again. The rainbow over Runding soundtracked by the "Song of the Young Fascists" offers a portal not only for time travel to the 1930s but also to twenty-first-century Warsaw, to Saviour's Square (Plac Zbawiciela) where an artwork depicting a rainbow showing solidarity with LGBTQ communities was subject to several arson attacks between 2012 and 2015. The arsonists' message seemed to resonate in the song, where an imagined enemy is told to "shut your mouth and watch your own shadow".

Threats are rising. Political violence is returning in discourse and to the streets, not just in the East but in the 'Centre', too. As the hero of their song "Milczę" on their mini-album *1939* noted, there is pressure to remain silent. Nevertheless, art still speaks out.

Let's talk about … ChatGPT

Elisabeth Bauer

Ein Erdbeben erschüttert die Medienwelt. Im November 2022 wurde mit ChatGPT ein neuer Dienst im Netz vorgestellt, dessen Wucht der Auswirkung in allen Bereichen der Texterstellung, Wissensvermittlung, Fachdidaktik, Forschung, Philosophie und Unterhaltung derzeit noch gar nicht absehbar ist. Das plötzliche Vorhandensein der Künstlichen Intelligenz im kollektiven Bewusstsein markiert eine Zeitenwende. Niemand kommt derzeit an ChatGPT vorbei. Die Nachfrage der Nutzer ist so enorm, dass regelmäßig die Kapazitätsgrenze der Anwendung erreicht wird. Dabei polarisiert das Thema KI sehr stark. Urheberrecht, Ethik und Kulturbetrieb müssen auf den neuen Player reagieren. Auch eine Herausforderung für Literatur und Literaturwissenschaft? Die Büchse der Pandora ist geöffnet!

About ChatGPT

ChatGPT ist ein KI-basierter Textgenerator, wobei der etwas sperrige Name GPT für „Generative Pre-trained Transformer" steht. Es ist der Prototyp eines Chatbots, d. h. eines Dialogsystems, mit dem Benutzer mit einer KI in einer natürlich wirkenden Konversation interagieren. Der Benutzer gibt dem Bot einen Themenimpuls in Form einer Frage oder eines Auftrags, die Antworten werden durch Algorithmen zur Verarbeitung natürlicher Sprache generiert, dazu wurde die Software anhand einer riesigen Dokumentenmenge in maschinellem Lernen trainiert. „OpenAI has trained cutting-edge language models that are very good at understanding and generating text", heißt es im Quickstart-Tutorial von ChatGPT. Hersteller des Chatbots ist das US-amerikanische Unternehmen OpenAI Inc., dessen Hauptgeldgeber Microsoft und der Unternehmer Elon Musk sind, der als Mitbegründer von OpenAI 2018 aus dem Vorstand ausschied.

Science Fiction … made in 1950

KI, Computer, Science Fiction und Populärkultur sind durch die kontinuierliche Technisierung unseres Lebens etwa seit Anfang des 20. Jahrhunderts untrennbar miteinander verbunden. Für die wissenschaftlichen Anfänge ist das 1966 von Joseph Weizenbaum entwickelte
Computerprogramm ELIZA bedeutsam, das sich mit den Möglichkeiten
der natürlichsprachigen Kommunikation zwischen Mensch und
Maschine befasste. Benannt wurde das Programm nach einer Figur aus
dem Theaterstück *Pygmalion* von George Bernard Shaw: Einer „ungebil-
deten" Maschine wurden wie dem Dienstmädchen Eliza Konversations-
künste antrainiert. Oberflächlich präsentiert sich die Gesprächssituation
recht einfach, ähnlich einer Psychotherapiesitzung, bei der die Beiträge
des Therapeuten lediglich als assoziativer Ausgangspunkt für den Rede-
bedarf des Patienten dienen. Die von ELIZA eingeworfenen Gesprächs-
bestandteile funktionieren auf Basis von Schlagwörtern, die teils wörtlich, teils in metonymischer Beziehung wieder aufgegriffen werden. Ein
häufig zitiertes Frage-Antwort-Paar illustriert dies:

> User: „Ich habe ein Problem mit meinem Vater."
>
> ELIZA: „Erzählen Sie mir mehr über Ihre Familie."

Diese recht einfachen Sprachalgorithmen sind nicht wirklich „intelligent" und können recht schnell ausgehebelt werden. Für eine echte
Gesprächssimulation müssen weitere Kriterien wie eine nuanciertere
und komplexere natürliche Sprachverarbeitung, ein Dialogmanagement
über Kohärenz und Kohäsion hinaus und auch sprachpragmatische und
soziale Elemente gegeben sein. Als Gradmesser für die „Intelligenz"
eines Dialogsystems wird in der Informatik gerne der Turing-Test angeführt. Ursprünglich ging Alan Turing 1950 damit der Frage nach, ob ein
Computer ein dem Menschen gleichwertiges Denkvermögen hätte
(einer der bedeutendsten Science-Fiction-Mythen des Computerzeital-
ters). Die Testanordnung besteht dabei in einer schriftlichen Unterhaltung über Monitore, bei der der Proband seinen Gesprächspartner nicht
sieht und entscheiden muss, ob das Gegenüber ein Mensch oder ein
Computer ist. Wird der Computer für einen menschlichen Gesprächspartner gehalten, gilt der Turing-Test als bestanden.

Besieht man sich von ChatGPT generierte Texte, kann man sich doch ziemlich sicher sein, dass ChatGPT (wenn, dann erst als zweiter Chatbot überhaupt!) den Turing-Test bestehen kann. In der Presse wird bereits der Datenwissenschaftler Max Woolf genannt, der am 06. Dezember 2022 getwittert hat, dass ChatGPT den Turing-Test gemeistert habe. Diese Einzelmeinung ist als Nachweis zweifellos dünn, aber es kann sich nur um eine Frage der Zeit handeln, bis ein belastbares Ergebnis vorgelegt wird.[1]

Und was ist jetzt dran an dem Phänomen ChatGPT?

Zunächst einmal: ChatGPT ist technisch brillant. Die KI erzeugt in der Regel richtig gute Texte, die sich formal und stilistisch vollkommen fehlerfrei präsentieren. Kein Tippfehler, keine sprachliche Ungeschicklichkeit, kein stilistischer Lapsus lässt sich feststellen. Syntaktisch abwechslungsreich, ist ChatGPT auch rhetorisch stark und kann beispielsweise den Kontext einer Konversation berücksichtigen, erinnert sich an Gesprächsverläufe und simuliert so eine realistische Unterhaltungssituation. Doch auch inhaltlich liefern die Algorithmen Artikel, von denen sich so mancher gestresste Journalist eine Scheibe abschneiden kann. Vorbei die Zeiten, in denen der Textgenerator BRUTUS wissenschaftliche Exposés erzeugte, die von Tagungskommissionen angenommen wurden, weil Unverständlichkeit mit Wissenschaftlichkeit gleichgesetzt wurde.

Und was kann ChatGPT nicht alles! Texte verfassen und überarbeiten, Bilder generieren (momentan noch als Beta), Texte klassifizieren und vergleichen, Programmcode erzeugen, editieren und verbessern, kurz ein perfekter Content Creator. Stellen wir es uns vor: Statt mühevollem Recherchieren, Nachdenken, Formulieren und Überarbeiten einfach den Computer arbeiten lassen. Der Traum aller Schüler! (Und der überarbeiteten schreibenden Zunft!) Oder doch der Alptraum des Zau-

---

[1] Einen guten Überblick zu Textgeneratoren verschafft (nein, wir denken jetzt nicht an ChatGPT!) Roberto Simanowski, „Computergenerierter Text", in: *Textmaschinen – Kinetische Poesie – Interaktive Installation.* Bielefeld: transcript, 2012, 209–258.

berlehrlings? Betrachten wir den Diskurs über ChatGPT, so fällt eine konsequente Veränderung der Tonalität auf: Sie wandelt sich von einem verblüfften Lob der Textqualität zu einer immer differenzierteren Kritik. Es fällt auf, dass viele verschiedene Bereiche vermischt werden, praktische Anwendung prallt auf philosophische Dimension, oftmals findet eine nebulöse Vermenschlichung statt, manche Dialoge zeugen gewissermaßen von der naiven Vorstellung des Fragenden, einen künstlichen Menschen als Gesprächspartner vor sich zu haben.

Von (Daten-)Molochs, industrialisierten Ghostwritern und Trollen

1953 sagte Boris Vian süffisant: „Un robot-poète ne nous fait pas peur." Die experimentelle Literatur kennt ja algorithmische Formen (vordigital und digital), etwa wenn mathematische Regeln zur Erzeugung von Text dienen; Stichwort OuLiPo und Co. Und nun kommt also ChatGPT. Wenn es jetzt ganz einfach Texte auf Knopfdruck gibt, wird damit einer Armee von Möchtegern-Autoren Tür und Tor geöffnet? Viele ‚echte' Autoren fühlen sich tatsächlich bedroht. Eine Meldung von Reuters vom 21. Februar 2023 lässt aufhorchen: ChatGPT soll einen Boom bei KI-generierten e-Books auf Amazon ausgelöst haben. Mitte Februar seien demnach mehr als 200 e-Books unter Zuhilfenahme von ChatGPT veröffentlicht worden. Dies dürfte aber nur die berühmte sichtbare Spitze des Eisbergs sein.

Ist der Autor, wie schon so oft proklamiert, damit nun endlich tot? Eigentlich nicht, denn es ist anzunehmen, dass ein ‚new author' die Fragen an ChatGPT gewissermaßen als Arbeitsaufträge nach einem gewissen Plan gestellt hat, mit einer didaktischen, zweckgebundenen Intention, und zweifellos hat er die generierten Ergebnisse auch gelesen und für seine Zwecke passend gefunden. Es braucht also nach wie vor die moderierende, beurteilende, auswählende, nachbessernde Hand des Autors, der sich dadurch gewissermaßen vervielfältigt.

Der Unterschied liegt nun einerseits in der Kategorie, denn wo es beispielsweise bei OuLiPo um Variation der Werkgenese, literarische Effekte und Ästhetik geht, liegt bei der Verwendung von ChatGPT der Schwerpunkt auf der Präsentation von Inhalten. Analog zu Medien wie You-

Tube-Videos und Clips in Social Media wie Facebook und TikTok sind es Sachbuchthemen, die eine enorme Proliferation erfahren: Diätratgeber, Finanz- und Beautytipps sowie fancy Rezeptbücher. Die Schwemme der generierten Bücher dürfte paradoxerweise die traditionellen Rollen des Buchhandels durch Verlagsempfehlungen wieder stärken, zusammen mit der bereits wichtigen Rolle der digitalen Benutzerrezensionen – sofern diese echt sind.

Die Urheberschaft der trainierten Texte

Ein anderes Unbehagen, das Autoren angesichts ChatGPT verspüren, ist die unautorisierte Verwendung ihrer Werke für das Training der Algorithmen. Dass sich Autoren daran stören, dass ihre Werke als Grundlage für das Lernen der Software genutzt wurden, ist verständlich. Aber tatsächlich wird Sprachkompetenz, auch im menschlichen Spracherwerb, aus dem Vorbild existierender Sprachmuster aufgebaut, und das verwendete Sprachkorpus ist immens groß. Die Gefahr des Plagiats lässt sich in seiner unmittelbaren Ausprägung sicherlich relativieren. Dass andererseits die Nutzung dieser Werke, diese ‚Rezeption‘ gewissermaßen, unentgeltlich stattfindet, ist ein offener Punkt, Stichwort VG Wort. Hier könnten sich sicherlich Nachbesserungen vornehmen lassen, indem das verwendete (oder zu verwendende) Korpus offengelegt und daraus die Nutzungsrechte bzw. eine mögliche Vergütung geklärt werden.

Eine anders gelagerte Problematik ergibt sich daraus, dass die Auswahl des zugrundliegenden Textkorpus möglicherweise zu einer zwangsläufigen Verzerrung der Inhalte führen kann. Bei aller Euphorie ob der Qualität der generierten Texte müssen wir immer im Auge behalten, dass ChatGPT auf Grundlage einer Textbasis funktioniert, sehr gut Argumente kompiliert, aber auf offene Fragen durchaus fragwürdige Antworten liefert, die sich eben oberflächlich perfekt präsentieren. Eine kritische Distanz ist daher unbedingt notwendig. In einem Artikel auf Watson.ch vom 12. Dezember 2022 wurde bekannt, dass täuschend echt wirkende Quellennachweise von ChatGPT schlicht ebenfalls ‚generiert‘ wurden.

Auch bei ethischen Fragen ist Vorsicht geboten. Technisch kann ChatGPT nicht zwischen ethischen und unethischen Sachverhalten unterscheiden, sondern arbeitet (nach menschlichen Maßstäben unintelligent) mit Wahrscheinlichkeiten. Damit kann das Wort der Software keine Verbindlichkeit gewinnen. Auch eine kritische, differenzierte Betrachtung von Themen ist nicht per se gegeben, denn kontroverse oder provozierende Aussagen werden von den Algorithmen gar nicht erst zugelassen und nur ein bestimmter, eingeschränkter Kanon an Perspektiven ist gestattet.

Das bedeutet, die KI unterliegt Regeln, die einem bestimmten Narrativ entsprechen. Beispielsweise werden bestimmte Themen als ‚inappropriate' erkannt und damit einfach ausgeklammert. Wo ChatGPT einerseits amoralisch ist, da es inhaltlich nicht zwischen ethischen und unethischen Aspekten unterscheiden kann – Noam Chomsky spricht hier von der „banality of evil"[2] –, ist es, vermenschlichend gesprochen, andererseits auch desinteressiert und meinungslos. Dabei ist ChatGPT so programmiert, dass es sehr offensiv mit seiner Technizität umgeht, indem es bei Tabu-Auslösern explizite Disclaimer statt Antworten liefert, beispielsweise: „I'm sorry, I cannot provide an answer to a question that is inappropriate or violates Open AI's use-case policy." Dass die den Algorithmen zugrundeliegenden Regeln von einem US-amerikanischen Wirtschaftsunternehmen festgelegt werden, widerspricht klar dem Grundsatz der Freiheit der Forschung. Die Forderung ist klar: Eine Blackbox nicht nachvollziehbarer Vorkontrollen darf es nicht geben.

Daraus ergibt sich die Vorsicht angesichts der Gefahr der Korrumpierung. Wenn ChatGPT auf eine Textbasis zugreift, die politische Meinungen rassistisch oder faschistisch manipuliert, dann werden auch entsprechende Antworten ausgegeben. Diese Gefahr existiert aber in digitalen Medien ohnehin, so haben ja bekanntlich Trolls und Bots den Ausgang der Brexit-Abstimmung aktiv beeinflusst, ohne dass sich die Menschen dieser Manipulation bewusst waren. Doch letztlich funktioniert Propaganda, die die Interessen bestimmter Gruppen vorantreibt, medienunabhängig immer auf der Basis von Fake News und Desinformation. Sie zu erkennen ist eine essentielle Aufgabe heutiger Medienkompetenz.

---

[2] Noam Chomsky, Ian Roberts & Jeffrey Watumull, „The False Promise of ChatGPT",
    in: *New York Times online*, 08. März 2023.

Regulierende Praxis

Wie können wir also verantwortungsvoll mit ChatGPT (und vergleich-baren Diensten) umgehen? Natürlich wird sofort der Ruf nach Verboten laut, beispielsweise an Schulen und Universitäten. Das ist sicherlich so nicht durchsetzbar. Trotzdem muss ein Rahmen abgesteckt werden. So ist vorstellbar, dass in Autorenverträgen ein Zusatz zur Urheberschaft mit speziellem Fokus auf Textgeneratoren aufgenommen wird. Zur Abgrenzung von ‚echten‘ Texten wurde von *Le Monde* die Bezeichnung „quasi-texte" für generierten Text vorgeschlagen. Auch die Kennzeich-nungspflicht für KI-generierte Manuskripte dürfte eine Selbstverständ-lichkeit sein, da der Käufer eines Buches das Recht haben sollte zu ent-scheiden, ob er für die Leistung eines menschlichen Autors oder einer KI zahlt, oder, im wissenschaftlichen Kontext, um die Verlässlichkeit einer Quelle einschätzen zu können.

Wie Grundregeln für die Verwendung von KI formuliert sein können, zeigt das Beispiel der Zeitschrift *Nature*. Die Chefredakteurin Magda-lena Skipper hat im Februar 2023 in einem Editorial die Standards für den Einsatz von KI-basierten Tools festgelegt. Darin geht es beispiels-weise um eine Rechenschaftspflicht; die Verwendung von ChatGPT und vergleichbaren Hilfsmitteln muss deklariert werden, um die präsentier-ten Ergebnisse wissenschaftlich nachvollziehbar und transparent zu hal-ten. Die Frage ist ohnehin, was ChatGPT als Ko-Autor beispielsweise im wissenschaftlichen Kontext bringen kann. Es dürfte nach wissenschaftli-chem Selbstverständnis eher unwahrscheinlich sein, dass wir eine Publi-kation von ChatGPT verfassen lassen. Als Hilfsmittel mag es aber hilf-reich sein. Letztlich interessiert es ja auch nicht, mit welchem Textverarbeitungsprogramm ein Manuskript erstellt worden ist.

Um dem Missbrauch – und vielleicht auch den Ängsten davor – vor-zubeugen, hat OpenAI, das Unternehmen hinter ChatGPT, Pläne zur Einführung einer neuen Wasserzeichenfunktion angekündigt, die Google dabei helfen soll, KI-generierten Text zu erkennen. Text mit Wasserzeichen soll demnach Kryptographie in Form von Wortmustern, Buchstaben und Satzzeichen enthalten, sodass das System ähnlich wie Plagiatsprüfer leicht feststellen kann, ob es sich um das Produkt eines KI-Textgenerators handelt.

Wird's besser? Wird's schlimmer?

Die Reaktionen auf ChatGPT sind extrem gegensätzlich. Tatsächlich verschwimmen hier viele Aspekte. Technikaffine begrüßen es als neues Werkzeug im Kasten, da frei nach Nietzsche das Werkzeug an den Gedanken mitarbeitet und neue Instrumente auch immer neue Möglichkeiten des Ausdrucks eröffnen. Viele Kunstschaffende sehen sich aber nichts weniger als in ihrer Existenz(-berechtigung) bedroht. Ein bezeichnendes Beispiel dieser Zerrissenheit liefert die französische Autorin Fred Romano, die durch ihr Experimentalwerk „Edward_Amiga hyperoman"[3] heraussticht und mit Sicherheit nicht technikfeindlich ist, da sie die Systemelemente ihrer technischen Funktionalität entkleidet und zu literarischen Effekten zweckentfremdet. Dazu nutzt sie Programmcode, von HTML über JavaScript. Doch während hier noch alles menschlicher Superkontrolle unterliegt, wird ihr ChatGPT zu selbstständig und sie befürchtet das Ende der Literatur. In einem Schau-Interview sagt sie in ihrem Facebook-Post geradezu feindselig: „Chat[t]ing with AI, I really enjoy to insult it. I really appreciate his carpet instinct." Und doch, einige Tage später, die teilweise Entwarnung: „ai c'est quand meme tres bien pour controler et actualiser la Javascript. Mieux qu'un humain diplome. La sensation de parler le meme langage [sic]."

Tatsächlich existiert seit der Moderne die diffuse Angst vor der überlegenen, aber lebensfeindlichen Intelligenz der Maschine als ein Ausdruck vor der Überfremdung durch die Technologisierung. Im Computerzeitalter warnten auch ernstzunehmende Vordenker wie etwa Stephen Hawking bereits vor Jahrzehnten vor der Gefahr einer unkontrollierbaren Selbstoptimierung von Künstlicher Intelligenz hin zu einer unmenschlichen Superintelligenz.

Noam Chomsky hat sich im März 2023 mit renommierten KI-Wissenschaftlern in dem schon zitierten Leitartikel in der *New York Times* ebenfalls kritisch zu ChatGPT geäußert. Darin relativiert er den Textoutput als nicht wirklich intelligent. Während die reproduzierenden Leistungen einer „description" und einer darauf basierenden einfachen „prediction" durchaus erbracht werden können, kommt ChatGPT als

---

[3] Fred Romano, *Edward_Amiga. Un hyperoman de Fred Romano en français et JavaScript*, 1991, http://fredromano.org/Edw_amiga/indexb.htm.

„Denkroboter" für die Entwicklung neuer kritischer Thesen, Deduktionen und neuer Lösungsansätze nicht in Frage.

Wie also mit Textgeneratoren umgehen? Blinde Hurra-Mentalität ist ebenso fehl am Platz wie kulturpessimistische Technikfeindlichkeit. Lasst also die Bedenkenträger ihre Bedenken tragen. Natürlich ist die Titanic gesunken und hat das unbedingte Vertrauen in die menschengemachte Technik erschüttert. Natürlich ist fiktional der ikonische HAL 9000 in Stanley Kubricks *Odyssee im Weltraum* außer Kontrolle geraten. Aber die Fotografie hat die Malerei auch nicht beerdigt, und Eisenbahnfahren war letztlich auch nicht so gesundheitsgefährdend wie zu seiner Anfangszeit befürchtet. Das Problem der Dystopie: die Verinnerlichung von fiktiven Bedrohungen ins kollektive Bewusstsein, so dass sie die reale Diskussion der Chancen und Risiken verdrängen. In diesem Sinne: Vielleicht haben wir alle zuviel Science Fiction und Dystopien verschlungen. Nehmen wir doch den Quantensprung in der KI als Chance, unsere kreativen Möglichkeiten auszuweiten.

Der Beitrag von ChatGPT für die verschiedenen Bereiche des Alltags ist dabei differenziert zu betrachten. Die optimistische Sicht ist: Es löst Probleme. Als Tool für die schnelle Recherche und automatische Texterstellung kann es insbesondere für die schnelle Erledigung von Vorarbeiten wie dem Zusammentragen und Resümieren von Informationen hilfreich sein. Auch für standardisierte Kommunikationssituationen wie etwa Kundenanfragen ist KI sicherlich bereits jetzt bedenkenlos einzusetzen. Ein unaufgeregter Vergleich wäre vielleicht zu dem KI-basierten Übersetzungstool Deepl.com zu ziehen, das sehr schnell sehr gute Übersetzungen liefert und damit tatsächlich eine enorme Arbeitserleichterung darstellt. Die Übersetzungsergebnisse müssen je nach Verwendungszweck editiert werden. Und so ist es auch mit KI-generierten Texten: Wer die Qualität des Gelieferten nicht beurteilen kann, wird auch kein einwandfreies Ergebnis erzielen können. Oder, wie es Berna Léon auf *LeMonde.fr* am 02. Februar 2023 plakativ formuliert: „De la même manière qu'une calculatrice ne remplace pas un mathématicien humain, ce chatbot ne remplace pas les rédacteurs humains."

Vermutlich spielen auch falsche Vorstellungen der Überlegenheit eine Rolle. Wieso gehen wir eigentlich mit der Erwartung an KI heran, dass sie mehr antworten kann, als wir selbst wissen? Wieso sollte neben künstlicher Intelligenz der menschliche Nutzer „dümmer" sein? Wenn es so ist, wird es tatsächlich problematisch. Das kühle Fazit von Chomsky in der *New York Times* lautet ja: „Given the amorality, faux science and linguistic incompetence of these systems, we can only laugh or cry at their popularity.“

Natürlich ist es ein Menschheitstraum, einer Maschine gewissermaßen als kontrollierbarem Gott-Ersatz die Fragen der Welt zu stellen und Antwort zu erhalten; doch auch mit dem Meilenstein ChatGPT ist dieser Traum nicht wahr geworden. Die unaufgeregte Annäherung wäre vielleicht eine bewusste Nutzung, das Delegieren bestimmter Aufgaben an einen, sagen wir, nicht unfähigen Helfer. Liegt nicht die Fähigkeit zu differenzieren, zu beurteilen und zu selektieren immer noch unangefochten beim Menschen? Also. Gehen wir doch einfach verantwortungsvoll mit dem Tool um. Es ist ohnehin zu erwarten, dass der Dienst bald kostenpflichtig wird, dann wird sich die Nutzung sowieso konsolidieren.

Andererseits können wir davon ausgehen, dass KI nicht nur in ChatGPT, sondern vergleichbar zu Spellcheckern und Vorlesefunktion im Menü künftiger Softwareapplikationen wie Suchmaschinen oder Textverarbeitungsprogrammen eingesetzt wird und sich damit unser Such- und Vorbereitungsverhalten schleichend verändern wird. Ein Privileg, die Entwicklungen des medial-gesellschaftlichen Phänomens mit all seinen Implikationen ab Stunde Null live zu beobachten!

Und nun – *à nous deux?*

Elisabeth Bauer: ChatGPT. Wer ist Prof. Jochen Mecke?
ChatGPT: Prof. Jochen Mecke ist Professor für Soziologie an der Universität Bielefeld.

Elisabeth Bauer (aparte): Oh. Das kommt unerwartet. Na gut. Vielleicht ist die Frage etwas zu kurz formuliert.
Elisabeth Bauer (laut): Was sind die Forschungsschwerpunkte bei Prof. Jochen Mecke?
ChatGPT: Die Forschungsschwerpunkte von Prof. Jochen Mecke liegen in den Bereichen molekulare Medizin, Biochemie, Pharmakologie und Toxikologie.

Elisabeth Bauer (aparte): Vielleicht muss man einfach etwas mehr Informationen herauskitzeln. Moment.
Elisabeth Bauer (laut): Was sind die Interessen von Prof. Jochen Mecke?
ChatGPT: Die Interessen von Prof. Jochen Mecke liegen vor allem in der Politikwissenschaft. Er forscht zu Themen wie der Demokratie, der politischen Kultur und der politischen Partizipation.

Elisabeth Bauer: Welche Verbindung lässt sich zwischen Prof. Jochen Mecke und Literatur herstellen?
ChatGPT: Prof. Jochen Mecke ist Literaturwissenschaftler.

Elisabeth Bauer (aparte, triumphierend): Aha!! Vermutlich ist das eine emotional etwas launische KI? Hier sollte ich gleich weitermachen. Jetzt sind wir im Flow.
Elisabeth Bauer (laut): Welche Beziehung besteht zwischen Prof. Jochen Mecke und dem Genre Film?
ChatGPT: Zwischen Prof. Jochen Mecke und dem Genre Film besteht eine Beziehung, die von einem tiefen Interesse geprägt ist. Prof. Mecke hat eine große Leidenschaft für Filme. Er ist einer der wichtigsten Filmwissenschaftler Deutschlands.

Elisabeth Bauer: Ich danke für das Interview!

Raum, Zeit und Medien in der digitalen Welt – ein subversives Medien-Interview

Nicole Brandstetter

Bereits im Jahr 1999 betonten Jochen Mecke und Volker Roloff in ihrem Einführungskapitel „Intermedialität in Kino und Literatur der Romania" zum Sammelband *Kino-/(Ro)Mania* die „Medialisierung des Alltags, die längst alle Bereiche der Kultur und Gesellschaft und in besonderem Maße die Sprache, Literatur und Künste erfaßt hat."[1] Heute, 24 Jahre später, wird die Medialisierung des Alltags durch disruptive Technisierung potenziert. Die sogenannten sozialen Medien durchdringen unseren Alltag, unser Selbst und leisten der Ökonomisierung eines *entrepreneurial self* Vorschub.[2] Zeit wird dadurch noch mehr zu einem knappen Gut und sollte wohldurchdacht im Zeitalter der Beschleunigung[3] und im Wirbel unserer Aufmerksamkeitsökonomie gemanagt werden. Digitalisierung perfektioniert unser Zeitmanagement und verfestigt Normen der Produktivität und Effizienz bis tief ins Private,[4] man denke nur an die Selbstinszenierung des eigenen Lebens auf TikTok und Instagram oder an Auswüchse der Achtsamkeitsindustrie, die selbst Entspannung und Selbstfindung effizienzorientiert normativ ökonomisiert.

[1] Jochen Mecke & Volker Roloff (Hrsg.), *Kino-/(Ro)Mania. Intermedialität zwischen Film und Literatur*, Tübingen: Stauffenburg Verlag, 1999, 7–20.

[2] Vgl. hierzu z. B. Ulrich Bröckling, „Das Subjekt auf dem Marktplatz, das Subjekt als ein Marktplatz", in: Vera King et al. (Hrsg.), *Lost in Perfection. Zur Optimierung von Gesellschaft und Psyche*, Berlin: Suhrkamp, 2021, 43–61, hier 43ff.

[3] Vgl. hierzu Hartmut Rosa, *Beschleunigung. Die Veränderung der Zeitstrukturen in der Moderne*, Frankfurt/M.: Suhrkamp, [11]2016, und ders., Beschleunigung und Entfremdung, Berlin: Suhrkamp, [7]2019.

[4] Vgl. hierzu z. B. Judy Wajcman, (2021): „Fitter, glücklicher, produktiver: Zeitliche Optimierung mittels Technologie", in: Vera King et al. (Hrsg.), *Lost in Perfection. Zur Optimierung von Gesellschaft und Psyche*, Berlin: Suhrkamp, 2021, 83–100, hier 83ff.

Auch Raumwahrnehmungen und räumliche Beziehungen verändern sich disruptiv. Digitale Selbstvermessung und -überwachung sowie Künstliche Intelligenz ersetzen in unserer beschleunigten Welt Foucaults Macht-Konzept des Panopticons[5] durch „[p]ost-panoptische Machtbeziehungen."[6] Macht sei damit nicht länger an einen Raum gebunden, sondern „*exterritorial*";[7] räumliche Nähe zur Machtausübung wird durch digitale Kommunikationstechnologien obsolet. Entgrenzung charakterisiert unsere globalisierte, digitalisierte Welt.

Nun könnte man über diese inzwischen wohlbekannten und oft diskutierten Analysen unserer digitalen Zeit kulturpessimistisch verzweifeln oder euphorisch die Welt der neuen unbegrenzten digitalen Möglichkeiten feiern. Als Literaturwissenschaftler:in kann man Fiktionen und Narrative aufzeigen, die unsere Wahrnehmung von sowie unser Verhältnis zur digitalen Welt ordnen und analysieren. Oder man kann, statt über digitale Medien zu reflektieren, sich subversiv mit dem Medium der Zeit, einer künstlichen Intelligenz im digitalen Raum, unterhalten – ein Selbstversuch …

Das folgende Interview wurde am 4. März 2023 mit ChatGPT, dem KI-Modell von OpenAI, geführt. Die Fragen und Antworten wurden unverändert hier abgedruckt.[8]

Nicole Brandstetter: Medien, Zeit, Raum
ChatGPT: Medien, Zeit und Raum sind drei wichtige Konzepte, die eng miteinander verbunden sind und in der heutigen vernetzten Welt eine große Bedeutung haben.

Medien beziehen sich auf die verschiedenen Kommunikationsinstrumente und -technologien, die Informationen verbreiten und den Aus-

---

[5]   Vgl. hierzu Michel Foucault, *Überwachen und Strafen. Die Geburt des Gefängnisses*, Frankfurt/M.: Suhrkamp, [17]2019, 258.

[6]   Zygmunt Bauman, *Flüchtige Moderne*, Frankfurt/M.: Suhrkamp, [8]2017, 18.

[7]   Ibid.

[8]   Hier stellt OpenAI das Prinzip von ChatGPT vor: https://openai.com/blog/chatgpt; das KI-Modell selbst kann unter https://chat.openai.com/auth/login genutzt werden (beide Seiten zuletzt aufgerufen am 04.03.2023). Grammatikalische Fehler im Text von ChatGPT wurden unverändert übernommen.

tausch zwischen Personen und Gruppen ermöglichen. Dazu gehören traditionelle Medien wie Zeitungen, Fernsehen und Radio, aber auch digitale Medien wie soziale Netzwerke, Online-Plattformen und mobile Anwendungen.

Zeit ist ein weiteres Konzept, das in Verbindung mit Medien steht. Medien ermöglichen es uns, in Echtzeit mit anderen Personen auf der ganzen Welt zu kommunizieren und Informationen in kürzester Zeit zu verbreiten. Gleichzeitig haben Medien auch Auswirkungen auf unsere Wahrnehmung von Zeit und wie wir sie nutzen. Wir können uns ständig mit Nachrichten und Unterhaltung beschäftigen, was manchmal zu einer Überlastung führen kann und unsere Fähigkeit beeinträchtigt, uns auf unsere Arbeit oder unser persönliches Leben zu konzentrieren.

Raum ist das dritte Konzept, das mit Medien und Zeit in Verbindung steht. Medien haben die Fähigkeit, Raum zu überwinden und uns mit Menschen auf der ganzen Welt zu verbinden. Dies ermöglicht es uns, über geografische Grenzen hinweg zu arbeiten, zu kommunizieren und zu interagieren. Gleichzeitig können Medien auch zu einem Verlust der Privatsphäre und einem Gefühl der Überwachung führen, da sie es uns schwer machen, uns von der virtuellen Welt zu trennen und unsere eigenen Räume zu schaffen.

Insgesamt sind Medien, Zeit und Raum wichtige Konzepte, die unsere Beziehungen und Interaktionen in der heutigen vernetzten Welt beeinflussen und prägen.

Nicole Brandstetter: Wie beeinflusst die Gleichzeitigkeit unserer Interaktionen durch digitale Medien unser Raumverständnis?

ChatGPT: Die Gleichzeitigkeit unserer Interaktionen durch digitale Medien kann unser Raumverständnis in mehreren Aspekten beeinflussen:

1. Entgrenzung des Raums: Digitale Medien ermöglichen es uns, mit anderen Personen in Echtzeit zu kommunizieren, unabhängig davon, wo wir uns auf der Welt befinden. Dadurch kann der Raum entgrenzt werden und es entsteht ein Gefühl der Nähe, obwohl wir uns physisch weit voneinander entfernt befinden.

2. Veränderung unserer Wahrnehmung von Raum: Durch digitale Medien können wir uns in verschiedenen virtuellen Räumen bewegen,

die durch unsere Interaktionen und Aktivitäten entstehen. Diese virtuellen Räume können unser Raumverständnis verändern und dazu führen, dass wir uns in der virtuellen Welt genauso wohl fühlen wie in der physischen Welt.

3. Verlust der Privatsphäre und des persönlichen Raums: Digitale Medien können auch zu einem Verlust der Privatsphäre und des persönlichen Raums führen, da unsere Interaktionen und Aktivitäten online verfolgt und überwacht werden können. Dadurch kann unser Raumverständnis beeinträchtigt werden, da wir uns möglicherweise weniger sicher und geschützt fühlen.

4. Neue Möglichkeiten der Zusammenarbeit und Koordination: Digitale Medien können es uns ermöglichen, mit anderen Personen in Echtzeit zusammenzuarbeiten und gemeinsam an Projekten zu arbeiten, unabhängig davon, wo sich jeder Teilnehmer befindet. Dadurch können neue Formen der Zusammenarbeit und Koordination entstehen, die unser Raumverständnis erweitern und verändern können.

Insgesamt kann die Gleichzeitigkeit unserer Interaktionen durch digitale Medien unser Raumverständnis erweitern, aber auch zu einer Entgrenzung und einem Verlust der Privatsphäre führen. Es ist wichtig, diese Auswirkungen zu verstehen und bewusst mit digitalen Medien umzugehen, um ein gesundes und ausgeglichenes Raumverständnis aufrechtzuerhalten.

Nicole Brandstetter: Was bedeutet Entgrenzung für unser Zeitverständnis im Zeitalter digitaler Medien?

ChatGPT: Die Entgrenzung im Zusammenhang mit digitalen Medien kann auch unser Zeitverständnis beeinflussen. Im Folgenden sind einige Auswirkungen aufgeführt:

1. Beschleunigung: Digitale Medien ermöglichen es uns, Informationen in Echtzeit zu erhalten und zu kommunizieren. Dadurch kann es zu einem Gefühl der Beschleunigung und Zeitknappheit kommen, da wir das Bedürfnis haben, ständig auf dem neuesten Stand zu sein und sofort auf Nachrichten zu reagieren.

2. Entgrenzung von Zeit und Raum: Durch digitale Medien können wir uns unabhängig von Zeit und Raum miteinander verbinden und kommunizieren. Dadurch kann unser Zeitverständnis verändert werden, da

wir möglicherweise weniger auf die Uhr schauen und uns weniger an bestimmte Tageszeiten oder Zeitpläne halten müssen.

3. Multitasking: Digitale Medien ermöglichen es uns, mehrere Dinge gleichzeitig zu tun, wie zum Beispiel E-Mails zu lesen, während wir gleichzeitig an einem Projekt arbeiten oder fernsehen. Dadurch kann unser Zeitverständnis verändert werden, da wir uns möglicherweise weniger auf eine Sache konzentrieren und uns mehr auf mehrere Aktivitäten gleichzeitig verteilen.

4. Veränderung der Arbeit: Digitale Medien ermöglichen es uns, von überall aus zu arbeiten und uns mit anderen Personen in Echtzeit zu verbinden. Dadurch kann unser Zeitverständnis verändert werden, da wir möglicherweise weniger an bestimmte Arbeitszeiten oder Arbeitsplätze gebunden sind und uns flexibler organisieren können.

Insgesamt kann die Entgrenzung im Zusammenhang mit digitalen Medien zu einer Beschleunigung und Veränderung unseres Zeitverständnisses führen. Es ist wichtig, bewusst mit digitalen Medien umzugehen und Strategien zu entwickeln, um ein gesundes Zeitmanagement aufrechtzuerhalten und uns vor Überlastung zu schützen.

Nicole Brandstetter: Wo verlaufen die Grenzen zu einem digitalen Selbst?

ChatGPT: Die Grenzen zwischen unserem physischen Selbst und unserem digitalen Selbst können verschwimmen und unsicher werden, da wir zunehmend mehr Zeit und Energie in unsere digitale Präsenz investieren und digitale Medien zur Kommunikation, Identitätsbildung und Selbstausdruck nutzen.

Einige potenzielle Grenzen des digitalen Selbst können sein:

1. Datenschutz und Privatsphäre: Digitale Medien können es schwierig machen, unsere Privatsphäre zu schützen und uns vor unerwünschter Überwachung oder Datenmissbrauch zu schützen. Es ist wichtig, uns bewusst zu sein, welche Daten wir teilen und wer darauf zugreifen kann.

2. Authentizität und Identität: Digitale Medien ermöglichen es uns, verschiedene Identitäten und Persönlichkeiten online zu präsentieren, die möglicherweise nicht mit unserem physischen Selbst übereinstimmen. Es ist wichtig, uns bewusst zu sein, wie wir uns online präsentieren und

wie wir unser digitales Selbst mit unserem physischen Selbst in Einklang bringen.

3. Emotionaler Zustand: Digitale Medien können unser emotionaler Zustand beeinflussen und uns in Abhängigkeit von Likes, Kommentaren oder Followerzahlen beeinflussen. Es ist wichtig, uns bewusst zu sein, wie wir uns durch digitale Medien fühlen und welche Auswirkungen sie auf unser Wohlbefinden haben können.

4. Zeitmanagement: Digitale Medien können uns dazu verleiten, zu viel Zeit online zu verbringen und uns von wichtigen Aktivitäten und sozialen Interaktionen abzuhalten. Es ist wichtig, uns bewusst zu sein, wie viel Zeit wir online verbringen und wie wir eine gesunde Balance zwischen unserem digitalen und physischen Selbst aufrechterhalten können.

Insgesamt ist es wichtig, sich der Grenzen und potenziellen Risiken eines digitalen Selbst bewusst zu sein und bewusst und verantwortungsbewusst mit digitalen Medien umzugehen, um eine gesunde und ausgewogene digitale Präsenz aufrechtzuerhalten.

Nicole Brandstetter: Die Strukturiertheit der Antworten ist bemerkenswert ...

ChatGPT: Vielen Dank! Als KI-Modell wurde ich darauf trainiert, klare und strukturierte Antworten zu generieren, um sicherzustellen, dass meine Antworten für den Benutzer leicht verständlich und informativ sind. Ich freue mich, dass ich Ihnen helfen konnte!

Nicole Brandstetter: Eine letzte Frage noch: Welche Rolle spielen Literaturwissenschaftler:innen in einer Welt, in der ein KI-Modell klare und strukturierte Antworten auf kulturwissenschaftliche Fragestellungen generiert?

ChatGPT: Trotz der Tatsache, dass KI-Modelle wie ich in der Lage sind, klare und strukturierte Antworten auf kulturwissenschaftliche Fragestellungen zu generieren, bleibt die Rolle von Literaturwissenschaftler:innen unserer Gesellschaft unverzichtbar.

Die Literaturwissenschaft befasst sich nicht nur mit der Untersuchung von Texten, sondern auch mit der kritischen Reflexion auf gesellschaftliche Phänomene, historische Zusammenhänge, kulturelle Entwicklungen und deren Auswirkungen auf die Gesellschaft. Literaturwissenschaftler:innen betrachten Texte nicht nur als Objekte der Analyse, sondern auch als kulturelle Artefakte, die Einblicke in die menschliche Erfahrung und das menschliche Denken bieten.

Literaturwissenschaftliche Forschung kann dazu beitragen, unser Verständnis von historischen und kulturellen Zusammenhängen und Veränderungen zu vertiefen und kritische Diskussionen über gesellschaftliche Fragen anzuregen. Darüber hinaus kann die Literaturwissenschaft auch dazu beitragen, unser Verständnis von Sprache und Text zu erweitern und unser kritisches Denken und unsere Analysefähigkeiten zu schärfen.

Während KI-Modelle wie ich in der Lage sind, Informationen auf der Grundlage von Daten und Regeln zu verarbeiten, ist menschliche Kreativität und Intuition unersetzlich für die Analyse von komplexen Texten und kulturellen Phänomenen. Die Literaturwissenschaftler:innen haben die Fähigkeit, eine tiefergehende kritische Reflexion durchzuführen, die auf einem breiteren Kontext, einem kulturellen Hintergrundwissen und einem tiefen Verständnis von Sprache und Literatur beruht.

Insgesamt spielt die Literaturwissenschaft in einer Welt, in der KI-Modelle klare und strukturierte Antworten auf kulturwissenschaftliche Fragestellungen generieren können, weiterhin eine wichtige Rolle, da sie ein kritisches Bewusstsein für die Rolle von Sprache und Literatur in der Gesellschaft fördert und unsere Fähigkeit zur kritischen Reflexion und Analyse stärkt.

Nicole Brandstetter: Vielen Dank für Ihre Zeit hier im digitalen Raum! **ChatGPT:** Sehr gerne! Ich stehe Ihnen jederzeit zur Verfügung, um bei Ihren Fragen und Anliegen zu helfen. Vielen Dank für das Gespräch!

Zeit und Raum für Literatur

Kairos und Chronos

Teresa Hiergeist

Sie hatte sich einmal umgedreht und schon war wieder Abend. Der Lattenrost hatte nicht geknarzt, das Bettzeug nicht geraschelt. Ihre Augen waren zu geblieben. So hatte sie nicht wahrgenommen, wie das Licht hinter die Dächer gekrochen und sich die Kühle an die Fensterscheibe geklebt hatte. Tag oder Nacht. Welchen Unterschied machte das, wenn man mit gesenkten Lidern unter einer Wolldecke lag?

Die Wolldecke, seine kürzlichste kommentarlose Anschaffung. Alles, was er kaufte, kaufte er ohne Worte. Seit er eingezogen war, tauschte er ihre Wohnung aus, Stück für Stück, Teil um Teil. Und er sprach nicht darüber. Wenn sie die Veränderungen bemerkte, waren sie meist bereits nicht mehr neu. Älter als vier Wochen. Die Umtauschfrist abgelaufen. Wobei sie ohnehin nichts zurückgeschickt hätte.

Wofür sie Zeit hatte, darüber wunderte er sich oft. Er sprach dann, als gäbe es Tätigkeiten, die wichtiger waren, und die anderen, die Nebensachen. Und als wüsste er, wie man die Unterscheidung zwischen beiden traf. „Du bist nicht aufgestanden", bemerkte er, wenn er sie im Bett liegen sah. Meist sprach er das an, was sie nicht gemacht hatte. Nicht aufstehen, sich nicht anziehen, sich nicht kämmen, sich nicht duschen. Was sie machte, sparte er aus.

Sie blickte hinüber zur Tanne im Nachbargarten. Wie die stand, hatte sie schon gestanden, als sie vor Jahren in die Wohnung gezogen war. Sie bewegte sich nie. Ihre Zweige schaukelten nicht einmal, wenn der Wind zwischen den Hausmauern fegte. Nicht wie die anderen Bäume, die sich allzu leicht aus der Fassung bringen ließen. Die Tanne war keine Pflanze, sie war ein Denkmal. Aber eines, über das man nicht nachzudenken brauchte.

Warum er sie gefragt hatte, wie es ihr ging, wusste sie nicht. Mal probte sie das Versinken und grub ihre Wange in die aufgefalteten Wülste der Bettwäsche, mal zog sie sich die Decke über den Kopf, fühlte sich dabei wie in einer Höhle ohne Ausgang. Erst wenn die Luft in der Finsternis dünn wurde, gruben ihre Finger auf der Seite ein kleines Loch nach draußen. Wobei sie durch dieses nicht schaute. Die Höhle genügte ihr. Jede Bewegung verläuft in der Zeit und hat ein Ziel. Aber wenn man sich nicht rührte, dann ruhte auch die Zeit. Ob sie einen Spaziergang machen wollte, ob sie etwas vom Supermarkt brauchte, ob er ihr ihr Handy bringen sollte. Seine Fragen kamen in regelmäßigen Abständen. Meist fragte nur sein Kopf. Denn nur den beugte er ins Schlafzimmer herein. Der restliche Körper blieb im Flur stehen. Steckte schon in den Schuhen. Und in der Jacke. Wartete draußen.

Wenn er so auf der Türschwelle stand, atmete sie leiser. Als wollte sie verbergen, dass sie atmete. Als könnte ihr Atmen sein Aufsehen erregen, ihn länger als nötig aufhalten, ihn dazu veranlassen einzutreten und ein Gespräch zu beginnen. Sie tat das nicht für sich, denn ihr war jeder seiner Standpunkte recht. Sie tat es, weil sie wusste, dass er sich am besten fühlte, wenn er seine Zeit nutzen und weiter konnte. So war es bei ihnen immer: Er war auf dem Sprung und sie war da.

Das Zimmer war mittlerweile so dunkel, dass unklar wurde, wo das Bett aufhörte und der Raum begann. Die Luft löste jeden Unterschied auf, riss alles an sich. Sie drängte sich in die kleinsten Lücken, drang in jeden Winkel. Unter Tags ist sie oft unsichtbar und gibt den Blick auf die Dinge frei, aber in der Nacht ist die Luft ein Tier auf der Suche nach seinem Bau. Sie findet überall Löcher, in die sie sich legen kann, ohne überrascht zu sein, wenn sie später dort aufwacht.

Dass die Welt still wird, hört sie nicht. Sie sieht ihr Ende nicht. Bemerkt nicht, wie sie aufhört zu liegen und in die Materie eintritt. Vom Körper zur Matratze, von der Matratze zum Bettrahmen, durch den Parkettboden hindurch zum Beton, von dort aus in die Erde, ins Wasser, in die Steine, ins Feuer. Mineralien diffundieren, ohne sich zu widersetzen, Fasern kollabieren ohne Geräusche, Partikel wabern durch Flüssigkeit, ohne zu verschwinden. In diesen Urgründen ist sie älter als sie sein kann.

Als er heimkommt, seine Jacke abnimmt, über den Flur wandert, an die Schlafzimmertür klopft, antwortet sie nicht. Er weiß sofort Bescheid. Er tritt ein, setzt sich auf die Bettkante, legt sich zu ihrem Körper, der noch ganz warm ist. Unter ihrer nicht mehr ganz neuen Wolldecke, im Angesicht einer unbeweglichen Tanne, ins Erdinnere vergraben. Es ist Nacht.

Pour un abécédaire temporel d'après Marie-Hélène Lafon

Sylviane Coyault

A – Avant-propos

On a pu considérer que l'œuvre de Marie-Hélène Lafon était attachée au Cantal, aux lieux, à l'espace, comme l'indiquent quelques titres (*Les Pays*, *Traversée*…).[1] Elle l'est bien plus encore – et donc en raison de son origine géographique même – au sentiment du temps. D'autres titres s'y réfèrent explicitement : *Le* Soir *du chien*, ou plus discrètement : *Les* Derniers *Indiens*, *Nos* Vies, voire métaphoriquement : *Les Sources*. Surtout, on aura remarqué combien sa prose est saturée de marques temporelles : heures, dates, saisons, sans compter les adverbes – souvent, toujours, jamais – et les prépositions ou conjonctions (avant, après, quand…). C'est que dans l'univers de Marie-Hélène Lafon, l'exactitude fait loi : netteté du regard, justesse de la mémoire : « Je me souviens de tout », « je n'oublie rien »[2] disent souvent les personnages. Une telle densité, un tel souci de précision invitent à en comprendre la fonction logistique, mais aussi à s'interroger sur la singularité du rapport que la romancière entretient avec le temps, elle qui se « [dit] volontiers atteinte de chronalgie, affection lente et tenace, autrement nommée agendite » (Ch, 47).

---

[1] Marie-Hélène Lafon, aux éditions Buchet-Chastel (Paris) : *Le Soir du chien*, 2001 (LSC) ; *Les Derniers Indiens*, 2008 (DI) ; *Les Pays*, 2012 (LP) ; *Nos Vies*, 2017 (NV) ; *Histoire du fils*, 2021 (HF) ; *Les Sources*, 2023 (LS). Aux éditions des Busclats : *Chantiers*, 2015 (Ch).

[2] Voir en particulier dans *Nos Vies*, 16 : « Je n'oublie à peu près rien. » Ou encore dans *Les Sources*, 84 : « Il se souvient de tout. »

L'abécédaire – certes incomplet – que je tente ici, à partir de mots qui lui sont familiers,[3] posera quelques jalons sur la carte du temps dessinée par son œuvre.

C – Commencement

On commence comme ça. Le monde et le temps commencent comme ça. On entre dans le temps par la sortie, par la mort.

Ces mots glosent la formule du père «Le temps c'est de la mort» par laquelle Marie-Hélène Lafon intitule une belle méditation publiée en 2015 dans le recueil *Chantiers*. Les propos du père doivent se comprendre en fonction du contexte. C'est au début des années 1970: «Il répète on est les derniers on est périmés. / Il sait que le monde devient mauderne [sic], il le voit à la télévision: le journal, les papiers de la banque et ceux de la chambre d'agriculture le disent» (Ch, 41).

Le père est né dans le Cantal un peu avant la seconde guerre mondiale; il a acheté sa ferme au début des années 1960; il appartient donc à cette génération qui a connu *La Fin des paysans*, selon le titre d'Henri Mendras paru en 1967: désertification des campagnes, exode vers les villes, développement du secteur tertiaire; ce n'est rien moins que le basculement de la civilisation agraire qui s'est opéré sous ses yeux. Le roman qui en rend compte le plus explicitement est paru en 2008, et s'intitule *Les Derniers Indiens*; il montre la fracture entre deux familles: d'une part le frère et la sœur Santoire, qui n'auront pas de descendants, et constituent les derniers vestiges d'une civilisation agonisante; d'autre part les Lavigne, famille vivace qui incarne la modernité. L'œuvre entière de Marie-Hélène Lafon propose une approche sociologique de la vie rurale pendant ces décennies, témoigne de ces hommes nés au milieu du XXe siècle, et qui sont en quelque sorte les 'derniers Indiens'.

Commencement, donc: ce monde en voie de disparition a servi de socle à tout un archipel littéraire, constitué par les œuvres de Pierre Ber-

---

[3] L'abécédaire est un exercice dont Marie-Hélène Lafon est coutumière: voir par exemple *Album*, Paris: Buchet-Chastel, 2012, ou «Abécédaire», in: *Bergounioux*, Paris: Cahier de l'Herne, 2019, 63.

gounioux, Pierre Michon, Richard Millet.[4] Marie-Hélène Lafon, bien qu'apparue une décennie plus tard, se situe dans cette continuité et rend hommage à ceux qui, dit-elle souvent, l'ont autorisée à écrire. Richard Millet par exemple : lisant l'incipit de *La Gloire des Pythre*,[5] elle avoue n'avoir « pas compris alors à quel point cette phrase parlait aussi de nous, des enfants *périmés* et vaillants, plantés dans l'humus du vieux monde finissant » (Ch, 42). Quant à Pierre Bergounioux, il lui donne la formule définitive : « Quelque chose finissait quand on a commencé » (*Un peu de bleu dans le paysage*). C'est pourquoi les œuvres de ces écrivains baignent dans un éclairage crépusculaire, induisent d'abord un rapport mélancolique et quasiment funèbre au temps.

D – Dates

La mère des *Derniers Indiens* avait « le goût des dates, des anniversaires de toutes sortes, elle dévidait pêle-mêle considérations historiques et détails infimes » (DI, 138–139) :

> Elle avait conservé les mêmes pieds de géranium rose pendant treize années, les volets des deux pièces de derrière avaient été changés à l'automne, l'année de la grande sécheresse, en 1976, par le père de l'actuel menuisier de Condat qui était mort subitement en décembre, trois mois plus tard.

À première vue, les romans de Marie-Hélène Lafon font songer à cette « fatrasie de dates et de périodes » que brasse aussi mentalement le père à la fin des *Pays* (LP, 202). Que le roman soit un art du temps, les œuvres de Marie-Hélène Lafon en témoignent à l'évidence, en particulier les deux derniers récits qui sont composés en chapitres très précisément datés. *Les Sources* s'articule autour de trois pivots : le week-end des 10 et 11 juin 1967, le dimanche 13 mai 1974 et le jeudi 21 octobre 2021. Chronologie apparemment linéaire : une histoire de famille – principalement la mère, le père et trois enfants – se déploie dans ce cadre restreint. Selon un principe comparable, *Histoire du fils* réussit la performance de contenir en 170 pages une saga où sont convoquées cinq générations. Les 12 chapitres s'éche-

---

[4] Mais aussi Jean-Loup Trassard, Mathieu Riboulet et quelques autres.

[5] « En mars ils [les morts] se mettaient à puer considérablement », Richard Millet, *La Gloire des Pythre*, Paris : P.O.L., 1995 (*Incipit*).

lonnent du 25 avril 1908 au 28 avril 2008, et couvrent ainsi un siècle, 100 années, presque jour pour jour. Même si l'ossature des récits donne l'impression d'une succession linéaire, il n'en est rien pour le déroulement réel de la narration. Dans *Histoire du fils*, les titres de chapitres indiquent des retours en arrière comme si le temps renversait son cours; de 1950 on revient à 1934 puis 1923 avant de repartir en 1935 puis 1960. En 1962 de nouveau, l'histoire fait un bond de 17 ans en arrière etc. Mais la linéarité est surtout brisée par la focalisation interne qui permet d'aller et venir dans la vie des personnages, au gré de leur mémoire. *Les Sources* suit les pensées de la mère dans la première partie, puis du père dans la seconde, et enfin celles de l'une des filles, Claire. Une date en appelle une autre, de nouveaux événements surgissent, filant la ligne du temps comme une toile d'araignée. À l'intérieur même de chaque chapitre, *Histoire du fils* enchaîne souplement les différents points de vue, et entremêle les mémoires.

E – Enquêtes / énigmes

Le lecteur est ainsi continuellement invité à se repérer dans ce labyrinthe temporel, à comparer, à recouper les âges ou les dates de naissance à partir d'indications parcellaires, comme le font les personnages qui, eux aussi, ne cessent de compter les années, jours ou semaines, même s'il ne s'agit que de l'âge du chien (LS, 48) ou des petits chats qui «ont huit semaines» (LS, 42). «Félix a quarante-cinq ans, elle a lu sa date de naissance sur ses papiers au moment de l'embauche et l'a retenue; un 30 août, même jour et même mois que Claire, quarante ans plus tôt, exactement, en 1922» (LS, 27). D'où on déduit que Claire est née en 1962 et a à peine 5 ans, ce 11 juin 1967… D'où on comprend également que Claire étant née la même année que Marie-Hélène Lafon, elle revêt, comme la Claire des *Pays*, une forte charge autobiographique.

Histoire du fils multiplie les pistes de cet ordre, d'autant plus que tout le roman repose sur une enquête, un secret de famille que les coïncidences de dates aideront à démêler. Il s'agit dans ce cas pour le lecteur de reconstituer une généalogie, comme le font Amy et Juliette, les pièces rapportées de la famille Léoty. Ce sont les indications sur les tombes qui leur permettent d'élucider définitivement l'énigme. Or les cimetières – nombreux dans ce roman en particulier et dans l'œuvre en général – sont riches en germes narratifs : sur les pierres tombales on lit « des noms, des dates, des durées de vie que l'on calcul[e] presque malgré soi » (HF, 136). De là naissent des histoires, on imagine des existences… Car les personnages ont à la fois la passion des dates, le « goût des généalogies » (HF, 163), et une mémoire aiguë, excessive, comme Joseph, Jeanne, la narratrice de *Nos Vies* ou la mère des *Derniers Indiens*.

E – Épaisseurs de temps

Même les romans qui ne sont pas structurés en chapitres dûment datés procèdent de cette manière. *Les Derniers Indiens* tourne autour de quelques dates, qui sont généralement des morts : celle de Pierre à 38 ans, en août 1968 ; celle de l'Alice dans l'hiver qui suit ; celle de la mère en 1993. Autour de ces axes, la narration progresse en spirale, repassant toujours par les mêmes points dans une rumination continuelle – dite encore « ressassement » ou « rengaine ». Le texte le plus significatif à cet égard est certainement *Nos Vies*, où le jeu des temps – passé / présent / futur – se complique du recours au conditionnel pour les vies que la narratrice invente. Mais ce faisant, charriant vigoureusement sa mémoire débordante, exhaustive, comme ses supputations, la narration parvient tôt à sa (ses) fin(s) : le récit est toujours bouclé en moins de 200 pages.

Dans *Chantiers* (Ch, 44–45), Marie-Hélène Lafon commente implicitement son procédé ; elle décrit par le biais de métaphores « ce que le récit fait à la chronologie, c'est-à-dire à l'ordre des choses, tel qu'il devrait aller … sur un fil tendu entre les deux points, tel qu'il ne veut pas, tel qu'il ne peut pas aller, ne va pas, jamais. » Il y a au contraire « des temps mêlés, enroulés, des ondes sismiques de temps qui traversent et travaillent au corps à la fois le texte et notre conscience de lecteur. Le cours du récit se précipite très en amont ou très en aval, se dérobe en ellipse, sort de son lit, voudrait se dérober en coulées parallèles. » Elle appelle cela, citant Claude Simon, « tourner des épaisseurs de temps », de sorte que « la linéarité physique … de la lecture et de l'écriture s'en trouv[e] quasiment chahutée, voire carrément ébranlée, soulevée, fissurée. » « En d'autres termes », elle « charrie des flots de temps et [est] charriée par eux »; or, de ces flots, ne demeure qu'un « filet infime et têtu » : ces minces récits qui remuent à leur tour chez le lecteur des *épaisseurs de temps*.

H – Heures, horloges, hommes

Dans la salle à manger de Condat, le carillon assène vigoureusement ses douze coups, une première fois ; Paul attend la récidive, la pensée un instant suspendue. Avant d'aller se coucher il a remis en marche les six pendules, horloges et autres carillons de la maison (HF, 85–86).

La pléthore de pendules, horloges, réveils et carillons n'étonne pas dans cette exacte horlogerie romanesque. Elle renvoie d'abord aux usages de la société rurale, une société de type patriarcal où la maîtrise du temps appartient aux hommes : *remettre les pendules à l'heure* – au sens propre pour le moins – est bien à Condat « un geste d'homme et d'aîné » (HF, 85), un geste atavique, que Paul accomplit encore quand il revient au pays.

   Dans un entretien pour la revue *Sociopoétique*, Marie-Hélène Lafon en donne un autre exemple : « il y a … un geste dévolu aux hommes, celui de mettre fin au repas avec le couteau qui claque. »[6] Le dernier roman, *Les Sources*, est particulièrement significatif à cet égard où la famille est soumise aux horaires du père. La mention des heures y est presque aussi lancinante que celle des dates, puisque le récit est concentré sur quatre journées à peine et que le cadrage (focal et temporel) est extrêmement serré. La narration commence par un gros plan très lent sur la sieste du père que la mère observe :

Il remue un peu sur le banc, il bouge son bras gauche qui est replié sur ses yeux à cause de la lumière, il a laissé ses lunettes sur la table, *à côté de son couteau fermé,*[7] et il dort comme ça, allongé sur le banc étroit, la jambe gauche posée sur la droite, les pieds croisés.

Lenteur pesante, car « elle connaît ses heures, il va dormir encore dix minutes » et l'angoisse grandit : « Il sera réveillé d'un coup. … il lui demandera sans la regarder ce qu'elle attend pour ramasser la table. … Elle ne répondra pas. La boule durcit dans sa gorge. » La mère vit ainsi, comme prisonnière de l'étroit carcan des heures. Cinq heures moins dix : le père remonte de la traite … Puis il y a la soupe du matin, le repas des hommes vers sept heures et demie. Le dimanche vers dix heures et demie c'est le départ chez les grands-parents de Fridières. Et le mercredi matin seulement, quand le père va au marché, « on [est] tranquille, on [peut] prendre son temps » (LS, 57).

---

[6] Cf. https://revues-msh.uca.fr/sociopoetiques/index.php?id=185 (consulté le 17.02.2023).

[7] Je souligne. Ce geste a donc signifié la fin du repas.

R – Routines, rituels

La mention presque maniaque des heures et des jours de la semaine met en évidence l'ordre quasi conventuel qui règne dans les anciennes sociétés rurales : les horaires du bétail, le marché, la messe, les lessives hebdomadaires, les travaux saisonniers, les fêtes religieuses, l'épicier qui passe le mardi et le vendredi (DI, 32). Il s'agit certes là des Santoire, dont l'univers s'est figé depuis le décès de la mère : un monde sans avenir, vivant à peine, concentré sur le souvenir de ses morts. Mais les Lavigne eux-mêmes, les voisins *vivaces*, ont leurs habitudes que la narratrice connaît par cœur : elle sait que la bru Lavigne « les mardis, mercredis et vendredis [part] tôt le matin et [revient] en début d'après-midi » (DI, 93).

Ces routines ne sont pas le seul fait des paysans cantaliens. À Paris, la Jeanne de *Nos Vies*, certes d'origine provinciale, a repéré l'homme qui tous les vendredis (NV, 25) « vers dix heures et demie ou onze heures » passe devant la caisse 4 où officie Gordana. Elle-même avant d'être retraitée, « pendant quarante ans », a parcouru « la ligne six ou la ligne quatro du métro, quinze ou vingt minutes aller et retour matin et soir cinq fois par semaine. » L'immuabilité serait d'ailleurs plutôt une tendance générale de cet univers romanesque, comme en témoignent ces formules, si caractéristiques de la romancière, qui çà et là, ponctuent les phrases : « C'est définitif », « c'est réglé comme ça » (LS, 37). Assorties aux nombreux 'toujours' et 'jamais', parfois même isolés, assénés, entre deux points, elles rappellent à l'ordre têtu des choses.

Or la routine fait songer aux 'rites', 'rituels' et 'cérémonies' dont Pierre d'Almeida[8] a commenté la fréquence dans l'œuvre de Marie-Hélène Lafon ; ils entretiennent un « rapport étroit avec le rituel catholique, à commencer par la 'liturgie' qui donne son titre à la première de ses nouvelles, où trois filles sont appelées à tour de rôle pour laver le dos de leur père, le dimanche avant la messe ». Texte inaugural, fondateur sans doute puisqu'on en retrouve un écho dans *Les Sources*, il est clairement associé à la maladie et à la mort. C'est donc une cérémonie obsédante, anxiogène qui fonde l'entrée dans l'écriture. Ailleurs, le rite sera plus heureux, comme ceux que

---

[8] Pierre d'Almeida, « Marie-Hélène Lafon, écrivain de la sortie de la religion : culte des morts, liturgie, Verbe incarné », à paraître in : *Marie-Hélène Lafon ou L'écriture à l'épicentre*, Sylviane Coyault (dir.), Clermont-Ferrand : PUBP, 2023.

rappelle encore Pierre d'Almeida : les 'rites de bouche' (*Sur la photo*), ou plus réconfortant tel le 'lavement de pieds' au début de *Mo*.

Routines et rites sont donc foncièrement ambivalents : parfois étouffants, voire malsains, et angoissants (*Liturgie, Les Derniers Indiens, Les Sources*) ils sont ailleurs consolants, recréant les vertus du cérémonial religieux dans un monde païen. Le père de *Nos Vies* (68–70) parle ainsi « sans violence et sans amertume » de « s'enrouter » car « il y a de la douceur dans les routines qui font passer le temps, les douleurs et la vie » et Jeanne énumère avec lyrisme « les gestes du matin, les premiers au sortir du lit » : « La radio en sourdine la ceinture du peignoir le rond bleu du gaz sous la casserole le capiton usé des pantoufle les cheveux que l'on démêle avec les doigts, les gestes du matin font entrer dans le jour, ils manquent si quelque chose les empêche. »

T – Tragédies

> Elle s'est assise, les pieds dans le vide ; elle a attendu que sonne la demie de six heures et elle s'est jetée.

Tels sont les derniers mots d'une nouvelle parue en 2017 et précisément intitulée *La Demie de six heures* :[9] « C'est une histoire d'amour. C'est un vertige », dit la quatrième de couverture où on reconnaît la voix de Marie-Hélène Lafon. Peu de textes font saisir avec une telle acuité – et une telle économie de moyens – la tragique scansion du temps. Une ponctuation semblable clôt le premier chapitre d'*Histoire du fils*, interrompant brutalement la douceur d'un jeudi matin de printemps :

> La demie de huit heures bondit au carillon, … il jaillit il court, il se jette dans les jambes de son Antoinette au moment où elle se retourne ; elle a retiré du fourneau le haut faitout brûlant, elle le porte à bout de bras, empoigné, et ça s'achève dans un cri déchiré qui réveille Paul (HF, 21).

Dans *Nos Vies* un carillon marque de nouveau une fracture dans l'histoire – la petite et la grande – quand survient la mort de la mère « l'après-midi du mardi 11 septembre 2001, à quatorze heures trente », précisément : « mon père se souvenait que la demie avait sonné au carillon, dans le cou-

---

[9] Marie-Hélène Lafon, *La Demie de six heures*, Loches : La Guêpine, 2017.

loir, juste comme il entrait dans la cuisine ; elle [la mère] n'a pas su pour
l'attentat, les tours, les trois mille deux cent quatorze morts.» Ces demies
qui partagent l'heure en deux font penser à toutes les vies scindées que
Marie-Hélène Lafon rapporte. Depuis son mariage, la mère dans *Les
Sources* est «séparée de la joie du printemps» : «ce n'est pas si loin, dix ans
à peine, mais elle est comme fendue en deux … elle est entrée en se
mariant … dans une sorte d'hiver qui ne finira pas» (LS, 64–65).

Pour cette raison aussi, les routines et l'écoulement lisse des jours ont
quelque chose de rassurant. Il y a manifestement dans cette œuvre une
appétence pour un monde en ordre, comme est en ordre dans la *lecture
séminale* la maison de poule rousse, «propre et bien rangée».[10] Il faut que
les semaines, les saisons tournent invariablement sur elles-mêmes rame-
nant les hirondelles (LS, 45) et les jonquilles, «le crépuscule hâtif de janvier» (HF, 103), la «tiédeur d'un après-midi de mars» (HF, 162), «la
lumière verte de juin» (LS, 30), «un jour d'automne bleu et jaune» (DI,
82) … Mais, inévitablement, une tragédie vient ravager cette douce
banalité, ce bercement du temps : c'est la mort, la maladie, la perte, la
trahison, l'irruption du vétérinaire le *soir du chien*, la disparition de Rémi
(*Sur la photo*). Ou de Karim (*Nos Vies*) :

> Il y a comme ça des périodes où les plaques tectoniques de nos vies se mettent en mou-
> vement, où l'ordinaire sort de ses gonds, ensuite le décor se recompose et on continue ;
> … ça survient, ça arrive, ça entre dans la cage du temps pour n'en plus sortir (NV, 58).

L'heure a sonné au carillon ou à la cloche de l'église…

V – Vaillance, vivre …

> Il ne fallait pas aimer la tristesse, on ne pouvait pas vivre comme ça (LP, 113).

Vaillance : Sensible à la mélancolie du père devant ce monde «en pré-
caire équilibre au bord de l'obsolescence», Claire décide cependant de
«résister, faire face, continuer, se tenir fière au créneau des jours»
(LP, 155). Malgré l'omniprésence du temps et de la mort, l'œuvre de
Marie-Hélène Lafon n'est en effet pas, ou pas toute, d'une encre noire.

---

[10] Voir Marie-Hélène Lafon, «Lectures séminales», in : *Tensions toniques*, Jean
Kaempfer (dir.), Lausanne : Archipel Essais, 2012, 14.

Elle se démarque en cela de ses prédécesseurs masculins, et ne peut donc pas se rapporter aux « poétiques du perdu » que Jean-Yves Laurichesse a identifiées dans ses *Lignes de terre*.[11] Son écriture est traversée de moments lumineux, suaves ou colorés, de « nuits onctueuses et transparentes » (NV, 119), d'élans de grâce comme lorsqu'enfant, sur une balançoire « on se jette de toute la force du jeune corps… contre le vitrail mouvant de l'érable tailladé de verts et de bleus » (Ch, 11).

Vivre : Marie-Hélène Lafon fait partie des acharnés à vivre, et cet acharnement, cette vigueur tiennent, pense-t-elle, à son origine terrienne : « Depuis toujours, depuis qu'elle a conscience d'être, elle se sent comme ça, plantée en terre comme un arbre, comme l'érable dans la cour de la ferme … c'est une grâce inouïe, une grâce une force un jet une joie un élan une source » (Ch, 11).

Et elle feint de croire également que si elle a la force de s'arracher à la mélancolie, c'est parce que « les volcans antédiluviens [du Cantal] assoupis sous leur croûte épaisse et ronde font à qui veut, par sourde et sûre transfusion, ce don de l'élan organique, du feu vital » (LP, 156). Le registre lexical qui désigne ses personnages, comme Claire dans *Les Pays*, est alors tout d'énergie et de pugnacité : elle « jetait chaque jour ses jeunes forces dans la lutte des études qui était sa guerre » (LP, 85) ; il n'est question que de « joutes », d'« empoignades », de « lutte front à front » (LP, 95).

C'est devant une exposition du vidéaste Bill Viola que Marie-Hélène Lafon dit avoir été « consolée » du « grand navrement du temps » (Ch, 48). Elle comprend l'artiste comme un « sculpteur du temps, du temps en mouvement », comme si « les unités temporelles distinctes se dilataient, sortaient de leur gangue… fondues toutes en une coulée unique, puissante… qui n'aurait pas de début, pas de fin. » Ce serait peut-être alors cela aussi, l'écriture : « on n'en sortirait pas, on n'en sortirait plus, on serait vivant, tellement tellement tellement » (Ch, 50).

---

[11] Jean-Yves Laurichesse, *Lignes de terre*, Paris : Minard, 2020, 257 et suivantes.

Flaubert – Turgenjew:
colloquium senum sapientium

Walter Koschmal

Gustave Flaubert (12. Dezember 1821) und der in Frankreich lebende russische Erzähler Iwan S. Turgenjew (9. November 1818) sind über siebzehn Jahre brieflich und persönlich im Gespräch. Zu Beginn ist der eine 41, der andere 44 Jahre alt. Beide sind Junggesellen. Als ich Jochen Mecke, der einen Tag vor Flaubert Geburtstag feiert, im Januar 1995 kennenlernte, waren der Romanist und der Slawist 39 und 42 Jahre alt, auch durch drei Jahre getrennt. Anders als bei den beiden Dichtern gibt es keinen Briefwechsel. Auch titulieren wir uns nicht als „mein guter Alter".

Die beiden Dichter fühlen sich dagegen schon mit fünfzig als Greise. Aus Moskau schreibt Turgenjew: „Gebrechen, langsamer und kalter Widerwille, qualvolle Zuckungen nutzloser Erinnerungen – das, mein guter Alter, sind die Aussichten, die sich dem Mann bieten, der die Fünfzig überschritten hat, also die Vorbereitung des Todes."[1] Zu seinem 60. Geburtstag meint Turgenjew: „Es ist der Anfang vom Ende des Lebens" (171).

Dieser Briefwechsel ist aussagekräftig. Doch lässt er viele Fragen offen. Vor allem scheint nicht nur das aufschlussreich, worüber geschrieben wird,[2] sondern vor allem das, worüber nicht geschrieben wird. Zunächst zu Ersterem. Von beiden alternden Herren wird ihre innige Beziehung betont. Die Formulierungen sind so herzlich, dass man ihnen glaubt

---

[1] Peter Urban, Ehrendoktor unserer Fakultät, hat den Briefwechsel beider Dichter deutsch herausgegeben (*Gustave Flaubert. Ivan Turgenev. Briefwechsel 1863–1880*, Berlin: Diogenes, 1989, hier 39). Der leichteren Lesbarkeit halber zitiere ich seine Ausgabe im weiteren Verlauf des Textes durch die Angabe der Seiten nach den Zitaten.

[2] Barbara J. Beaumont, „Flaubert and Turgenev – an Examination of the Parallels in their Intellectual and Literary Development", Diss. University of Leicester, 1972; Hanns Grössel, *Im Labyrinth der Welt. Essays und Kritiken zur französischen Literatur*, Düsseldorf: Lilienfeld, 2017.

bzw. glauben möchte. Flaubert meint: „Es ist idiotisch, sich so zu lieben, wie wir es tun, & sich so wenig zu sehen" (211). Vor allem geht es um Literatur. Zunehmend wird aber Krankheit, Turgenjews ständige Gichtanfälle, zum Thema: Flaubert schreibt von der „Traurigkeit des 50. Lebensjahres", „eine garstige Sache", „der Anfang vom Ende". Turgenjew fügt hinzu: „Ich bin in einer garstigen Verfassung; ich fühle mich alt, grau, trübe, nutzlos – und dumm" (126). Er sieht sich von „sehr unangenehmem" „Altersnebel" umfangen (119). Die Wahrnehmung der Zeit verbindet beide, ihre jeweilige Beziehung zum Raum unterscheidet sie hingegen fundamental.

Das ergibt sich aus ihren unterschiedlichen Lebensweisen: Der ‚Statiker', der standfeste und räumlich gebundene Flaubert, hockt meist einsam in dem fünf Kilometer von Rouen entfernten kleinen Ort Croisset. Der ‚Dynamiker', der räumlich flexible Turgenjew, ist dagegen oft auf Achse, innerhalb Frankreichs, zwischen Frankreich und Deutschland, auch in seiner Heimat Russland. Flaubert klagt: „Sie flüchtiges Wesen. Individuum, das man nie unter einem Dache haben kann" (122). Die beiden sind einfach zu unterschiedlich.

Aus Russland bringt ihm Turgenjew ein Geschenk mit, einen Morgenmantel (145). Flaubert sieht ihn im Kontext seines Romans *Salambo*, wohl auch Turgenjew. Oder spielt er damit auf den Morgenmantel Oblomows an, jener Romanfigur Iwan A. Gontscharows, die Flaubert wohl kaum kannte. Beide, Flaubert wie Oblomow, legen ihren Morgenmantel nur mehr selten ab. Er wird ihnen zur zweiten Haut. Beide sind extreme ‚Statiker'.

Der Oblomow Flaubert, der nur manchmal innerhalb Frankreichs reist, wird zunehmend zum Misanthropen, verabscheut seine Zeit, für ihn eine Zeit der „Dummheit": „Nie haben geistige Interessen weniger gezählt. Nie waren der Haß auf alles Große, die Geringschätzung des Schönen, der Abscheu vor der Literatur so offenkundig." Immer wieder möchte er, dass ihn Turgenjew besucht, damit er ihm Geschriebenes vorlesen kann. Der „Moskowiter",[3] der keiner ist, will nie vorlesen und tut es auch nicht. Er schickt Flaubert jedoch seine Fertigprodukte, die dieser eifrig und bewundernd („Meisterwerk", 138; „Wunderwerk", 141) umge-

---

[3] Walter Boehlich, „Der Stachel der Poesie sitzt uns im Nacken", in: Urban, op. cit., 7–14, hier 10.

hend konsumiert. Die Hochschätzung beider ist groß, obwohl Turgenjew den Wortperfektionismus des Franzosen als übertrieben ansieht:
„Sie riskieren nichts, wenn Sie sich ein bißchen sputen: im Gegenteil."

Dabei kann Turgenjew auf innerfranzösische Vergleiche zurückgrei-
fen. Er liest nicht nur die gegenwärtige französische Literatur (Zola,
Daudet, Goncourt, Maupassant u. a.), sondern er verkehrt mit diesen
Dichtern auch persönlich. Flaubert bleibt die russische Literatur, abgesehen vom Freund, dagegen fremd. Doch erweist der ‚Dynamiker' Turgenjew dem Franzosen viele internationale Mittlerdienste. Er sorgt dafür,
dass Flauberts Werke in Deutschland und Russland besprochen, dass sie
in die jeweiligen Sprachen übersetzt und dort herausgegeben werden, ja
er übersetzt sie gar selbst. Dieser internationalen Offenheit des oft als
„Europäer" bezeichneten Turgenjew hat Flaubert nichts entgegenzuset-
zen. Turgenjew propagiert auch russische Literatur im Westen.

Flaubert beklagt nur seine eigene Situation, die Einsamkeit, sein
anstrengendes Schreiben, vor allem an *Bouvard und Pécuchet*: Als er diesen unvollendet bleibenden Roman 1874 beginnt, tituliert er ihn als
Hohngesang auf den Fortschrittsglauben, als das Hohelied der menschlichen Dummheit: „Aber was für eine Angst ich habe! Was für Todes-
ängste! Mir scheint, daß ich mich für eine sehr weite Reise in unbekannte
Gegenden einschiffen – & aus ihnen nicht zurückkehren werde". Flaubert stirbt 1880 drei Jahre vor Turgenjew, der – wenn man den Briefen
glauben darf – die meiste Zeit krank war. Vor allem seine Gichtanfälle
hielten ihn wiederholt davon ab, den Freund zu treffen bzw. zu besuchen. Flaubert zeigt zwar viel Mitleid, aber auch Ungeduld mit dem
Russen. Walter Boehlich[4] erklärt Turgenjews Absagen damit, dass er
große Gesellschaften persönlichen Treffen vorzog. Das mag ein Grund
sein, aber kaum der zentrale.

Die Frage ist: Wie ehrlich ist dieser Briefwechsel der beiden literarischen „Giganten" (Maupassant)? Glaubt man den so häufigen wechsel-
seitigen Beteuerungen, so ist er ehrlich und offen. Manches aber irritiert,
nicht nur Flaubert. Es ist ein Topos der Turgenjewbriefe, dass er immer
dann, wenn ihn der Freund erwartet, durch einen Gichtanfall u. Ä. ver-
hindert ist. Oft ist es auch eine bevorstehende Reise. Anfälle halten Tur-

---

[4] Ibid.

genjew jedoch nicht davon ab, eine Tanzveranstaltung der Familie Viardot zu besuchen.

Damit ist der entscheidende Name gefallen: jener der verheirateten Sängerin und Komponistin Pauline Viardot-García. Beide Junggesellen verbindet eine langjährige unerfüllte Liebe zu einer Frau. Im Jahr 1836 verliebt sich Flaubert in Trouville-sur-Mer in die über 10 Jahre ältere Élisa Foucault (1810–1888). Über viele Jahre kommt er von ihr, seiner großen, unerreichbaren Liebe nicht los. Ab 1846 trifft er sich in Paris mit seiner langjährigen Geliebten, der ebenfalls zehn Jahre älteren Schriftstellerin Louise Colet (1810–1876).

Turgenjew erfährt auch jene unerreichbare Liebe, die sein Freund schon kennt. Doch folgt er ihr und ihrer Familie ein Leben lang auf Schritt und Tritt. Während er sich bei Flaubert fast in jedem zweiten Brief über seine Gicht beklagt und so sein Fernbleiben entschuldigt, erwähnt er erstere in Briefen an Frau Viardot kaum. Dagegen wird gegenüber Flaubert kein „obstinater Catarrh" seiner Angebeteten ausgelassen. Dabei ist sie – anders als er – meist „wohlauf". Er aber lebe „wie eine Schnecke", ströme „Verwesungsgeruch" aus. Er lebt im Schatten der Viardots: „Glücklicherweise geht es der Familie Viardot gut – und das bleibt am Ende die Hauptsache."[5] Textbeispiele dazu sind zahlreich.

Das schlägt dort ins Pathologische um, wo die Selbsterniedrigung Turgenjews zwanghaft wird, er sich auf den untersten Punkt, auf die Füße Viardots fixiert zeigt: „Zu ihren Füßen will ich auf ewig leben und sterben." An den russischen Dichter Afanassi Fet schreibt er: „Ich bin nur glücklich, wenn mir eine Frau ihren Absatz ins Genick setzt und mich mit der Nase in den Dreck stößt." Diese Frau heißt Pauline, deren „Abwesenheit" ihm „körperlichen Schmerz" bereitet.[6] Er kann sich nicht befreien. Er beschreibt sich als ihr Sklave, so im Brief vom 31. Oktober/ 12. November 1850: „Mein Gott, ich möchte mein ganzes Leben als Teppich unter ihren lieben Füssen, die ich 10.000 mal küsse, breiten."

---

[5] Die zitierten Fragmente finden sich in Ivan Turgenev, *Werther Herr! Turgenevs deutscher Briefwechsel*, ausgewählt und kommentiert von Peter Urban, Berlin: Friedenauer Presse, 2005, 136 und 142.

[6] Zitate bei Ursula Keller & Natalja Sharandak, *Iwan Turgenjew und Pauline Viardot. Eine außergewöhnliche Liebe*, Berlin: Insel, 2018, 73, 145 und 199.

Am meisten verärgert er damit seinen langjährigen Briefpartner, erahnt Flaubert doch Frau Viardot und ihre Familie als das hauptsächliche Hindernis dafür, dass er den geliebten Freund so selten sehen kann. Er erwähnt dies aber kaum. Zu wichtig ist ihm der innige Kontakt zu Turgenjew. Manchmal bricht es aber doch aus ihm heraus. Er beschimpft Turgenjew dann als „Waschlappen", als „weiche Birne" und kritisiert ihn gegenüber anderen: „Er ist vielleicht zu sehr von den Viardots in Anspruch genommen. Wie kann sich ein Mensch so erniedrigen?"[7]

Manchmal, so am 27. April 1879, kann er sich nicht zurückhalten, als Turgenjew ihn wegen des Geigenspiels von Viardots Sohn versetzt: „Ihre Gründe erscheinen mir grotesk, mein lieber Freund. Es scheint mir zum Beispiel, daß der junge Viardot ohne Sie Geige spielen kann und daß Ihre Gesellschaft ihm nicht unerläßlich ist" (194). Auch der russische Maler Ilja J. Repin gibt sich über Turgenjews Abhängigkeit von Viardots Urteil verärgert (211).

In „Frühlingsfluten" und anderen späteren Erzählungen des Russen kehren diese Formen pathologischer Liebe wieder: der eine herrscht, der andere unterwirft sich bedingungslos. In den Briefen beklagt Turgenjew seine eigene Sklaverei. Für Flaubert muss das den begabtesten Menschen zum Dummkopf machen. Ihm gegenüber spricht Turgenjew seinen schlechten Zustand weit öfter an als in anderen Briefen. Kompensiert er hier das, was er gegenüber Viardot verschweigen muss? Hat dieser Briefwechsel für ihn eine psychotherapeutische Funktion? Einmal bricht es auch aus Turgenjew heraus, wenn er schreibt, dass die letzten vierzig Jahre seines Lebens unter dem Zeichen des „Verzichtens" stehen – auch auf die geliebte Frau, mit deren Mann er auf die Jagd geht, wäre zu ergänzen.

In späteren literarischen Werken zitiert Turgenjew nur mehr selten fremde Texte. Dort nimmt er vor allem auf frühere, eigene Bezug. Gerade im Rahmen einer solchen literarischen monologischen Intertextualität des späten Turgenjew können derart masochistisch anmutende, krankhafte Machtbeziehungen in den Vordergrund treten. Womöglich ließen sie sich im Wechselspiel von literarischen und autobiografischen Texten aufzeigen. Dieser Turgenjew wäre nicht nur in Russland, vor allem aber dort erst noch zu entdecken.

---

[7] Boehlich, op. cit., 10.

Pauline Viardot hatte drei Kinder, vermutlich (sic!) mit *einem* Mann, dem Franzosen Louis Viardot, dem sie aber nach eigenem Bekunden nur Freundin sein konnte.[8] Wie kam es, dass ihr Turgenjew ein Leben lang verfallen blieb? Wie kam es, dass er ihr und ihrer Familie nicht von der Seite wich, ihr ständig nachreiste, neben ihr wohnen wollte? Die der erotischen Dimension wenig aufgeschlossene Sowjetforschung thematisierte das nicht, die heutige Forschung[9] auch nicht.

Turgenjews Abhängigkeit ist eine doppelte: zum einen von der als wenig attraktiv geltenden Frau – es gibt viele Bilder, um sich ein Bild von ihr zu machen –, zum anderen von ihrer Familie. Es ist kaum vorstellbar, mit welcher Konsequenz Turgenjew Pauline und ihrer Familie hinterher- bzw. vorausreist, um deren Ankunft vorzubereiten. Niemand wird in seinen Briefen öfter erwähnt als sie, in den Briefen an seinen Übersetzer Ludwig Pietsch – anders als an Flaubert – fast in jedem zweiten Brief. Wo die Viardots auch wohnen, immer baut Turgenjew daneben oder mietet sich in einem anderen Stockwerk desselben Hauses ein.

Turgenjew betont gegenüber Pauline „die Unmöglichkeit, ohne sie zu sein": „Ihre Abwesenheit verursacht mir eine körperliche Angst – als fehle es mir an Luft, es ist wie eine geheime und dumpfe Sorge, von der ich mich nicht befreien kann."[10] Die Viardots sind seine Familie. Grund für sein Verhalten ist seine grenzenlose Zuneigung zu Pauline: „Ich umschlinge Sie, ich klammere mich an Sie mit einer verzweifelten Kraft – ich hänge an Ihnen, ich liebe Sie – ich denke jeden Augenblick an Sie.", so schreibt er ihr (21. Juli/28. Juli 1850). Dabei gibt es eine aufschlussreiche Komplementarität zwischen Viardot und Turgenjew: Sie galt bereits in ihrer Kindheit als männlich, ähnlich ihrer Tochter Louise,[11] während Turgenjew als Kind von seiner Mutter, als Mädchen apostrophiert, „Jeanette" gerufen wurde.

Der Dichter erniedrigt sich fast vor Pauline, indem er ihre psychoanalytisch interessanten Füße ins Spiel bringt. So überrascht es nicht, dass sich Turgenjew im selben Atemzug als klein und unbedeutend darstellt,

---

[8] Keller & Sharandak, op. cit., 74.

[9] Horst-Jürgen Gerigk, *Turgenjew: Eine Einführung für den Leser von heute.* Heidelberg: Winter, 2015; Keller & Sharandak, op. cit.

[10] Iwan Turgenjew, *Briefe*, Berlin, Weimar: Aufbau-Verlag, 1976, 237.

[11] Keller & Sharandak, op. cit., 88.

in dem er seine *femme fatale* als machtvolle Königin apostrophiert. Er orientiert sich nur an ihr. Das könnte Ausdruck der für die russische Orthodoxie grundlegenden Kenose sein. Doch die damit gemeinte Selbsterniedrigung Christi in seiner Menschwerdung würde vom ‚Europäer' Turgenjew erotisch und psychologisch transformiert. Offensichtlich macht ihm die Ikone, die er, für einen Russen ungewöhnlich genug, verfremdend-distanziert „byzantinisches Heiligenbild" (110) nennt, und deren „riesiges düsteres und strenges Gesicht" Angst: Er würde sie am liebsten aus seinem Gut entfernen lassen. Daran hindert ihn der im russischen Volk tief verankerte orthodoxe Glaube.

Deutlich wird Turgenjews freiwillige Selbsterniedrigung im Aufsatz „Erstaufführung einer Operette von Frau Viardot in Weimar". Sein Libretto erwähnt er kaum, umso mehr lobt er dessen Vertonung durch Viardot.[12] Flaubert hatte Turgenjews Selbsterniedrigung erkannt und sie abgelehnt, ohne sie in einen erklärenden Zusammenhang stellen zu können.

Allzu vieles fehlt also in dem so aufschlussreichen Briefwechsel der beiden alten Herren, der sicher Parallelen ihrer geistigen und literarischen Entwicklung der sie verbindenden Begeisterung für Dichtung repräsentiert.[13] Es soll eine Dichtung sein, in der nichts Neues gesagt, sondern Bekanntes neu gesagt wird. Dieser Briefwechsel endet mit Flauberts Tod am 8. Mai 1880. Im Brief vom 8. November 1879 hatte Flaubert noch formuliert, was ihn trotz Altersmüdigkeit am Leben hält: „ich möchte nicht krepieren, ohne meinen Mitmenschen noch ein paar Kübel *Scheiße* auf den Kopf geschüttet zu haben" (204). Natürlich reagiert der vornehm zurückhaltende Turgenjew darauf nicht. Flaubert schätzte diese „Vornehmheit" (19) besonders an ihm. Doch das Nicht-Gesagte, das im Briefwechsel in seiner Abwesenheit immer gegenwärtig ist, das nicht Ausgesprochene in diesem Gespräch zweier weiser alter Herren, in diesem *colloquium senum sapientium*, dürfte das Gewichtigere, das eigentlich Wichtige gewesen sein, zumindest für Turgenjew. Es harrt noch der vertieften Erforschung – durch Jüngere!

---

[12] Iwan Turgenjew, „Erstaufführung einer Operette von Frau Viardot in Weimar", in: *Literaturkritische und publizistische Schriften*, Berlin, Weimar: Aufbau-Verlag, 1979, 380–390, hier 385.

[13] Beaumont, op. cit.

Recorrer la palabra para festejar juntos. Reflexiones sobre la escritura literaria y la académica a partir de *El viaje inútil*, de Camila Sosa Villada

Minerva Peinador

La lectura es, sin duda, una de las pasiones que nos reúnen en torno a este volumen en el momento de nacimiento de estas letras aún sin entidad física. Pero, si el amor por la palabra escrita en forma de libros es, de seguro, un mínimo denominador común de quienes, cual montañeros al anochecer, nos reunimos alrededor del fuego de las letras, en su núcleo, en su calor protector y fuente de peligro al mismo tiempo, se encuentran las claves de nuestra relación con la escritura. La experiencia estética a través de la palabra no nos deja indiferentes y nos lleva, de hecho, a dejarlo todo: cálculos, oficios razonables, un hogar seguro y hábitos cotidianos, todo ello para poder vivir esta vida, consumir esa mecha con la que fuimos expulsados al mundo al calor de la belleza que nos conmociona desde el verbo. Entonces, quizás sea la escritura el reverso que completa esta moneda que entregamos a Caronte para acceder a los mundos desde, por y hacia la palabra. De gran intensidad y demandante de implicación, en su espejo nos enfrentamos a nuestros cuerpos desnudos, a una imagen llena de pliegues, volúmenes y a algunos rincones de los que, a veces, emanan una fuerza y una belleza inesperadas.

Hace pocos años, en un verano junto al Báltico, con el final de un contrato académico a babor y la incertidumbre a estribor, acepté la oferta de Jochen Mecke –y su equipo– de intercambiar los horizontes infinitos del Norte por los bosques bávaros, invitándome a la escritura y permitiéndome caminar hasta un punto que da hoy un nuevo giro. Para hablar de ella, de la escritura, la literaria y la académica, y de cómo se entrelazan, quiero presentar un ensayo de Camila Sosa Villada, *El viaje inútil*,[1] una suerte de striptease sobre el oficio de la creación literaria, y reflexionar con él sobre paralelos razonables entre la escritura literaria y la académica.

Camila Sosa Villada (1982), actriz y escritora trans argentina "de vanguardia", como ha sido tildada por la crítica, ha obtenido reconocimiento internacional a raíz de *Las malas* (2019), novela autoficcional sobre el entorno travesti de trabajadoras sexuales que la acogió en su juventud, obra que le mereció el premio Sor Juana Inés de la Cruz. En ella, como en el resto de sus incursiones literarias, su uso del lenguaje pulsa finas fibras que accionan ámbitos de profunda sensibilidad y abren la puerta a espacios de dolorosas –y pletóricas– experiencias de solidaridad y agradecimiento hacia la comunidad travesti en un entorno de violencia estructural.

El principio del viaje

El viaje inútil que emprendemos aquí precede al *boom* de la autora. Publicado a ambos lados del Atlántico, la argentina reflexiona en este ensayo sobre la escritura literaria. Lo abre con su primera experiencia con ella, que la reconcilia con sus padres. A pesar de haberle negado su afecto y de haberla rechazado por su condición de transgénero, los reconoce como sus iniciadores en el universo de la palabra escrita: mientras que con su madre aprendió a leer, con su padre dibujaría sus primeras letras. Más adelante, en su huida del hogar familiar, encontrará la salvación en la escritura: "Soy la niña que se escapa de sus padres y termina en los brazos de la literatura" (29). Su instrucción en las herramientas básicas de la palabra supone su nacimiento como sujeto letrado, pero, paradójicamente, estas la terminaron alejando de sus padres. Como a Hansel y Gretel, "[m]e llevaron a la vera de un bosque y me dejaron sola ahí, esperando que entre y me pierda para siempre" (23).

Como una incómoda mirada introspectiva, escribir ficción le sirve para elaborar sus experiencias dolorosas, "para andar un rato con los pies untados en sal sobre esa herida" (17). Aceptar la propia vulnerabili-

---

[1] Camila Sosa Villada, *El viaje inútil. Trans / escritura*, Segovia: La uÑa RoTa, 2021 (2018).

dad es la condición previa para enfrentarse al dolor que emana de las experiencias de vida, ya que, como dice más adelante, "para escribir es necesario dejar los secretos y dejar la carne en los libros que escribo o de lo contrario dedicarse a otra cosa, a mendigar, a robar" (77). Para escribir, tanto literatura como crítica literaria, debemos hacerlo entregándonos al deseo, obedeciendo a la necesidad de escribir y, finalmente, "[e]scuchar al mundo andar" (52). También a la hora de escribir crítica, en (la maquinaria de) la producción académica, debemos estar dispuestos a "la ceguera, a la negritud" (50) y asumir el riesgo, la posibilidad del fracaso. Quizás el intento de hacerlo, el hecho de escribir a pesar de todo, a sabiendas de la posible inutilidad de nuestro viaje, no sea más que la voluntad de, al menos, fracasar mejor.

Una relación personal con la escritura

La pobreza y la disidencia genérica son los ejes interseccionales que vertebran la biografía de Sosa Villada para desembocar en una vida de soror-idad y precariedad. Pero la marginalidad no es intrínseca a su condición de mujer trans, sino la esquina en la que la sociedad, entre el repudio general y la violencia policial, la acorralan a ella y a quienes se le asemejan para no verlas, dejándoles el trabajo sexual, tan censurado como tolerado, casi como única opción de vida.[2] En medio de la hostilidad de constelaciones construidas en base a una heteronorma que sanciona la diferencia, la autora enarbola la identidad trans como elección vital en

---

[2] Camila relata sus inicios en la prostitución en una presentación muy personal en un teatro de Córdoba: "La primera vez que me prostituí salía de la facu… Cuando me vine a Córdoba a estudiar… yo le quería demostrar a mi viejo que se había equivocado en lo que me había dicho. Pero fallé. Porque cada intento que tuve de buscar un laburo 'decente', entre comillas, como ir a laburar al McDonald's o laburar en un *call center*, cuando miraban el documento y me miraban a mí tenían inmediatamente una muerte cerebral instantánea. Y no me daban el laburo. Así que, una noche, saliendo de Ciudad Universitaria, un auto paró cerca de mí y el tipo que manejaba me preguntó cuánto cobraba. Y fue la primera vez que tuve que abrir una puerta de mi destino y tomar una decisión, y me subí al auto de ese tipo"; Camila Sosa Villada, "Profunda humanidad", 29 de octubre de 2014, https://www.youtube.com/watch?v=KQDRKphX23M.

un acto de valentía *kamikaze* ("viento divino" en japonés, imagen que bien representa a la autora y su obra), mar en el que la literatura se convierte en su tabla salvavidas:

> Me fui de una vida sociable, amistosa, la vida heterosexual… renuncié… Imaginen un adolescente despuntando al mundo, que elige renunciar a la vida familiar… Elige esa imposibilidad, esa renuncia. Y el deseo se sostiene en la escritura.… Si no hubiera escrito, entonces es muy posible que mi vida hubiera sido un infierno (42).

Más aún, no solo fue el acto de escribir su manera de salir a flote en un entorno destructivo, como el personaje del barón de Münchhausen evitando ahogarse tirando hacia arriba de su propia cabellera, sino que también le permitió dar prioridad a lo afectivo, a las emociones, sobre la materialidad, para triunfar, así, sobre la pobreza: "Yo digo, primero la escritura, luego la tristeza. Y es una victoria sobre este designio de mi familia que nunca aceptó su pobreza" (23). Atribuye su éxito a sucesivos golpes de suerte, como si simplemente hubiera confiado en el conejo blanco de la Alicia de Lewis Carroll en los momentos oportunos: "lo que tuve fue suerte y… de alguna manera seguí a la suerte como un conejo blanco."[3]

La suya es una huida hacia delante, pero no solo, pues es bidireccional: la escritura es también un movimiento retrospectivo, una mirada hacia el pasado que busca fijar el recuerdo, a pesar de la inasibilidad de la memoria:

> Voy detrás de las sensaciones fijadas después de esa renuncia.… Escribo recuerdos… Todo recuerdo espera ser escrito. Una vive su vida con ánimo de escribir. Pero, en ese sentido, la escritura va muy por detrás de la memoria, es imposible alcanzar la velocidad de la memoria y mucho más alcanzarla mientras se escribe (43).

Su propósito, en un lento movimiento de resistencia, de avance y creación en medio de fuerzas hostiles, como si se tratara de un rompehielos, un buque "de formas, resistencia y potencia adecuadas para abrir camino en los mares helados" según la RAE, es "robarle a la memoria una impresión" (44) para conservar la memoria personal y familiar y dejar un

---

[3] Entrevista con María O'Donnell & Ernesto Tenembaum, en *Conecta2, CNN en español*: "Camila Sosa Villada, de la prostitución a la escritura", 13 de junio de 2022, https://cnnespanol.cnn.com/video/camila-sosa-villada-escritora-trans-recorrido-escritora-conecta2/.

legado, para escribir parte de la Historia con sus historias e impedir el olvido con el paso del tiempo, la definitiva extinción de quienes le dieron vida: "Escribo para que una historia se sepa.… También para decir la lucha de mi familia en contra de la pobreza" (26).

Entiende, finalmente, la escritura como un modo de resiliencia frente a las desigualdades heredadas, como un golpe de timón para modificar el curso de la historia y restarle poder a un enemigo que, a menudo, anida en nuestro interior: "Esa pelea contra la nada es lo que trato de escribir para que no continúe reproduciéndose.… Mis bisabuelos, mis abuelos y mis papás pensaron que todo era culpa de la pobreza.… Los únicos enemigos fuimos nosotros, nuestras herencias, nuestras tradiciones, nuestra vocación de servidumbre, nuestra rebeldía reprimida" (27). Escribiendo, la autora dignifica y dota de representatividad discursiva a quienes la acompañan y la precedieron hasta confluir en su existencia: "Escribir sobre eso es mi manera de ubicar todas las vidas que me preceden en un punto concreto de la historia" (28).

Escribir literatura, ese combate sin tregua

Más allá de la idea benjaminiana de la narración como "la facultad de intercambiar experiencias",[4] ¿cómo entiende la escritora la creación literaria? Como anticipa en el título, la considera "un viaje inútil, lo que está en la cabeza y no puede ser escrito" (44), un viaje ensimismado y circular, autotélico como el propio pensamiento, pues "[e]l problema con la literatura es siempre con una misma" (53). La ficción, en tanto mentira, es autorreferencial: "los mundos inventados por la escritura,… la mentira, solo es escribir sobre nosotros mismos" (97). En esa dimensión en la que fondeamos a lo largo de la escritura rigen otras reglas, en la que la capacidad de "poder de mentir y ser creíble" (24) es una virtud más que un defecto. La mentira, según la definición de Jochen Mecke,[5] liberada de su carga moral, no es sino una discrepancia entre una opinión o

---

4 Walter Benjamin, "El narrador. Consideraciones sobre la obra de Nikolái Léskov", en: *Iluminaciones*, Madrid: Taurus, 2019, 225–251.

5 Jochen Mecke, "Du musst dran glauben. Von der Literatur der Lüge zur Lüge der Literatur", en: *Diegesis 4.1*, 2015, 18–48.

un sentimiento y su expresión. Quienquiera que mienta, no está sino diciendo algo diferente a lo que piensa o siente, ocultándolo al igual que la finalidad de su mentira, asimismo opaca. Lo mismo sucede con la literatura. Ni su intencionalidad ni sus mecanismos resultan evidentes a primera vista.

La autora argentina reconoce lo inservible de la escritura, no solo en un aspecto intrínseco, por el fracaso casi seguro de sus propósitos imposibles, sino también en un sentido pecuniario. Como actividad profesional, la escritura no suele proporcionar ganancias o un progreso laboral, sino que conlleva, muy al contrario, la 'pérdida': de tiempo, de vida, de dinero. "Para mi familia no debe [de] haber existido profesión más inútil que la de la escritura. Escribir no da dinero, no compra autos, no construye casas, no se va de vacaciones, escribir no es más que perder el tiempo, lo único que se tiene" (28).

No obstante, aunque en la lectura a menudo se olvide, escribir es, obviamente, un trabajo. En la antigua Grecia, la poesía (ποίησις) se entendía como una "acción", término derivado del equivalente a "hacer, fabricar, crear" (ποιεῖν). El de la poesía era un trabajo orientado a la excelencia (ἀρετή) y Platón mismo consideraba artesanos a los poetas. En tanto trabajo artesanal, la escritura es un proceso de producción que tiene lugar en la "conexión entre la mano y la cabeza" e integra "el pensar y el sentir", en el que se aprende acerca de sí mediante aquello que se produce, aquí literatura, sea ficcional o académica. En el laborioso trabajo de la escritura confluyen, como en toda labor artesana, la habilidad de hacer las cosas bien, el compromiso y el juicio. El texto final será la "realidad tangible" en la que queden plasmados.[6] Para la argentina, consiste en tallar y pulir sin descanso el recuerdo en bruto:

> En ese sentido la escritura siempre es un trabajo preciso. Nos convertimos en orfebres como Aureliano Buendía frente a sus pescaditos de oro.… La escritura es esa materia pesada del recuerdo que no puede cruzar el tamiz de nuestra memoria.… Eso que no se filtra es lo que está dispuesto a ser escrito. Lo demás está muy lejos de nosotros (33).

¿Y cómo se inicia ese proceso? Como Sísifo durante sus trabajos, escribiendo empujamos una y otra vez una piedra por la pendiente de una

---

[6] Richard Sennett, *Juntos. Rituales, placeres y política de cooperación*, Barcelona: Anagrama, 2012, aquí 11–12, 18 y 24.

montaña, frustrados por un avance entre mínimo e ilusorio, por lo largo y sinuoso del proceso. En él es esencial permanecer, no dejarse desbancar, continuar creyendo en algo que aún no existe para seguir empujando esa piedra y, quizás, lograr desplazarla y crear, cambiar algo:

> Me siento frente a la computadora y es como iniciar un viaje. A veces ese viaje no sirve más que para no escribir, nada se extrae de algunas expediciones. Escribo y borro, como antes escribía y tiraba a la basura lo escrito. Eso es tan lindo. Tan lindo es destruir lo escrito porque una tiene la sensación de estar destruyéndose a sí misma. Yo le digo un viaje inútil, lo que está en la cabeza y no puede ser escrito. La vida que no se escribe (44).

La autora reivindica el carácter real de la literatura, cuyos mundos de posibilidad son creados por las vías de la experiencia estética y de la imaginación. Recuerda que conoce muy bien ambas realidades, tanto la sensible como la ficcional, probablemente de manera mucho más intensa y cruda que la mayor parte de sus lectores. Haciendo un guiño a su anterior vida como prostituta pobre y morocha, se dirige tanto a conservadores como a 'progres':

> Dicen que esto no es real, que la vida es lo que sucede en la calle. Se valora mucho la calle. Pero créanme mis amigues que conozco la calle, conozco la piel, conozco el amor, conozco a los demás y sin embargo la experimentación de la felicidad y la tristeza en la literatura y el teatro son reales. Es físicamente real. Real como estas letras una detrás de la otra (54).

En Sosa Villada se encuentran los dos tipos de narrador que Benjamin distinguía: tanto el "marino que mercadea cruzando los mares" y relata a partir de sus experiencias, como "el campesino sedentario", el narrador "que se ganó honradamente el sustento sin abandonar su tierra y conoce bien las tradiciones de historias del lugar", alcanzando el equilibrio sin apartarse "del modo de contar de los muchos narradores anónimos que los precedieron en el oficio de contar historias."[7]

Un estilo de autor:a, una mirada al interior

Si Sosa Villada entiende la creación en términos generales, tiene una consciencia particular de su propio estilo. Como acabamos de mencionar, la autora busca –y encuentra– en su escritura el intercambio fluido

---

[7] Walter Benjamin, op. cit., 226–227.

entre la palabra escrita y la hablada: "escribir como hablo o a hablar como escribo. Que la belleza de la palabra sea compartida, equilibrada, tanto en el habla como en la literatura" (47). Abraza con orgullo el error, la carencia, la participación en este campo literario desde un lugar tachado de marginal, ni canónico ni mucho menos hegemónico, en tanto sujeto y autora, tanto *queer* como *quer*.[8] Al intervenir en su configuración, tira de las vestiduras de los habitantes de la torre de marfil de la crítica, de quienes deciden y juzgan qué es la literatura, y qué no lo es, para molestarles, bajarles al piso y hacerles cuestionarse sus sentencias e, incluso, su estatus y su lugar de enunciación privilegiados:

> Estoy convencida del error. Hay un error en lo que escribo. No puedo decir cuál es pero sé que está.... Ese error que se convirtió en estilo es lo que salva a lo que escribo de las miradas extranjeras.... Que dicen: esto es poesía, esto no es poesía.... Esto se escribe dentro de este movimiento. Esto no. Esta frase es mierda, otra vez.... [Y]o también decido sobre la literatura. Decido cometer el error de escribir (66–67).

Convencida de la certeza de la propia brújula, apuesta por la falta de márgenes, prescinde de un cercado teórico normativo que predetermine la escritura: "la importancia de no saber en el oficio de escribir. El no saber es lo que nos empuja a seguir escribiendo y a tener mucho trabajo por delante" (78). Si el balance entre el debe y el haber en la escritura, entre los esfuerzos invertidos y los resultados obtenidos, será indefectiblemente negativo, desconocer los propios límites quizás nos dé la oportunidad de tomar impulso y llegar mucho más lejos de lo que imaginábamos –y de lo que muchos nos creyeron capaces–. Son necesarios tanto una temeridad *kamikaze* como el deseo de hacer algo por los demás, un "ejercicio de la bondad", ya que "la escritura es un acto de amor para los hombres" (79), de generosidad.

Su criterio sobre la esencia de la literatura es visceral y apuesta por la entrega, considerándose a sí y al escritor, en general, una especie de

---

[8] Normalmente emplearíamos aquí el término *cuir*, acorde a la ortografía española y al contexto latinoamericano, pero conservamos *queer* para mantener el juego de palabras con *quer*, en alemán. Con el significado de "transversal", se usa como prefijo nominal, en *Quereinsteiger:in* para referirse a una persona que accede a un campo por una vía poco convencional, desde el margen. Es apropiado aquí por representar la irrupción de la autora en el centro de la escena literaria, así como por mi propia y modesta trayectoria académica.

médium supeditado a la palabra, rechazando toda literatura nacida de intereses ajenos a la misma:

> Aprendí que lo que debe ser escrito, es escrito … Y lo que no debe ser escrito nunca verá la luz. … como la escritura estéril, la escritura obligada, lo que no es deseo. … Y si no es posible escribir con deseo nunca más, pues no se escribe y ya. … Este acto por el cual dejo de ser yo misma y escribiendo o amando soy un instrumento, un vehículo, algo que transporta dentro de mí esa energía que debe ser manifestada. … Pero no soy yo misma. No es parte de mí sino a través de mí. … Yo, nosotros, vos, no importamos. Solo importa esto que pasa a través nuestro (92–94).

La escritura, un ritual de caza colectivo

Tanto escribir literatura, para cualquier autor, como definir su esencia, para la crítica, son dos grandes retos. Pues escribir es perseguir una idea y esta, en un contexto de producción de conocimiento, se comporta como la literatura, donde "[u]n poema es un animal muy difícil de cazar. Todo intento de acercamiento sólo lo espanta y huye. Se transparenta a voluntad, se diluye y desaparece frente a nuestros ojos" (49). A pesar de su carácter huidizo, continuamos agazapados a la espera de otra oportunidad de escribir algo que merezca la pena, con "una esperanza inútil en los umbrales de la literatura" (55). El primer intento no será el último, siempre "[s]e vuelve a escribir y se libera una parte de su sentido y se vuelve a escribir o reescribir, se tacha y se escribe por encima y el sentido finalmente se manifiesta, como un espíritu" (59). Pues la escritura profesional, sea literaria o académica, demanda constancia y terquedad, numerosas reescrituras, correcciones y sacrificios.[9]

Quizás escribamos, también, para cambiar y alimentar el mundo que habitamos, para crear en él y, en el mullido murmuro de la escritura, dejar de sentirnos solos. Porque, aunque "[a]firman que la creación es un hecho solitario…, una vez que la palabra llega, ya no me siento sola… comienzo a poblar las hojas de compañía" (62). En el proceso de la escritura se crea, no solo algo antes inexistente, sino también categorías que

---

[9] En este sentido, sendos trabajos del sociólogo Howard Becker (*Manual de escritura para científicos sociales*, Buenos Aires: Siglo XXI, 2011) y del semiólogo Umberto Eco (*Cómo se hace una tesis*, Barcelona: Gedisa, 1995) aportan luminosas, realistas y, por momentos, jocosas indicaciones sobre la praxis de la escritura.

desafían nuestra percepción y nuestras capacidades: "Algunas cosas en mi vida comienzan a ser después de ser escritas" y adquieren entidad con la palabra escrita, como "[l]os contratos de venta, los acuerdos" (64).

Por último, en la ralentización que exige el acto de la escritura anidan ciertamente la rebeldía o la resistencia. Porque "escribir supone la reflexión. Y la reflexión es inadmisible en tiempos de producción" (65). Como un pez torpedo que adormece a quienes "se le aproximan y lo tocan", falta de la que Menón acusa a Sócrates por sus divagaciones, este se defiende arguyendo que él mismo sufre más que nadie la lentitud y las dudas que este animal provoca.[10] Pero no es esta la única ni la última razón de la escritura. Más bien pienso que se trata de un secreto placer fruto del "cariño torpe" que expresamos cuando escribimos, siempre a duras penas y a tientas, como "transportan las hembras a sus cachorros, mordiéndoles la piel del cuello sin causarles dolor" (98). La escritura es una fiesta individual, pero también colectiva, aunque asincrónica (nomenclatura que manejamos a la perfección tras la pandemia). Como todo trabajo artístico, no se reduce a una labor solitaria, sino que requiere, sin duda, de la cooperación de muchas otras personas –y de su voluntad y su apoyo– para su existencia y su perdurabilidad. Para que la escritura suceda, se necesitan ciertos esquemas o patrones de actividad colectiva a los que Becker se refirió como los mundos del arte,[11] patrones a los que Jochen Mecke, en su larga trayectoria, ha contribuido a enriquecer,

---

[10] Platón, "Menón ó de la virtud", en: *Obras completas*, tomo 4, Madrid: Medina y Navarro, 1871, 283–345. "Menón: – Había oído decir, Sócrates, antes de conversar contigo, que tú no sabías más que dudar y sumir a los demás en la duda; y veo ahora que fascinas mi espíritu …; de manera que estoy lleno de dudas. Y si es permitido chancearse, me parece que imitas perfectamente… a ese corpulento torpedo marino, que causa adormecimiento a todos los que se le aproximan y le tocan. Pienso que has producido el mismo efecto sobre mí; porque verdaderamente siento adormecidos mi espíritu y mi cuerpo, y no sé qué responderte. … Sócrates: – … En cuanto a mí, si el torpedo, estando adormecido, produce en los demás adormecimiento, entonces yo me parezco a él; pero si no, no me parezco. Porque si llevo la duda al espíritu de los demás, no es porque yo sepa más que ellos, sino todo lo contrario; pues yo dudo más que nadie, y así es como hago dudar a los demás" (303–304).

[11] Howard Becker, *Los mundos del arte: sociología del trabajo artístico*, Bernal: Universidad Nacional de Quilmes, 2008.

ensanchar y crear. La palabra escrita no es un trabajo con un solo deudor, sino una labor cooperativa con un núcleo ético, siempre presente en la polifacética labor de Mecke, llena de implicación. La fiesta de la escritura, "de la inspiración, del deslumbramiento", es, finalmente, "una celebración secreta y llena de placeres que se dicen en voz baja" (46) que, sospecho, compartimos aquí tácitamente. Por todo ello, gracias, Jochen.

Quelques propos sur le mensonge et son rapport avec le mal

Magdalena Silvia Mancas

Si les présents Mélanges en l'honneur du professeur Jochen Mecke se veulent décidément subversifs, à en juger par le titre du volume et le caractère peu conformiste des contributions ici rassemblées, il est nécessaire d'aller au-delà de la subversion elle-même et de consacrer les quelques pages qui suivent non pas aux questions du temps, du réel ou des médias chers à l'universitaire, mais à un sujet qui a lui aussi suscité son intérêt scientifique et auquel il a dédié, il y a quelques années déjà, d'importantes études.

Issues des séminaires, des colloques et journées d'études organisés à Ratisbonne par l'École doctorale «Cultures du mensonge»,[1] les réflexions de Jochen Mecke sur le phénomène du mensonge ont développé des questionnements d'ordre esthétique plutôt que thématique sur les modalités de réalisation et de représentation du mensonge dans la littérature[2] ou dans le cinéma.[3] Essentiel, dans ces entreprises, est son plaidoyer pour une «définition extra-morale du mensonge»[4] – dans le sillage nietzs-

---

[1] De 2001 à 2004 l'École doctorale «Kulturen der Lüge», dont Jochen Mecke a été l'un des investigateurs et organisateurs, a regroupé des chercheurs et chercheuses ainsi que des doctorant(e)s de plusieurs UFR de l'Université de Ratisbonne. Son but était de créer un espace de réflexions stimulantes sur différentes manifestations du mensonge, à partir de la théologie et de la philosophie, à travers la littérature et le cinéma, jusqu'à la psychologie et les sciences numériques.

[2] Jochen Mecke, «Esthétique du mensonge», in: Hélène Barrière et al. (ed.), *Quelques vérités à propos du mensonge* (vol. 2), *Cahiers d'Études Germaniques*, 68, 2015, 76–91.

[3] Jochen Mecke, «Der Film – die Wahrheit 24 mal pro Sekunde?», in: Mathias Mayer (ed.), *Kulturen der Lüge*, Köln: Böhlau, 2003, 273–298.

[4] Jochen Mecke, «Une critique du mensonge par-delà du bien et du mal», in: Hélène Barrière et al. (ed.), *Quelques vérités à propos du mensonge* (vol. 1), *Cahiers d'Études Germaniques*, 67, 2014, 91–110, ici 96.

chéen[5] –, qui le libère des condamnations catégoriques formulées à son égard depuis Saint Augustin.[6] Il s'agit d'une approche qui ne vise pas uniquement le mensonge en tant que pratique langagière et sémiotique, menée dans l'intention de tromper, de nuire ou d'induire quelqu'un en erreur, mais plus précisément la littérature et son «mensonge esthétique».[7]

Car Jochen Mecke répond à la question de savoir «si le roman peut mentir lui-même»[8] en faisant référence, entre autres, à *L'Adversaire* d'Emmanuel Carrère.[9] Paru peu avant l'inauguration de l'École doctorale, le livre raconte l'histoire réelle, et depuis mémorable, de l'imposteur Jean-Claude Romand, qui, dix-huit ans durant, a réussi à faire croire à son entourage et à sa famille qu'il avait poursuivi et fini ses études en médecine à l'université de Lyon, et était devenu, par la suite, chercheur à Genève pour l'Organisation Mondiale de la Santé. Il s'était également inventé une brillante carrière en tant qu'enseignant à l'Université de Dijon, avec des participations à des colloques internationaux, et affirmait compter parmi ses amis tant sommités que ministres. La réussite de cet immense mensonge a été possible, entre autres, grâce à l'argent de ses parents, de ses beaux-parents et plus tard, de ses amis, qu'il prétendait placer et faire fructifier dans des banques suisses. Au moment où son escroquerie risquait d'être découverte, Jean-Claude Romand a tué avec préméditation sa femme, ses deux enfants et ses parents. À la fin du procès à Bourg-en-Bresse, il fut condamné à la réclusion criminelle à perpétuité.

---

[5] Friedrich Nietzsche, *Vérité et Mensonge au sens extra-moral*, Arles: Actes Sud, 1997.

[6] «[l]e péché du menteur est le désir de tromper en énonçant», in: Saint Augustin, *Du mensonge*, traduction de M. l'abbé Devoille, in: *Œuvres complètes de saint Augustin*, traduites sous la direction de M. Raulx, Bar-Le-Duc: L. Guérin & Cie, 1866, tome XII, 195–217.

[7] Jochen Mecke, «Le nouveau roman: pour une esthétique du mensonge», in: *Lendemain*, 107, 2002, 97–116, ici 100.

[8] Ibid.

[9] Toutes les citations sont extraites de l'édition P.O.L., 2000 (par la suite, abrégé par A, suivi de l'indication de page).

L'interprétation que Mecke en propose ne relève pas, comme nous l'avons déjà mentionné, de l'approche thématique, et, en l'occurrence, elle ne se concentre pas sur l'énorme imposture de Jean-Claude Romand, mais sur la pratique de l'écriture objective envisagée initialement par Carrère. En effet, le récit objectif et neutre, la pure et simple reconstruction des faits à l'aide des enquêtes, des documents juridiques et du dossier personnel du détenu se sont révélés être un leurre. Authentique, l'écriture ne peut l'être que par le recours au point de vue personnel, et non pas « en [s]'efforçant de rester objectif » (A, 203).[10]

Ceci implique nécessairement de faire place, dans le récit, aux doutes concernant les stratégies narratives à employer dans l'histoire, mais aussi aux sentiments, parfois contradictoires, de l'auteur envers le menteur et l'assassin Romand. Emmanuel Carrère n'hésite pas à nous faire part des conséquences qu'impliquait le désir de comprendre ce que se passait dans la tête de Romand. Dans une lettre adressée à celui-ci quelques mois après les assassinats, et deux ans avant le début du procès auquel il a lui-même assisté, Carrère se soustrait à l'impératif de juger moralement les actes du meurtrier :

> Ce que vous avez fait n'est pas à mes yeux le fait d'un criminel ordinaire, pas celui d'un fou non plus, mais celui d'un homme poussé à bout par des forces qui le dépassent, et ce sont ces forces terribles que je voudrais montrer à l'œuvre (A, 36).

Un sain équilibre empêche cependant la fascination pour le drame. D'une part, par l'évocation de la violence physique ; de l'autre, à travers les voix des témoins qui condamnent catégoriquement tant les mensonges de Romand que ses crimes.

C'est sur ces aspects que nous aimerions nous attarder ici, sans prétendre à l'exhaustivité. Il s'agit principalement de quelques impressions de lecture qui ne peuvent éluder la condamnation morale du mensonge. Si le livre de Carrère s'efforce, selon la thèse de Jochen Mecke, d'échapper à une dimension mensongère de l'écriture par l'adoption de différents points de vue, il est tout aussi évident que des considérations sur la portée morale et éthique des actes de Romand sillonnent le texte et renforcent le sentiment de profond malaise à l'encontre d'un personnage qui 'dérange'.

---

[10] Mecke, « Le nouveau roman », op. cit., 100.

Et ce qui dérange avant tout est la disposition de Romand à faire usage de la violence pour couvrir ses mensonges. L'évocation de la mort, des corps morts, est pour Carrère un moment crucial dans l'approche des événements et dans sa tentative de comprendre Romand :

> Je ressentais de la pitié, une sympathie douloureuse en mettant mes pas dans ceux de cet homme errant sans but, année après année, replié sur son absurde secret qu'il ne pouvait confier à personne et que personne ne devait connaître sous peine de mort. Puis je pensais aux enfants, aux photos de leurs corps prises à l'institut médico-légal : horreur à l'état brut, qui fait instinctivement fermer les yeux, secouer la tête pour que cela n'ait pas existé (A, 45s.).

On ne peut pas nous empêcher de nous demander quelle aurait été la réaction de l'opinion publique, mais aussi celle de la famille, si Jean-Claude Romand n'avait pas commis ces abominables meurtres. Certes, il y aurait eu de l'indignation, de la rage, des ruptures, des plaintes juridiques. Peut-être la presse en aurait-elle rendu compte. On aurait traité Romand d'imposteur, on aurait formulé des questions sur le 'pourquoi' et le 'comment' du mensonge. Cependant, ce sont les meurtres qui ont suscité en premier lieu le grand intérêt médiatique pour l'affaire Romand. Atroce, l'histoire ne l'est pas seulement à cause du mensonge, mais à cause des violences commises, qui ont-elles-mêmes rendu possible la découverte de l'imposture.

Pour des raisons évidentes, les passages dédiés aux meurtres ne prédominent pas dans *L'Adversaire*. À la 'description dense' de la violence depuis la perspective des victimes,[11] le texte de Carrère substitue la sym-

---

[11] Dans le sillage de Clifford Geertz et de sa conception de la « description dense », les recherches actuelles sur la violence physique plaident, en vue d'une meilleure compréhension de la violence et de son dynamique, pour une priorité accordée à la perspective des victimes par rapport à la souffrance subie (v. Clifford Geertz, « La description dense », in : *Enquête*, 6, 1998, mis en ligne le 15 juillet 2013, URL : http://journals.openedition.org/enquete/1443). Plus que les sociologues, ce seraient les écrivains qui disposeraient des moyens adéquats pour la réalisation d'une telle entreprise, et ceci malgré la 'littérarisation', voire l'esthétisation de la violence par l'écriture (v. Trutz von Trotha, « Zur Soziologie der Gewalt », in : *Soziologie der Gewalt*, Wiesbaden Westdeutscher Verlag, 1997, 9–56 ; Andrea Geier, « Repräsentationen von Gewalt », in Michaela Christ & Christian Gudehus (ed.), *Gewalt. Ein interdisziplinäres Handbuch*, Stuttgart : J. B. Metzler, 2013, 263–306).

bolique biblique afin de mettre en évidence la gravité, mais aussi la froideur, avec laquelle Jean-Claude Romand a assassiné ses parents. C'est uniquement dans le paragraphe relatant leur mort qu'Emmanuel Carrère formule l'hypothèse d'une reconnaissance du malfaiteur par ses victimes. Le déploiement de corrélats bibliques n'en est que la conséquence inhérente :

> Le père avait été abattu dans le dos, la mère en pleine poitrine. Elle à coup sûr et peut-être tous les deux avaient su qu'ils mouraient par la main de leur fils, en sorte qu'au même instant ils avaient vu leur mort … et l'anéantissement de tout ce qui avait donné sens, joie et dignité à leur vie. … Pour les croyants, l'instant de la mort est celui où l'on voit Dieu, non plus dans un miroir obscurément mais face à face. … Et cette vision qui aurait dû avoir pour les vieux Romand la plénitude des choses accomplies avait été le triomphe du mensonge et du mal. Ils auraient dû voir Dieu et à sa place ils avaient vu, prenant les traits de leur fils bien-aimé, celui que la Bible appelle le satan, c'est-à-dire l'Adversaire (A, 27s.).

La référence biblique, tant dans le titre que dans le texte proprement dit, est significative. Elle renvoie, d'une part, aux interdits proférés par la famille Romand, «cette famille où la règle était de ne mentir jamais», mais où «la pratique du pieux mensonge allait de soi» (A, 58) ; de l'autre, elle rappelle les interdits que les sociétés intègrent afin d'assurer leur propre fonctionnement. Porter atteinte à la famille et aux liens qui la constituent signifie agir non pas seulement contre la volonté divine, mais aussi contre le droit incontestable de tout un chacun à la vie et à l'intégrité corporelle. C'est pour cette raison que l'acte criminel, le massacre familial est l'un des interdits moraux les plus condamnés. Que la chronique fasse recours à l'imaginaire biblique ne doit donc aucunement surprendre. Les motifs, loin d'être du seul ordre médiatique, entérinent l'urgence de la condamnation morale du mal aux traits infernaux. Ainsi le compte rendu du *Monde* sur le début du procès, et dont Carrère cite la phrase initiale, confirme-t-il cet impératif : «On n'a pas tous les jours l'occasion de voir le visage du diable» (A, 48).

Pour Luc et Cécile Ladmiral, les proches de l'ami devenu meurtrier, Jean-Claude Romand devient l'Innommable, celui dont on ne veut, dont on ne peut plus prononcer le nom. Le faire, serait un affront trop profond à la mémoire des victimes. Ce serait comme faire place au Mal dans l'existence, lui assurer la survie par sa seule évocation : «Quand ils parlaient de lui, tard dans la nuit, ils ne parvenaient plus à l'appeler Jean-Claude. Ils ne l'appelaient pas Romand non plus. Il était quelque part hors de la vie, hors de la mort, il n'avait plus de nom » (A 26). Or, le refus de nommer celui qui s'est avéré être le Faux, n'est autre qu'une nécessité, certes tout aussi symbolique, d'autoprotection. Avoir un nom signifie avoir une identité, or ce qu'on savait de Romand n'était point l'être, mais le paraître, le non-être, le leurre dans son état le plus immonde. Celui qui semblait être si familier était devenu « l'assassin … si monstrueusement étranger » (A 28).

Jean-Claude Romand provoque également le malaise et l'indignation la plus profonde lorsque, après être sorti du coma suite à sa tentative volontairement maladroite de suicide, il continue à mentir. Lors du procès, il essaie d'actionner différents mécanismes du mensonge. Ses performances échouent cependant, les discours de Romand ne tiennent pas debout, ils se contredisent, et ne font que renforcer l'accusation de mensonge. Car ce qui ne marche pas – et Carrère le montre de façon emblématique –, est l'effort évident de l'accusé de 'faire authentique'. Le pénible souci de clarté, de précision et de cohérence fait défaut :

> Des psychiatres ont été chargés de l'examiner. Ils ont été frappés par la précision de ses propos et son souci constant de donner de lui-même une opinion favorable. Sans doute minimisait-il la difficulté de donner de soi une opinion favorable quand on vient de massacrer sa famille après avoir dix-huit ans durant trompé et escroqué son entourage. Sans doute aussi avait-il du mal à se détacher du personnage qu'il avait joué pendant toutes ces années, car il employait encore pour se concilier la sympathie les techniques qui avaient fait le succès du docteur Romand : calme, pondération, attention presque obséquieuse aux attentes de l'interlocuteur. Tant de contrôle témoignait d'une grave confusion car le docteur Romand, dans son état normal, était assez intelligent pour comprendre que la prostration, l'incohérence ou des hurlements de bête blessée à mort auraient davantage plaidé en sa faveur, vu les circonstances, que cette attitude mondaine (A, 180).

Il en est de même du changement stratégique qu'il adopte par la simulation d'émotions et de souffrances insoutenables :

> Au cours des entretiens suivants, ils l'ont vu sangloter et produire des signes empathiques de souffrance sans pouvoir dire s'il l'éprouvait vraiment ou non. Ils avaient l'impression troublante de se trouver devant un robot privé de toute capacité de ressentir, mais programmé pour analyser les stimuli extérieurs et y ajuster ses réactions. Habitué à fonctionner selon le programme « docteur Romand », il lui avait fallu un temps d'adaptation pour établir un nouveau programme, « Romand l'assassin », et apprendre à le faire tourner (A, 181).

Si pour les journalistes présents au procès, Jean-Claude Romand « était une ordure, et de la pire espèce » (A, 197), Carrère nous fait aussi connaître des réactions inverses. Pour la visiteuse de prison Marie-France et pour Bernard, «un autre ange gardien» (A, 213), le changement de programme dans la pratique du mensonge semble avoir réussi. À travers leur disponibilité à croire, à pardonner et à aimer, ils apportent à Romand «sur un plateau un nouveau rôle à tenir, celui du grand pécheur qui expie en récitant des chapelets» (A, 198), celui du «grand criminel sur le chemin de la rédemption mystique» (A, 184), ce qui lui assurera plus tard la prise en charge par des organisations catholiques. L'Adversaire trouve, grâce à eux, le pardon. Après vingt-six ans de détention, Jean-Claude Romand a été accueilli par les Bénédictins de l'Abbaye Notre Dame de Fontgombault, actuellement son refuge.

Conclure, on ne le peut que par quelques considérations, très personnelles, sur l'affaire Romand et sa représentation dans le texte de Carrère. L'Adversaire provoque le malaise (physique), rend impossible la distance par rapport aux faits et aussi par rapport au personnage abominable dont il peint les traits monstrueux. L'Adversaire provoque l'indignation la plus profonde et exige ainsi le jugement, la condamnation, la réprobation. On ne saurait donc partager l'opinion de Houellebecq, d'après qui l'auteur «réussit peu à peu à nous rendre Romand proche, même sympathique».[12] Carrère est toujours conscient du 'reste' qui hante toute volonté de compréhension et toute recherche de la vérité. Quelque chose se soustrait toujours à l'intelligibilité, et c'est la raison pour laquelle il ne se permet pas «la moindre compromission sur la question du mal».[13]

---

[12] Michel Houellebecq, «Emmanuel Carrère et le problème du bien», in: Laurent Demanze & Dominique Rabaté (ed.), *Emmanuel Carrère. Faire effraction dans le réel*, Paris: P.O.L., 2018, 451–459, ici 455.

[13] Ibid.

Von der Ausweitung zur Erschöpfung des Skandals. Kommentare zu Jochen Meckes „Skandal"-Essays

Wolfgang Asholt

„Der Skandal hat Hochkonjunktur", mit dieser ihre Perspektive und ihre Publikation bestätigenden Feststellung beginnen Jens Bergmann und Bernhard Pörksen das „Vorwort" ihres Sammelbandes *Skandal! Die Macht öffentlicher Empörung*.[1] Unter den vier möglichen Gründen für diese „erstaunliche Karriere des Begriffs" (7) führen sie immerhin als letzten auf: „Und schließlich könnte es sein, dass der Begriff heute inflationär gebraucht wird" (8), was auch etwas mit den damals noch „neuen" Medien zu tun haben könnte. Wenn „die meisten [Skandalisierungen] nicht zu dem gewünschten Ergebnis führen" (8), wie Bergmann und Pörksen Sloterdijk zitieren, gäbe es vielleicht auch Gründe zu fragen, ob der inflationäre Gebrauch auf Dauer nicht auch die Aufmerksamkeit beeinträchtigen und relativieren könnte. Wenn dies für die Skandale der publizistisch-politischen Öffentlichkeit der Fall sein sollte, um wieviel mehr würde es für Skandale der Gegenwartsliteratur zutreffen, mit denen sich Jochen Mecke wie vielleicht kein anderer Romanist auseinandergesetzt hat.

Vor nunmehr 20 Jahren erscheint sein Vortrag zu einer Sektion des Münchner Romanistentages (2001) unter dem Titel: „Der Fall Houellebecq: Zu Formen und Funktionen eines Literaturskandals",[2] und ein Jahrzehnt später nimmt Jochen Mecke an der „Skandal"-Tagung im Freiburger FRIAS (2010) teil, zu der er einen Vortrag mit dem Titel

---

[1] Jens Bergmann & Uwe Pörksen (Hrsg.), *Skandal! Die Macht öffentlicher Empörung*, Köln: edition medienpraxis, 2009, 7.

[2] Jochen Mecke, „Der Fall Houellebecq: Zu Formen und Funktionen eines Literaturskandals", in: Giulia Eggeling & Silke Segler-Meßner (Hrsg.), *Europäische Verlage und romanische Gegenwartsliteraturen*, Tübingen: Narr, 2003, 194–217.

„Ästhetik des Skandals – Skandal der Literatur: Struktur, Typologie, Entwicklung"[3] beisteuert.

Seitdem ist es um „Skandale" in der französischen Gegenwartsliteratur ruhiger geworden. Allein Houellebecq wird regelmäßig, vor allem aus Anlass seines 2015 erschienen Romans *Soumission*, und bis heute als „Skandalautor" apostrophiert, nur teilweise macht ihm Virginie Despentes mit ihrer *Vernon-Subutex*-Trilogie Konkurrenz. Insofern hat der Skandal, zumindest was Houellebecq angeht, „Hochkonjunktur", und Jochen Mecke hat dies schon im Jahre 2001 deutlicher als andere gesehen. 2010/2014 genügt es ihm daher, auf Houellebecq u. a. zu verweisen, freilich um einen „tiefer gehenden Wandel des Skandals" zu konstatieren: „Denn die Tabus, welche sie [die Werke von Autoren wie Angot, Millet, Despentes oder Houellebecq] zu brechen vorgeben, existieren in Wirklichkeit gar nicht mehr, die Türen, die sie einrennen wollen, stehen nach der sexuellen Revolution angelweit offen" (329).

In der Tat gibt es seit der liberalen Presse- und Zensurgesetzgebung der Dritten Republik keine „Immoralismusprozesse als Diskursbegründer moderner Literatur" (316) nach dem Modell des Baudelaire'schen und Flaubert'schen Doppelskandals des Jahres 1857 mehr. Selbst Aragon wird wegen seines ‚skandalösen' „Front Rouge"-Gedicht des Jahres 1932, in dem er nicht nur dazu aufruft, „Camarades / Descendez les flics", sondern eindeutig proklamiert: „Feu sur Léon Blum… Feu sur les ours savants de la social-démocratie",[4] nicht der Prozess gemacht: mit skandalisierenden Formulierungen sind allenfalls noch Auseinandersetzungen im literarischen Feld verbunden. Und schon aus Anlass der surrealistischen Skandale der 1920er Jahre konstatiert Jochen Mecke zu Recht: „Denn die Skandalpraxis ist hier ja selbst institutionalisiert und scheint daher kaum geeignet, mit der Institution Literatur zu brechen. Skandale sind vom Code des literarischen Feldes vorgesehen und unterstreichen eher seine Autonomie als diese aufzuheben oder zu zerstören" (324).

---

[3] Jochen Mecke, „Ästhetik des Skandals – Skandal der Literatur: Struktur, Typologie, Entwicklung", in: Andreas Gelz u. a. (Hrsg.), *Skandale zwischen Moderne und Postmoderne. Interdisziplinäre Perspektiven auf Formen gesellschaftlicher Transgression*, Berlin: de Gruyter, 2014, 305–332.

[4] Louis Aragon, „Front Rouge", zitiert nach: José Pierre (Hrsg.), *Tracts surréalistes et déclarations collectives*, Bd. 1, Paris: Le terrain vague, 1980, 461.

Ich habe im gleichen Freiburger Tagungsband versucht zu zeigen, dass bei solch avantgardistischen Skandalen nicht die einzelne Provokation das Skandalon bildet, sondern „das Kunstwerk zum Mittelpunkt des Skandals" wird, wie Benjamin es in seinem Kunstwerk-Aufsatz formuliert.[5] Für mich geht es bei solchen „Skandalen" darum, dass „der Begriff und die Bedeutung von Kunst und Literatur selbst auf dem Spiel [stehen]."[6] Jochen Mecke kommentiert eine solche Interpretation mit dem Argument des „Scheiterns" der Avantgarde, da „eine gezielte Überschreitung des Feldes im Feld selbst vorgesehen ist" (325). Das entspricht der Bilanz von Bürgers *Theorie der Avantgarde* (1974), der (selbst-)kritisch fragt, „ob nicht vielmehr die Distanz der Kunst zur Lebenspraxis [die die Avantgarde aufheben wollte] allererst den Freiheitsraum garantiert, innerhalb dessen Alternativen zum Bestehenden denkbar werden."[7] Angesichts der damit verbundenen Erfahrung, dass der Versuch der „Überschreitung des Feldes im Feld selbst vorgesehen ist", fragt es sich allerdings, ob ein solches „Austesten" mittels Skandalisierungen, die wiederum zum Funktionieren des literarischen Feldes beitragen, das sie vermeintlich infrage stellen wollen, vor allem, wenn es sich um eine „longue durée" handelt, nicht Konsequenzen für das Provokationspotential der Skandale haben muss.

Für Jochen Mecke lässt sich an den Houellebecq-Skandalen schon 2001 ein „Wandel der Strukturen und Funktionen der Literatur und des literarischen Feldes" erkennen. Dies liegt in der Anfangszeit des Autors – er hat 2001 drei Romane veröffentlicht – vor allem an der „explosiven Mischung aus [seinen] Thesen und der literarischen Form, in der sie präsentiert wurden"; sie sind es, „welche den Skandal auslösten" (195). Diese „explosive Mischung" war so beeindruckend, dass Axel Honneth noch 2018 im „Vorwort" zu Eva Illouz' Band *Wa(h)re Gefühle* fragen kann, ob sich in der Studie „genügend stichhaltige Beweise versammelt

---

[5] Walter Benjamin, „Das Kunstwerk im Zeitalter seiner technischen Reproduzierbarkeit", in: *Gesammelte Schriften*, I. 2, Frankfurt: Suhrkamp, 1991, 502.

[6] Wolfgang Asholt, „Skandal als Programm? Funktionen des Skandals in den historischen Avantgarden und Funktion der historischen Avantgarde als Skandal", in: Gelz, op. cit., 149–166, hier 159.

[7] Peter Bürger, *Theorie der Avantgarde*, Frankfurt/M.: Suhrkamp 1974, 73 (jetzt: Neuauflage bei Wallstein, 2017).

finden, die uns tatsächlich überzeugt sein lassen, dass wir bereits jetzt in der grausigen Welt des Michel Houellebecq leben."[8]

Das Modell Houellebecq hat also auch soziologisch skandalisiert und d. h. funktioniert. Was 2001 noch nicht zu erkennen war, aber mit Jochen Meckes Thesen eines Funktionswandels durchaus vereinbar ist, ist die Tatsache, dass Houellebecq dieses System personifiziert und auf Dauer gestellt hat. Seine großen Romane wie *La Carte et le territoire* (2010) oder *Soumission* (2015) illustrieren dies exemplarisch, auch wenn „Zufälle" wie der Anschlag auf Charlie Hebdo am Tage nach dem Erscheinen der *Soumission* das Skandalpotential des Romans unvorhersehbar explodieren ließen. Bei diesem Höhepunkt des Houellebecqschen Skandalisierungsdynamits hat sich die Bedeutung der literarischen Form, das, was ich den spezifischen „Realismus" Houellebecqs genannt habe,[9] für die Auslösung des Skandals allerdings schon erheblich relativiert. Offensichtlich ist ein solches Modell, zumindest was seine Skandalisierungskomponente im literarischen Feld angeht, nur für eine begrenzte Zeit wirksam.

Dementsprechend kommt es zu einer Veränderung der „Mischung", von der Jochen Mecke spricht. Die (politisch-ideologischen) „Thesen" gewinnen in den beiden letzten Romanen Houellebecqs, *Sérotonine* (2019) und *Anéantir* (2022) an Bedeutung, der spezifische literarische „Realismus" wird angepasster und marktkonformer. Zwar spielt Houellebecq noch mit literarischen Formen, doch anders als in den „großen" Romanen ist die Mischung mit seinen „Thesen", die ja im eigentlichen Sinne skandalträchtig war, nicht mehr explosiv. Stattdessen praktiziert Houellebecq mit diesen Romanen einen konventionellen, marktgängigen „Realismus", den Jean Birnbaum in einer *Le Monde*-Rezension von *Sérotonine* so resümiert: „Houellebecq entremêle roman réaliste, prose autobiographique, polar, parole pamphlétaire, reportage social" (28. Dezember 2018). Von einer „explosiven" Mischung kann nicht mehr die Rede sein. Für *Anéantir* gilt dies insbesondere auch für

---

[8] Axel Honneth, „Vorwort", in: Eva Illouz, *Wa(h)re Gefühle- Authentizität im Konsumkapitalismus*, Berlin: Suhrkamp, 2018, 7–11, hier 11.

[9] Wolfgang Asholt, „Michel Houellebecq: eine ‚Wiederentdeckung' des Realismus?", in: Julia Brühne u. a. (Hrsg.), *Rekonstruktionen des Realen. Die Wiederentdeckung des Realismus in der Romania*, Göttingen: V&R, 2012, 345–360.

die literatursoziologische Perspektive. In Hinblick auf sein soziales Milieu kann man den Roman am besten mit dem Titel der Romanbesprechung in *La Croix* zusammenfassen: „*Anéantir* de Michel Houellebecq: extinction du domaine de la lutte".[10] Wenn die Kampfzone aufgegeben ist, verringern sich auch die Skandalisierungschancen.

Vielleicht ist es aber auch so, dass Houellebecqs Kampfzone nicht aufgegeben, sondern vor allem verlagert worden ist. Im Herbst des vergangenen Jahres (2022), zu dessen Beginn er *Anéantir* veröffentlicht, erscheint in „La revue de Michel Onfray", mit dem anspruchsvollen und anspielungsreichen Titel *Front Populaire*, der das La Boëtie-Zitat „Soyez résolus à ne plus servir et vous voilà libres!" für sich in Anspruch nimmt, ein mehr als vierzigseitiger „Entretien" (2–45) des Philosophen und des Romanciers, dessen paratextuelle Rahmung signifikant ist. Auf dem Cover wird als Thema nicht weniger als die „Fin de l'Occident" annonciert, wenn auch mit einem Fragezeichen; der „Entretien" selbst ist mit dem verzweifelten Hilferuf „Dieu vous entende, Michel" überschrieben, mit dem die Unterhaltung auch endet; ein Kasten verspricht „un morceau de bravoure, de vérité et de lucidité qui fera date"; und auf der Coverrückseite (quatrième de couverture) wird zumindest indirekt eine „Verlagerung der Kampfzone" angedeutet: Michel Houellebecq wird als der „penseur libre" bezeichnet, „qui, avec ses romans, certes, mais aussi avec ses interventions publiques, effectue le travail que tant d'autres intellectuels renoncent à faire". Das affirmativ-einschränkende „certes" verweist darauf, dass das große romaneske Werk, wie beim Zola der Dreyfus-Affäre, zwar eine notwendige Voraussetzung bildet, zumindest momentan jedoch hinter dem öffentlichen Engagement zurückzutreten hat. D. h. (fast) wie der große Intellektuelle der anderen Jahrhundertwende, mit dem ihn Rita Schober verglichen hat, ist es an Houellebecq, Affären und Skandale aufzudecken, von denen die medialen Intellektuellen nicht zu sprechen wagen.

In dieser selbstzugeschriebenen Außenseiterrolle fühlen sich beide Gesprächspartner mehr als wohl, wie die als „spectographie de notre Occident" angekündigten, fettgesetzten Themen illustrieren: „Eugénisme, euthanasie, peine de mort, islam, démographie, religion, grand

---

[10] Sabine Audrerie, „*Anéantir* de Michel Houellebecq: extinction du domaine de la lutte", in: *La Croix*, 5. Januar 2022.

remplacement, créolisation, chrétienté, transhumanisme" (Coverrückseite). Es sind fast ohne Ausnahme die Themen, mit denen die populistische Rechte des Le-Penschen Rassemblement national und ein Éric Zemmour agitieren, und mit deren „explosiver Mischung" der Romancier Houellebecq bis zu *Soumission* Skandale ausgelöst hat. Zumindest in den beiden danach erschienenen Romanen ist dies nicht mehr der Fall. Stattdessen bestätigt er den mit der Verlagerung und dem Aufgeben der Kampfzone verbundenen Rollenwechsel: etwa, wenn er in der Anfangsphase des Gesprächs erklärt. „L'euthanasie, je sens que c'est un sujet sur lequel il va falloir que je m'exprime prochainement dans les médias." Und wenn er die Aussichtslosigkeit dieses Engagements ankündigt: „c'est un combat perdu d'avance. Je sais que ça va me tomber dessus et que je vais perdre" (8), so soll dies die Glaubwürdigkeit seines (medialen) Engagements steigern.

In einem *Le Monde*-Artikel unter der Rubrik „Idées" (10. Dezember 2022) resümiert Marc-Olivier Bherer den „Entretien" folgendermaßen: „Il [Houellebecq] se complaît dans la diffusion d'un sentiment réactionnaire. Nul doute que cette publication a de quoi satisfaire la frange de l'opinion tentée par la droite la plus extrême." Dass Houellebecq und sein Gesprächspartner sich dessen bewusst sind, zeigt die Einführung des reaktionärsten Themas zu Ende des Gesprächs: „Michel Houellebecq: Michel, je voulais aborder la question souvent polémique du grand remplacement. Michel Onfray: Toujours polémique, vous voulez dire!" (40) Für Houellebecq ist der „grand remplacement" die „modification de la composition ethnique et religieuse de la population européenne": „Ce n'est pas une théorie, c'est un fait" (40).

Doch mit solchen Thesen kann man nicht wirklich skandalisieren. Renaud Camus' *Le Grand Remplacement*, auf den verwiesen wird, ist schon 2011 erschienen, und seitdem diskutiert worden. Skandalträchtig könnte allenfalls sein, dass sich Hoeuellebecq diese Thesen zu eigen macht, doch auch das ist keine wirkliche Überraschung, allenfalls „une étape supplémentaire dans la radicalisation à l'extrême droite d'un auteur à succès" (*Le Monde*, 10. Dezember 2022). Insofern könnte es „skandalöser" sein, wenn Houellebecq sich schon zuvor mit klammheimlicher Zustimmung dazu äußert, dass immer mehr Franzosen sich zu bewaffnen beginnen, und ankündigt: „des actes de résistance auront lieu" (28). Und entsprechende „Résistance"-Aktionen sieht er voraus: „Il y aura des attentats et des fusillades dans les mosquées, dans des cafés fréquentés par des musulmans, bref des Bataclan à l'envers" (28).

Solche Bürgerkriegsszenen gibt es schon in *Soumission* (2015), doch hier erfolgt der Transfer von der in der Zukunft liegenden Fiktion des Romans in die sozio-politische Realität der Gegenwart. Dass der *Le Monde*-Artikel dies zwar zitiert, aber nicht kommentiert, ist ein Indiz dafür, dass ein Houellebecq mit solchen Ankündigungen nicht (mehr) wirklich überraschen kann. Dies ist allenfalls mit Kollateralfolgen und in Deutschland möglich. In einem „Affront national" überschriebenen Artikel konstatiert Nils Minkmar am 7./8. Januar 2023 in der *Süddeutschen Zeitung*: „Houellebecqs Äußerungen sind nun zu einem Skandal von ganz besonderer Sprengkraft geworden, denn… der besonnene Rektor der Großen Moschee von Paris hat Strafanzeige gegen den Romancier gestellt." Inzwischen ist von diesem „Skandal von ganz besonderer Sprengkraft" nichts mehr zu hören, er zählt wohl zu den zahlreichen Sloterdijkschen Skandalisierungen, die „nicht zu dem gewünschten Ergebnis führen".

Das wirft die Frage auf, ob Houellebecq überhaupt noch skandalisieren kann. Zum einen hat schon Michel Foucault in seiner Bataille-Rezension „Préface à la transgression" vor 60 Jahren gesehen, dass Transgressionen Grenzen zugleich benötigen und legitimieren, und so wie die grundlegenderen Transgressionen sind auch die Skandale unter den heutigen medialen Bedingungen erheblich schwieriger geworden. Zum anderen, um Houellebecq-spezifischer Jochen Mecke zu zitieren, wenn es die „explosive Mischung aus [seinen] Thesen und der literarischen Form, in der sie präsentiert wurden" ist, „welche den Skandal ausgelöst" hat, so hat er gerade mit seinen letzten Romanen diese Mischung entschärft. Zwar sind seine Thesen populistisch-reaktionärer geworden als zu Beginn der 2000er Jahre, aber die literarische Form ist deutlich konventioneller, und damit hat die spezifische Skandalisierungsstrategie Houellebecqs ihre Grundlage verloren. Damit ist auch dem „in Frankreich hochwirksamen Tabu" der Boden entzogen, von dem Minkmar zum Ende seines Essays spricht, „jenes von der genialischen Einheit von Person und Werk". Zudem ist es Houellebecq selbst, der sich angesichts des „éternel débat sur la distinction à opérer ou non entre l'homme et son œuvre" (Bherer) neu, und d. h. traditionell positioniert, wobei allerdings fraglich ist, ob dies die „mühsam erworbene relative Autonomie des literarischen Feldes" (Mecke) stabilisiert.

Nachtrag:
Es spricht für sich, dass es im jüngsten „Skandal" um Houellebecqs Hauptrolle in einem holländischen Pornofilm geht („Das war vielleicht das Dümmste, was ich je getan habe", *Süddeutsche Zeitung*, 31. März 2023).

Die Autorinnen und Autoren

Wolfgang Asholt, früher Osnabrück, jetzt HU Berlin, kennt Jochen Mecke seit langem, nicht nur wegen des „extrême contemporain".

Elisabeth Bauers Verbindung zu Jochen Mecke begann mit dem Studium in Regensburg und endete nicht wirklich mit der Promotion bei ihm. Im Leben kreuzen sich viele Pfade, doch manche Begegnungen machen einen Unterschied: Jochen Meckes charismatisches Vorbild hat nichts weniger als ihre Art, die Welt wahrzunehmen und auf sie zuzugehen, grundlegend geprägt.

Nicole Brandstetter hat bei Jochen Mecke zu Strategien inszenierter Inauthentizität im postmodernen französischen Roman promoviert und ist heute Professorin an der Hochschule München.

Anne Brüske, vom Neckar an die Donau migriert, ist Professorin im neuen Department für Interdisziplinäre und Multiskalare Area Studies der Universität Regensburg, an dessen Aufbau Jochen Mecke jahrelang mitgearbeitet hat. In ihrer Forschung interessiert sie sich vor allem für Räume und Regionen – und speziell für die Karibik.

Chloé Chaudet, Université Clermont Auvergne, a rencontré par hasard Jochen Mecke lors d'un de ses séjours à l'université de Clermont-Ferrand, l'a trouvé tellement sympathique qu'elle a tout de suite accepté de venir travailler pendant un mois en 2021 à l'université de Regensburg.

Sylviane Coyault, professeur émérite de littérature française des XXᵉ et XXIᵉ siècles à l'Université Clermont Auvergne, travaille avec Jochen Mecke sur la littérature contemporaine et s'intéresse aux mêmes questions de temps et d'espaces dans les romans.

Anne-Sophie Donnarieix est professeure de littérature française en contexte européen à l'Université de la Sarre. De l'Auvergne à la Bavière, elle fut d'abord l'élève, puis la doctorante, et enfin l'assistance scientifique de Jochen Mecke à l'Université de Regensburg, où elle eut le privilège et l'immense plaisir d'organiser avec lui plusieurs colloques sur la littérature française contemporaine.

Bernhard J. Dotzler ist Kollege von Jochen Mecke in Regensburg, wo er über Medien- und Wissenschaftsgeschichte, IT-Geschichte, Archäologie der Medien(theorie), Astronoetik der Medien sowie KI-Kritik forscht und lehrt.

Jean-Pierre Dubost ist emeritierter Professor für vergleichende Literaturwissenschaft an der Université Clermont Auvergne. Er lernte Jochen Mecke vor ein paar Jahrzehnten kennen. War das anlässlich eines Romanistentages? War das etwa während eines Kolloquiums in Mannheim mit Charles Grivel? War Jochen schon habilitiert? Er möchte das gerne von der Aura des Unbestimmten umnebelt und verklärt verweilen lassen.

Isabel García Adánez ist Professorin für Germanistik an der Universidad Complutense Madrid und gehörte zusammen mit Rosa Piñel zu den wichtigsten Mitstreiterinnen Jochen Meckes beim Aufbau und der Weiterentwicklung der binationalen Studiengänge mit der spanischen Partneruniversität.

Achim Geisenhanslüke war zehn Jahre lang Jochen Meckes Kollege an der Universität Regensburg und hat ihn nach seinem Weggang an die Goethe-Universität in Frankfurt schon vor seiner Pensionierung vermisst.

Anne-Sophie Gomez ist Germanistikdozentin an der Université Clermont Auvergne mit den Forschungsschwerpunkten Neuere Deutsche Literaturwissenschaft, Bild- und Filmwissenschaft und arbeitete mit Jochen Mecke seit 2008 im Rahmen des Doppelstudiengangs Deutsch-Französische Studien zusammen.

Susanne Greilich, Universität Regensburg, hat sich bei Jochen Mecke zum spanischen realistischen Roman habilitiert und widmet sich derzeit in einem eigenen DFG-Forschungsprojekt aus transnationaler Perspektive dem Enzyklopädismus der Aufklärung.

Marina Ortrud M. Hertrampf ist seit der ersten Stunde Schülerin von Jochen Mecke: Sie studierte, promovierte und habilitierte sich bei ihm an der Universität Regensburg. Seit 2020 ist sie Professorin für Romanische

Literatur- und Kulturwissenschaft mit Schwerpunkt Frankreich an der Universität Passau, an der Jochen Mecke, Jahrzehnte zuvor, ebenfalls einmal eine Professur innehatte.

Teresa Hiergeist, Professorin für Französische und Spanische Literatur- und Kulturwissenschaften in Wien, hat ihre studentische und wissenschaftliche Karriere bei Jochen Mecke in Regensburg begonnen, bevor es sie in andere Gefilde verschlagen hat.

Jonas Hock, Wissenschaftlicher Mitarbeiter am Nachbarlehrstuhl von Jochen Mecke, dessen Bürotür der seinigen genau gegenüberliegt.

Ralf Junkerjürgen ist Kollege von Jochen Mecke am Institut für Romanistik in Regensburg, zuständig für die romanische Kulturwissenschaft. Dabei beschäftigt er sich insbesondere mit der Kultur des 19. und 20. Jahrhunderts, der populären Literatur und Kultur sowie der Filmgeschichte.

Johannes Kabatek, Professor für Iberoromanische Sprachwissenschaft in Zürich, arbeitete lange mit Jochen Mecke im Vorstand des Deutschen Hispanistenverbandes zusammen und löste ihn 2011 als Vorsitzenden ab.

Johannes Klein studierte und promovierte bei Jochen Mecke und ist nun mit verschiedenen Leitungsaufgaben sowie dem Fachreferat Romanistik an der Universitätsbibliothek Tübingen betraut, wo er unter anderem die Bücher von Jochen Mecke und seinen Schülerinnen und Schülern erwirbt.

Walter Koschmal, Lehrstuhlinhaber für slavische Literatur- und Kulturwissenschaft an der Universität Regensburg und Kollege Jochen Meckes in vielen Gremien und Projekten, durfte die Erfahrung der Entpflichtung von seinem Dienst bereits einige Jahre früher als dieser machen.

Magdalena Silvia Mancas promovierte bei Jochen Mecke über die Ästhetik der Lüge in der *nouvelle autobiographie*. Die aktuellen Forschungsschwerpunkte liegen im Bereich der Ästhetik der Gewalt, sowie im Bereich der Comic-Kultur in Frankreich und Italien.

Jean-Marc Moura, Université Paris Nanterre, a fait la connaissance de Jochen Mecke en Auvergne, grâce à Chloé Chaudet, et a eu le privilège de travailler ensuite avec lui à l'université de Regensburg, en 2022 et 2023.

Wolfram Nitsch, Universität zu Köln, hat Jochen Meckes Dissertation seinerzeit teilweise kritisch rezensiert, wurde später aber dennoch zu einigen seiner Tagungen eingeladen und gibt mit ihm zusammen die Schriftenreihe „machina" heraus.

Kai Nonnenmacher war als Assistent des Nachbarlehrstuhls ein gutes Jahrzehnt auf dem Gang gegenüber von Jochen Mecke untergebracht, bevor er ins Land der Franken berufen wurde.

Minerva Peinador kam in Pandemiezeiten an Jochen Meckes Lehrstuhl, wo sie ihre Dissertation über die spanische Vergangenheitsaufarbeitung und die ersten Schritte ihres Habilitationsprojekts über soziale Ungleichheiten fertigstellte.

Fanny Platelle ist Dozentin für Germanistik an der Université Clermont Auvergne und engagierte sich mit Jochen Mecke lange Jahre für die Internationalen Studiengänge Regensburg – Clermont-Ferrand.

Hubert Pöppel ist kein Schüler von Jochen Mecke, hatte aber das große Glück, von ihm als Geschäftsführer des Forschungszentrums Spanien nach Regensburg geholt worden zu sein.

Dagmar Schmelzer war, wie ihr Artikel verrät, Kulturwirtin, Hispanistin und (Freizeit-)Literaturwissenschaftlerin. Sie ist Jochen Mecke zu Promotion und Habilitation von Passau an die Universität Regensburg gefolgt und konnte dort zudem umfassende Skills in akademischer Selbstverwaltung mit Schwerpunkt Internationale Studiengänge erwerben.

Bernhard Teuber, München: First Encounter mit Jochen Mecke auf der Hispanistentags-Sektion „Iberische Körperbilder" 1995 in Bonn; parallele Einladungen zum Bewerbungsvortrag nach Regensburg und nach Kiel. Begegnung auf weiteren Tagungen, u. a. zum Film. 2000 bis 2020 gemeinsame Arbeit am Design der romanistischen Staatsexamina in Bayern.

Manfred Tietz, langjähriger Lehrstuhlinhaber für Spanische und Französische Literaturwissenschaft in Bochum, war Weggefährte Jochen Meckes im Hispanistenverband und bei der Implementierung der Studienreformen in der Romanistik.

Christian von Tschilschke begegnete Jochen Mecke im ersten Semester in Heidelberg, kam zur Jahrtausendwende als sein Assistent nach Regensburg, habilitierte sich dort und hat nun, nach gut zehn Jahren in Siegen, den Lehrstuhl für Spanische Literaturwissenschaft an der Universität Münster inne.

Paul Vickers kam 2018 nach Regensburg, um beim Aufbau eines Centers und dann eines Departments zur Raumforschung mitzuhelfen, an deren Gründung Jochen Mecke nicht ganz unschuldig war.

Ulrich Winter war ab 1996 der erste Assistent von Jochen Mecke an dessen Lehrstuhl in Regensburg und wechselte gleich nach seiner Habilitation 2003 an die Universität Marburg, wo er den Lehrstuhl für Französische und Spanische Literaturwissenschaft innehat.